中國珍貴典籍史話叢書

中国珍贵典籍史话丛书

㉓

《唐女郎鱼玄机诗》史话

张波◆著

国家珍贵古籍名录·唐女郎鱼玄机诗

國家圖書館出版社

图书在版编目（CIP）数据

《唐女郎鱼玄机诗》史话 / 张波著 . -- 北京：国家图书馆出版社，2019.4

（中国珍贵典籍史话丛书）

ISBN 978-7-5013-6663-7

Ⅰ. ①唐…　Ⅱ. ①张…　Ⅲ. ①唐诗—诗歌研究　Ⅳ. ① I207.227.42

中国版本图书馆 CIP 数据核字（2019）第 031087 号

书　　名	《唐女郎鱼玄机诗》史话
著　　者	张　波　著
责任编辑	王　雷
出　　版	国家图书馆出版社（100034　北京市西城区文津街 7 号） （原书目文献出版社　北京图书馆出版社）
发　　行	010-66114536　66126153　66151313　66175620 66121706（传真）　66126156（门市部）
E-mail	nlcpress@nlc.cn（邮购）
Website	www.nlcpress.com →投稿中心
经　　销	新华书店
印　　装	北京金康利印刷有限公司
版　　次	2019 年 4 月第 1 版　2019 年 4 月第 1 次印刷
开　　本	710 × 1000（毫米）　1/16
印　　张	15.75
字　　数	168 千字
印　　数	1—3000 册
书　　号	ISBN 978-7-5013-6663-7
定　　价	62.00 元

《中国珍贵典籍史话丛书》工作委员会名单

主　任：饶　权

副主任：张志清　汪东波

委　员（按姓氏笔画排列）：

王水乔　王筱雯　韦　江　历　力

孔德超　申晓娟　任　竞　全　勤

刘宇松　刘杰民　刘显世　刘洪辉

次旦普赤　李　彤　李　勇　李　培

李晓秋　何光伦　张景元　陈　超

范月珍　林世田　林旭东　周云岳

郑智明　赵瑞军　贺美华　高文华

陶　涛　常　林　韩　彬　褚树青

魏　崇　魏孔俊

《中国珍贵典籍史话丛书》编纂委员会名单

主　编：饶　权

副主编：张志清　汪东波　申晓娟　陈红彦

林世田

委　员（按姓氏笔画排序）：

王雁行　王嘉陵　史　睿　刘　蔷

刘玉才　孙　彦　朱赛虹　张丽娟

李国庆　李勇慧　沈乃文　陈清慧

邱奉捷　拓晓堂　罗　琳　郑小悠

洪　琰　徐忆农　耿素丽　贾贵荣

梁葆莉

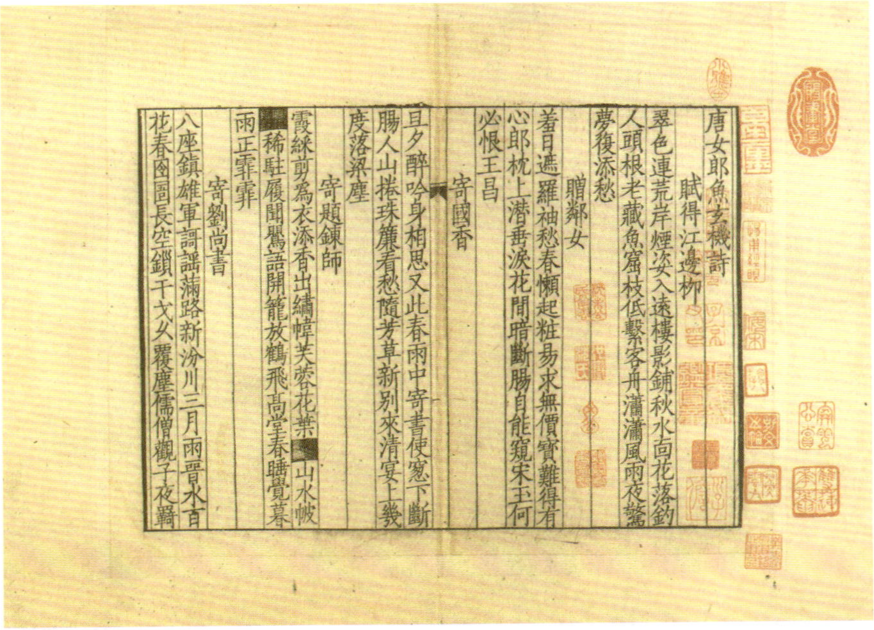

彩图 1　第一批《国家珍贵古籍名录》01070 号《唐女郎鱼玄机诗》宋刻本卷首

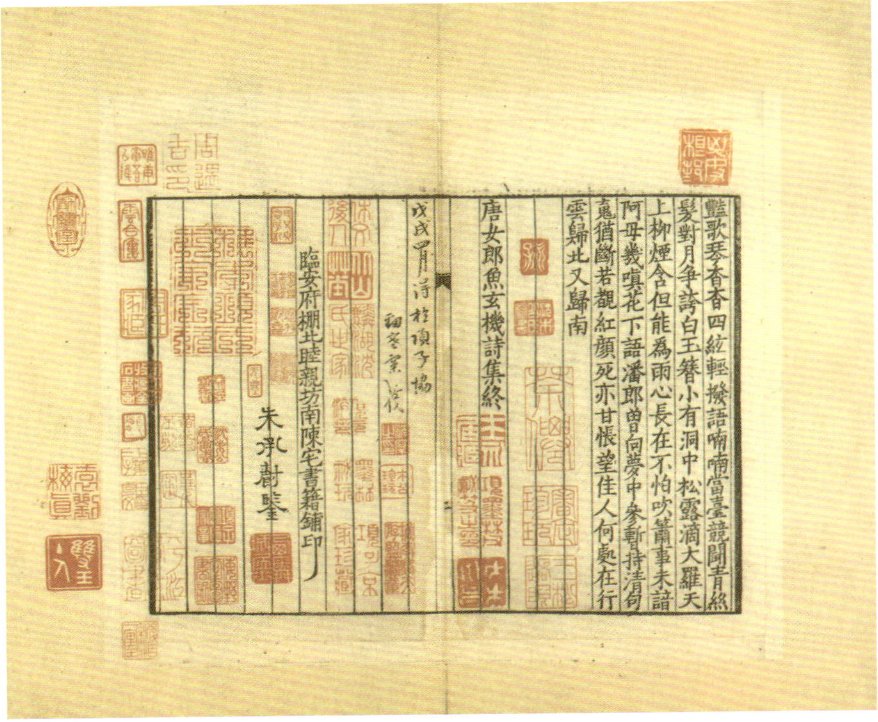

彩图 2　《唐女郎鱼玄机诗》宋刻本卷末

彩图 3　清黄丕烈像

彩图 4　清余集 唐女道士鱼元机小影（局部）

彩图 5　清改琦 元机诗意（局部）

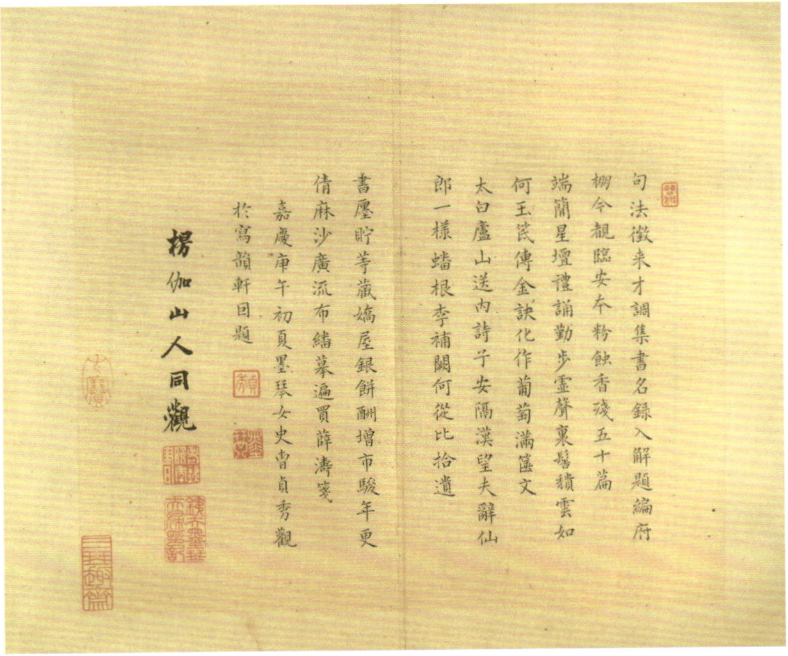

彩图 6　清曹贞秀 题诗

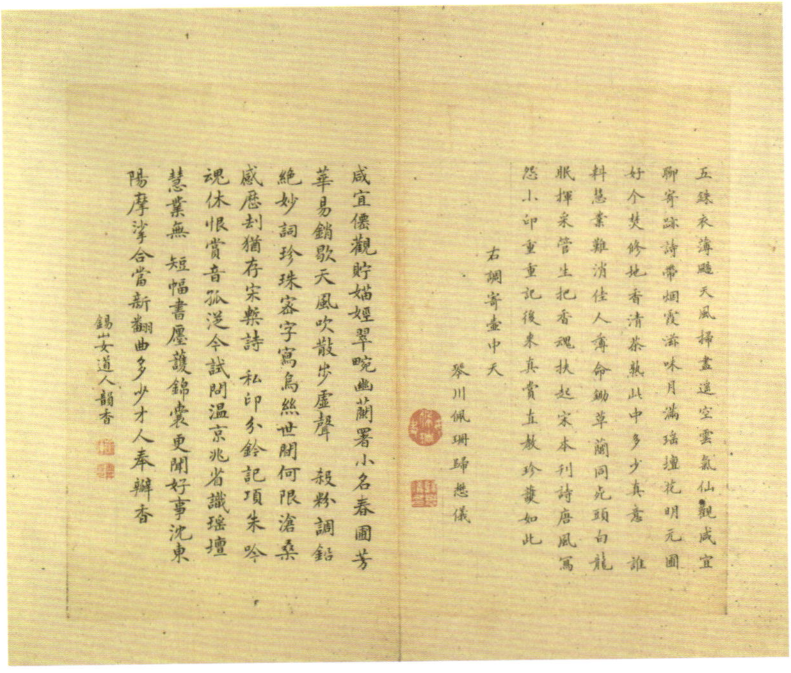

彩图 7　清归懋仪 题词（清）韵香 题诗

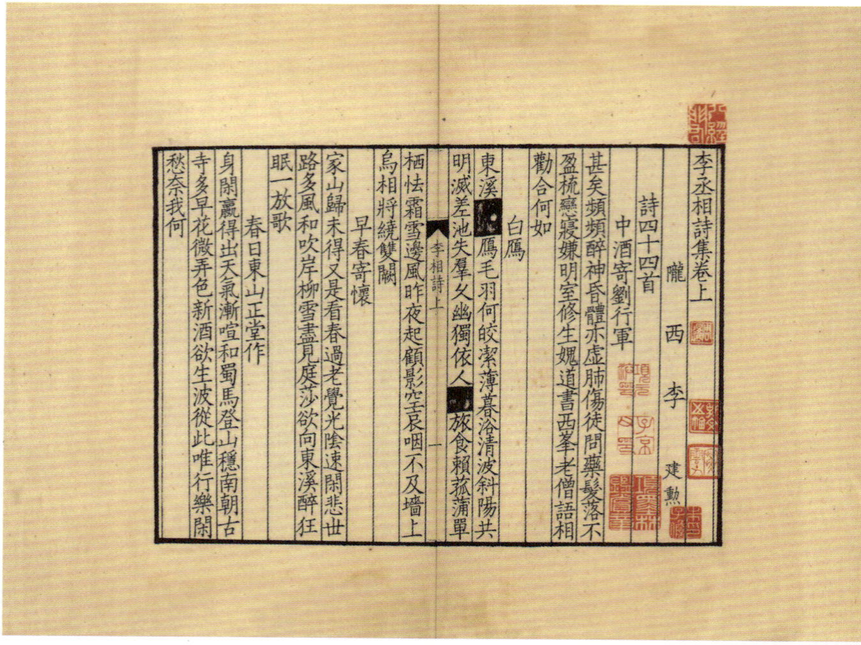

李丞相詩集卷上

隴西李　建勳

詩四十四首

中酒寄劉行軍

甚矣頻頻醉神昏體亦虛肺傷徒問藥髮落不盈梳戀寢嫌明室修生媿道書西峯老僧語相勸合何如

白鴈

東溪[illegible]鴈毛羽何皎潔薄暮浴清波斜陽共明滅差池失羣久幽獨依人[illegible]旅食賴菰蒲單栖怯霜雪邊風昨夜起顧影空哀咽不及墻上烏相將繞雙闕

早春寄懷

家山歸未得又是看春過老覺光陰速閑悲世路多風和吹岸柳雪盡見庭莎欲向東溪醉狂眠一放歌

春日東山正堂作

身閑贏得出天氣漸暄和蜀馬登山穩南朝古寺多早花微弄色新酒欲生波從此唯行樂閑愁奈我何

李相詩上　一

彩图 8　《李丞相诗集》刘梅真影抄本

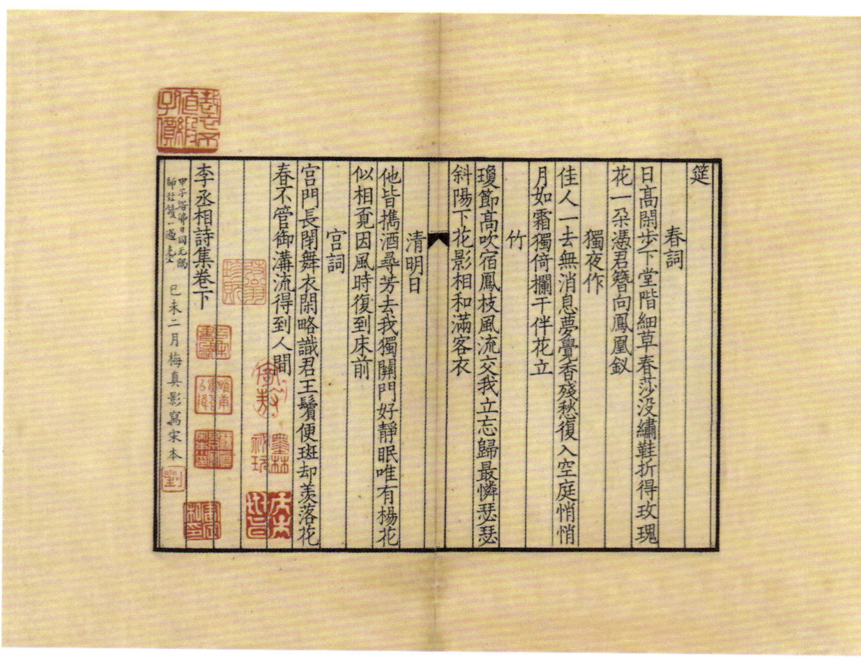

筵

春詞

日高閑步下堂階細草春莎沒繡鞋折得玫瑰花一朶憑君簪向鳳凰釵

獨夜作

佳人一去無消息夢覺香殘愁復入空庭悄悄月如霜獨倚欄干伴花立

竹

瓊節高吹宿鳳枝風流交我立忘歸最憐瑟瑟斜陽下花影相和滿客衣

清明日

他皆攜酒尋芳去我獨關門好靜眠唯有楊花似相覓因風時復到床前

宮詞

宮門長閉舞衣閑略識君王鬢便斑却羨落花春不管御溝流得到人間

李丞相詩集卷下

己未二月梅真影寫宋本

彩图 9　《李丞相诗集》刘梅真影抄本

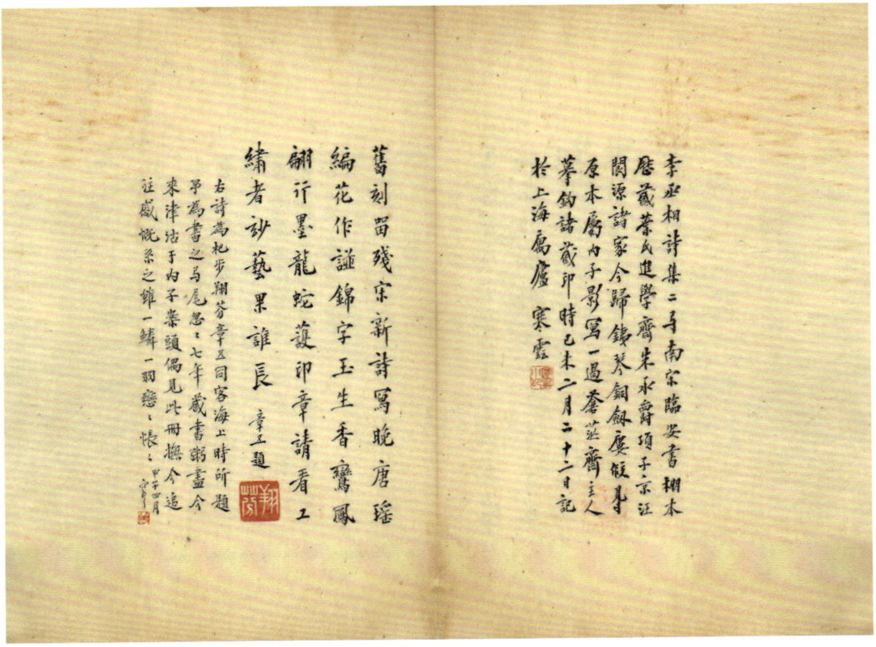

彩图 10　《李丞相诗集》刘梅真影抄本卷后袁克文题跋、步翔芬题诗

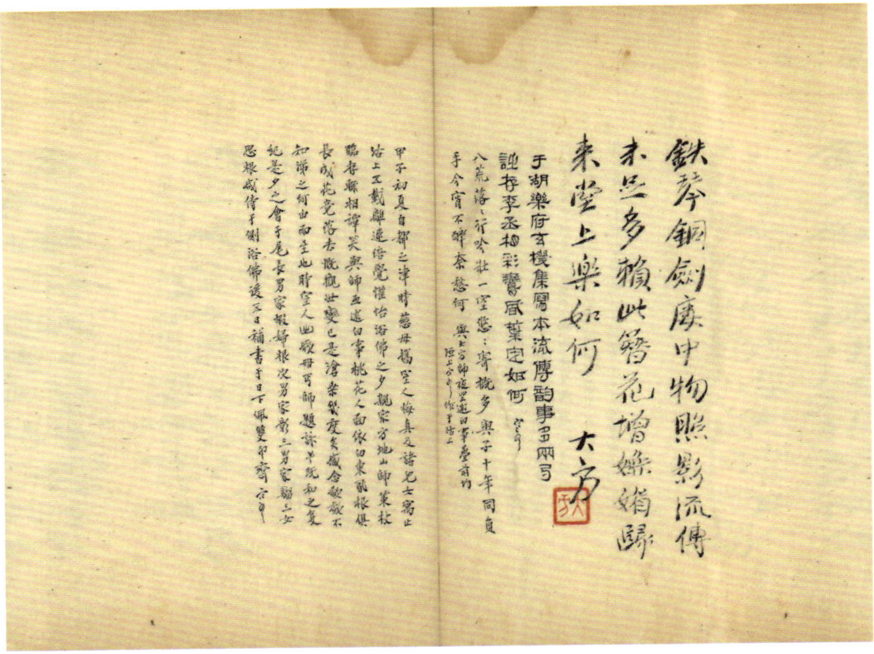

彩图 11　《李丞相诗集》刘梅真影抄本卷后袁克文题跋、方尔谦题诗

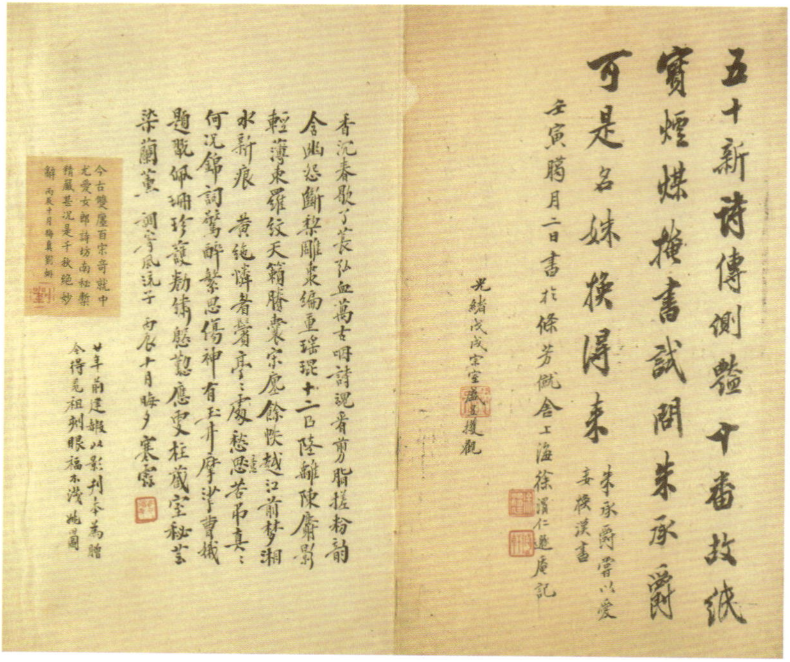

彩图 12　《唐女郎鱼玄机诗》宋刻本书末刘梅真题诗

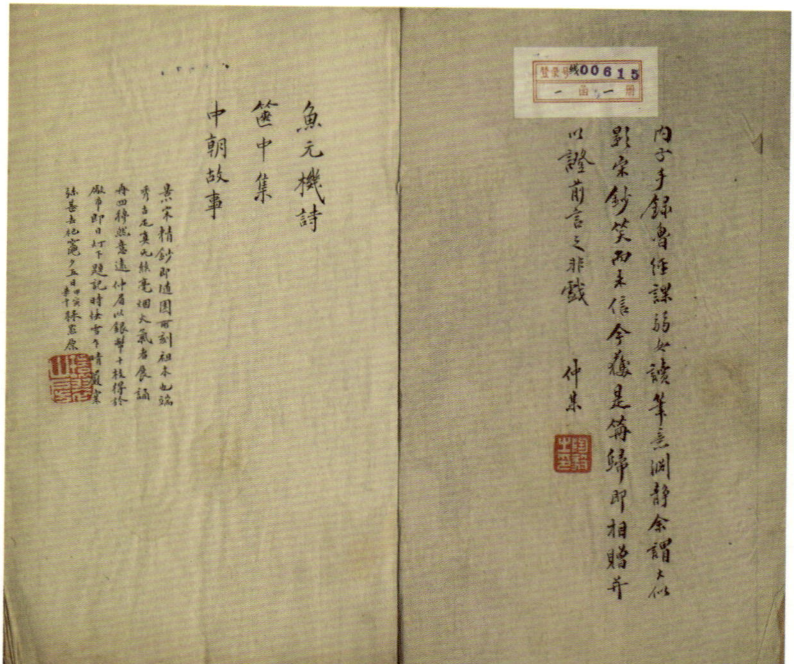

彩图 13　《唐女郎鱼玄机诗》清抄本卷前陶毅题跋

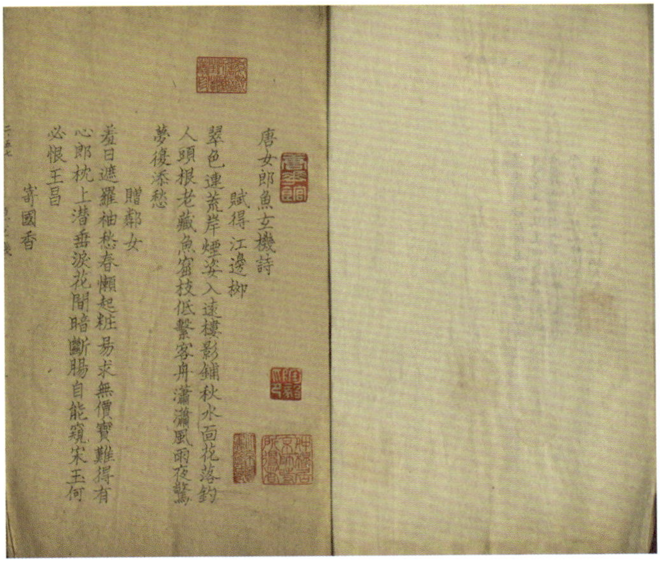

彩图 14 《唐女郎鱼玄机诗》清抄本

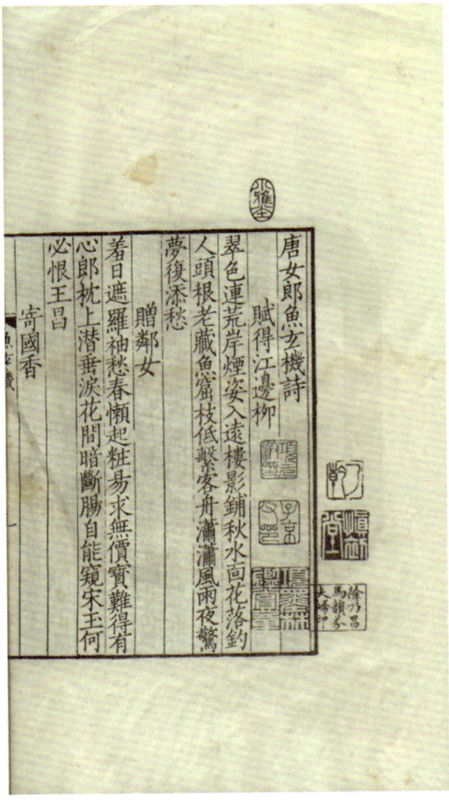

彩图 15 《唐女郎鱼玄机诗》民国十二年（1923）海宁陈氏慎初堂翻刻《四妇人集》本

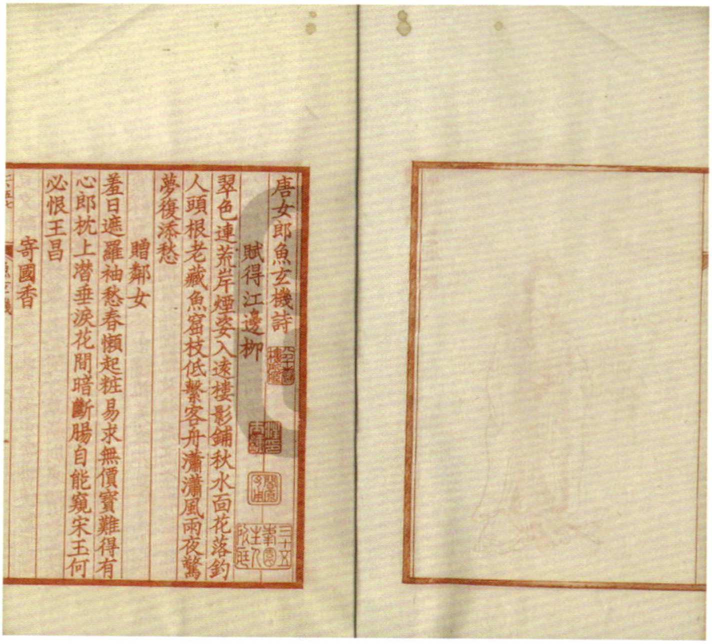

彩图 16 《唐女郎鱼玄机诗》清光绪三十四年（1908）《随庵徐氏丛书》本

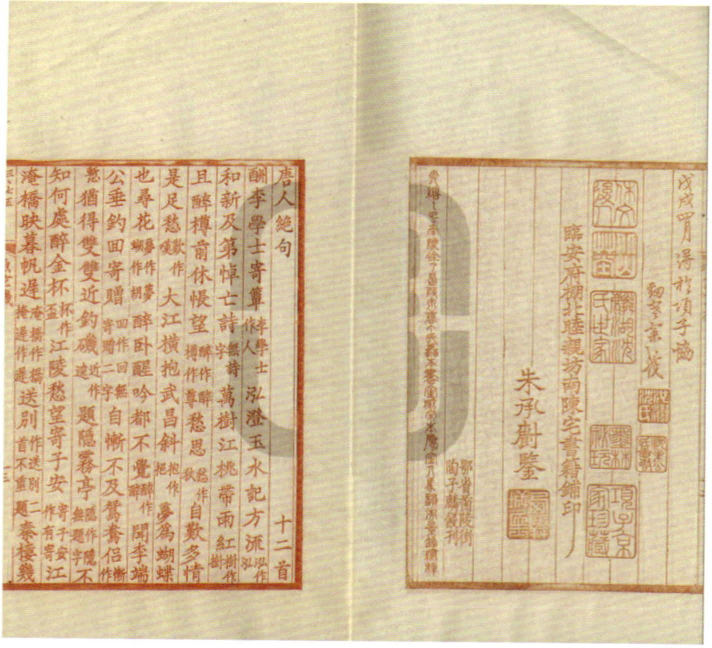

彩图 17 《唐女郎鱼玄机诗》清光绪三十四年（1908）《随庵徐氏丛书》本

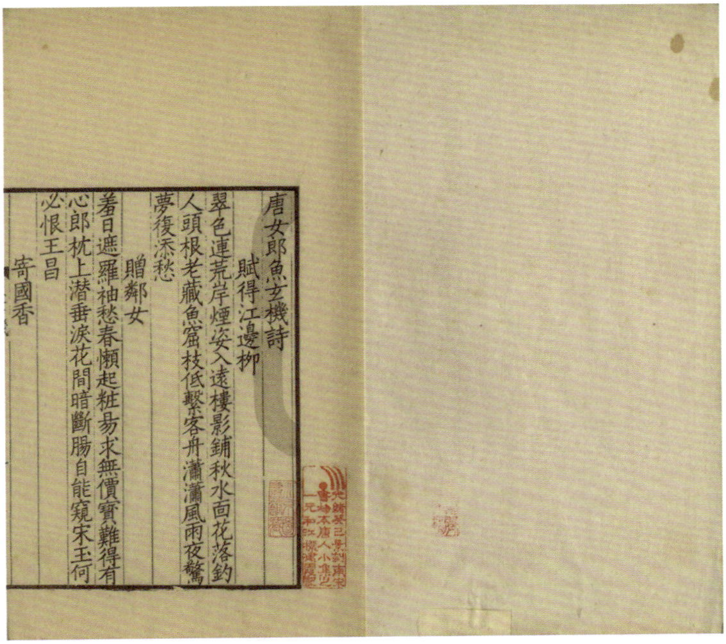

唐女郎魚玄機詩

賦得江邊柳

翠色連荒岸煙姿入遠樓影鋪秋水面花落釣人頭根老藏魚窟枝低繫客舟瀟瀟風雨夜驚夢復添愁

贈鄰女

羞日遮羅袖愁春懶起粧易求無價寶難得有心郎枕上潛垂淚花間暗斷腸自能窺宋玉何必恨王昌

寄國香

彩图 18　《唐女郎鱼玄机诗》清光绪十九年（1893）江标影刻本

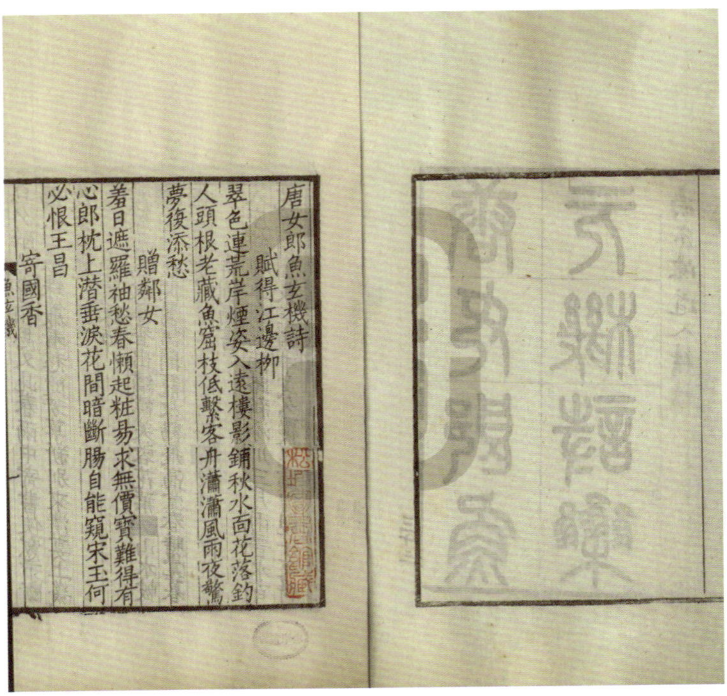

唐女郎魚玄機詩

賦得江邊柳

翠色連荒岸煙姿入遠樓影鋪秋水面花落釣人頭根老藏魚窟枝低繫客舟瀟瀟風雨夜驚夢復添愁

贈鄰女

羞日遮羅袖愁春懶起粧易求無價寶難得有心郎枕上潛垂淚花間暗斷腸自能窺宋玉何必恨王昌

寄國香

彩图 19　《唐女郎鱼玄机诗》清光绪二十一年（1895）江标灵鹣阁《唐人五十家小集》本

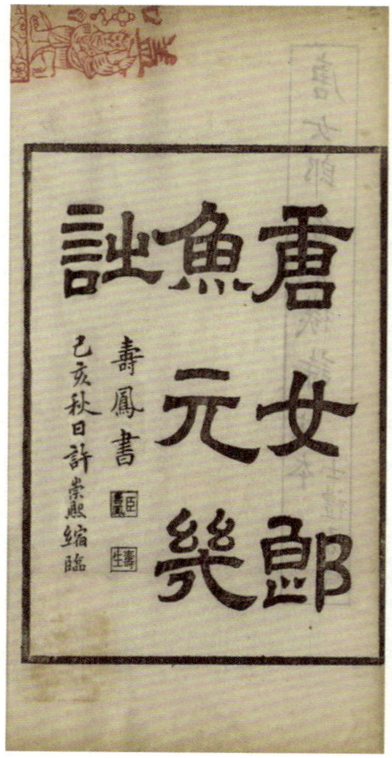

彩图 20　《唐女郎鱼玄机诗》清光绪三十三年（1907）叶德辉《丽楼丛书》本

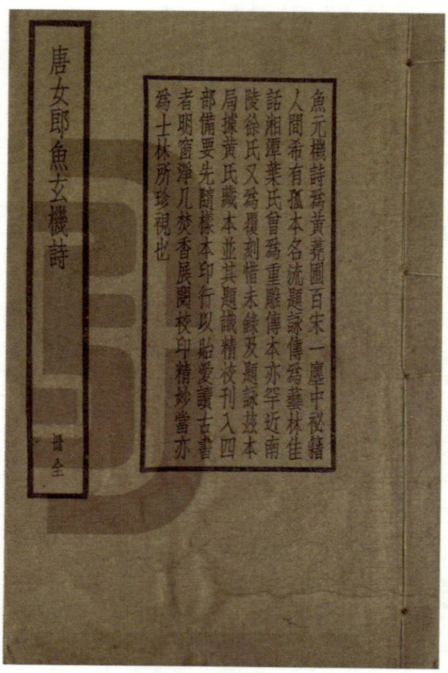

彩图 21　《唐女郎鱼玄机诗》
《四部备要》本封面

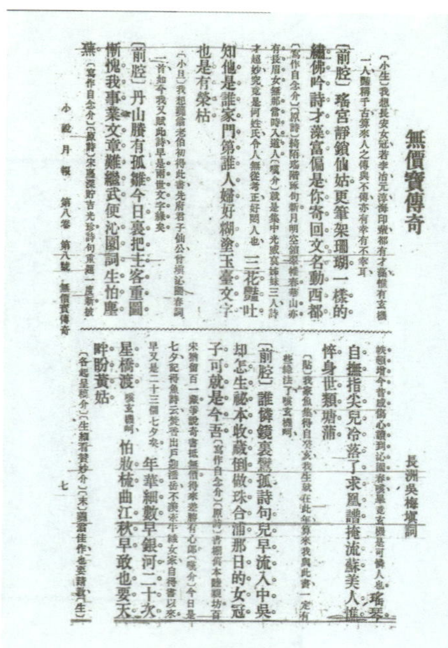
無價寶傳奇

長洲吳梅塡詞

（小生）我想長安女冠若李治元淳海印蘂都有才藻惟有玄機一人傳千古算來人之傳與不傳亦有幸有不幸耳

〔前腔〕瑤宮靜鎖仙姑更筆架珊瑚一樓的繡佛吟詩才藻富偏是你寄回文名動西都（寫作自念介）（原詩）綺陌疏階豚句新月明空鎖翠幃春華山亦有長眉女縣那當時入道人（嘆介）就是集中光威裒姊妹三人詩才超妙究竟是何姓氏令人無從考正好問人也　三花豔吐知他是誰家門第誰人婦好糊塗玉臺文字也是有榮枯

（小旦）我想顧翁老伯初得此書先府君子仙公曾塡沁園春詞二首如今我又賦此詩早是兩世文字緣矣

〔前腔〕丹山臢有孤雛今日裏把主客重圖慚愧我事業文章難繼武便沁園詞生怕塵蕪（寫作自念介）（原詩）宋廛深貯吉光珍詩句重題一度新披帙頓增今昔感傷心讀到沁園春嗳畢竟玄機是可憐人也　瑤琴自撫指尖兒冷落了求凰譜掩流蘇美人憔悴身世類塘蒲

（貼）我家魚集得自癸亥我生就在此年算來我與此書一定有些綠法了嗳玄機呵

〔前腔〕誰憐鏡裏鸞孤詩句兒早流入中吳却怎生祕本收藏倒做珠合浦那日的女冠子可就是今吾（寫作自念介）（原詩）書棚舊本睦親坊百宋摭留百一廛爭說奇書抵無價得來差勝有心郎（嘆介）今日是七夕記得魚詩云焚香出戶迎潘岳不羨牽牛織女家自得書以來早又是二十三個七夕矣　年華細數早銀河二十次星橋渡　嗳玄機呵　怕妝梳曲江秋早敢也要天畔盼黃姑

（各起呈稼介）（生）賴有贊妙介）（末）題畫佳作也要聽歡（生）

小說月報　第八卷　第八號　無價寶傳奇　七

彩图 22　1917 年吴梅发表在《小说月报》
上的《无价宝传奇》

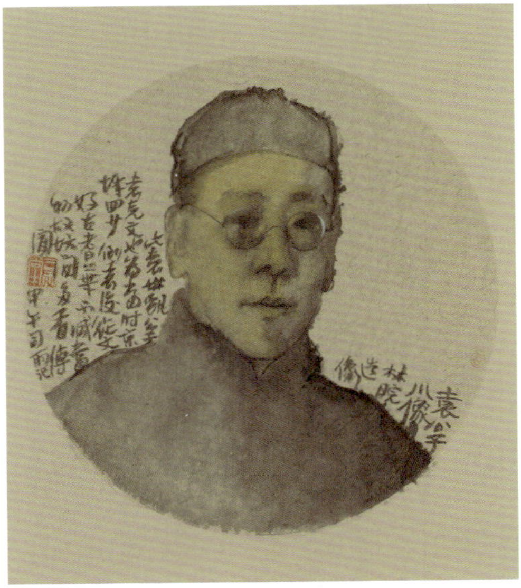

彩图 23　袁克文像　林皖作　尉晓榕题

彩图 24　潘宗周像

潘世滋捐献書籍清单

彩图 25　潘世滋捐献书籍清单 国家图书馆档案

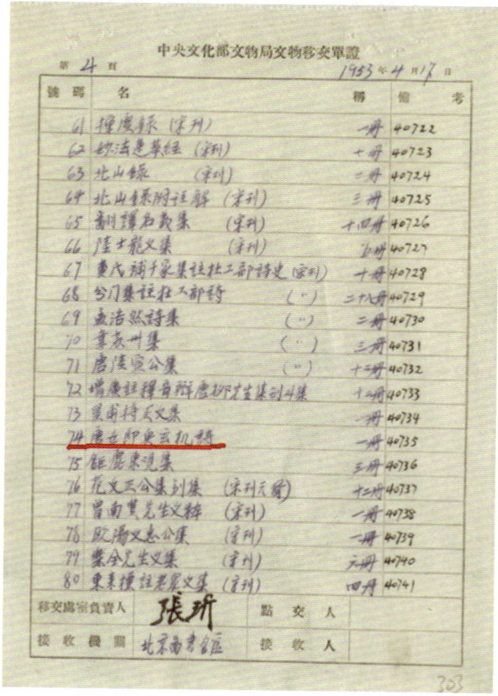

中央文化部文物局文物移交單證

第 4 頁　　1953 年 4 月 17 日

號碼	名	册	備考
61	揮麈錄（宋刊）	一册	40722
62	妙法蓮華經（宋刊）	十册	40723
63	北山錄（宋刊）	二册	40724
64	北山錄附註解（宋刊）	三册	40725
65	[illegible]集（宋刊）	十四册	40726
66	陸士龍文集（宋刊）	五册	40727
67	黄氏補千家集註杜工部詩史（宋刊）	十册	40728
68	分門集註杜工部詩（〃）	二十八册	40729
69	孟浩然詩集（〃）	二册	40730
70	韋蘇州集（〃）	三册	40731
71	唐陸宣公集（〃）	十二册	40732
72	增廣註釋音辯唐柳先生集别集	十四册	40733
73	皇甫持正文集	一册	40734
74	唐女郎魚玄机詩	一册	40735
75	鉅鹿東觀集	三册	40736
76	范文正公集別集（宋刊元補）	十二册	40737
77	曾南豐先生文粹（宋刊）	一册	40738
78	歐陽文忠公集（宋刊）	一册	40739
79	樂全先生文集（宋刊）	六册	40740
80	東萊標註老泉文集（宋刊）	四册	40741

移交處室負責人	張珩	點交人	
接收機關	北京圖書館	接收人	

彩图 26　宋刻《唐女郎鱼玄机诗》移交单证 国家图书馆档案

《中国珍贵典籍史话丛书》序

书籍是记载人类文明发展历程的重要载体，是传播知识和保存文化的重要途径，它蕴藏着丰富的历史文化内涵，是人们汲取精神营养和历史经验的重要来源，在民族兴衰和文化精神的传承维系中，发挥着不可替代的作用。

《尚书·多士》云："惟殷先人，有册有典。"在中华民族数千年的岁月里，人们创造出浩如烟海的典籍文献。这些典籍是中华文明的结晶，是民族生存的基石和前进的阶梯。作为人类发展史上最有价值的文化遗产之一，中国古代典籍是构成世界上唯一绵延数千年未曾中断的独特文化体系的主要成分。

然而，在漫长又剧烈变动的历史中，经过无数次的兵燹水火、虫啮鼠咬、焚籍毁版、千里播迁，留存于世间的典籍已百不遗一。幸运的是，我们这个民族具有一种卓尔不群的品质：即对于文化以及承载它的典籍的铭心之爱。在战乱颠沛的路途上，异族入侵的烽火里，政治高压的禁令下，史无前例的浩劫中……无数的有识之士，竭尽他们的财力、智慧乃至生命，使我们民族的珍贵典籍得以代代相传，传承至今。这些凝聚着前人心血的民族瑰宝，大都具有深远的学术影响、独特的艺术魅力和突出的文物价值，是今天人们了解和学习我国优秀传统文化的宝贵实物资料。它们记载着中华民族的辉煌历史和灿烂文化，诉说着中华民族的百折不挠、临危不惧的民族精神，是先辈留给我们的宝贵精神财富。

新中国成立以来，党和国家高度重视典籍文献的保护工作。2007 年启动实施的“中华古籍保护计划”，由国家古籍保护中心（国家图书馆）负责实施，成效显著，在社会上产生了极大的反响。迄今为止，已由国务院陆续公布了四批《国家珍贵古籍名录》，收录了全国各类型藏书机构和个人收藏的珍贵古籍 11375 部，并拨付专项资金加以保护。可以说，这是一项前所未有的伟大事业。

尽管我国存世的各种典籍堪称汗牛充栋，但为典籍写史的著作却少之又少，许多典籍所蕴含的历史故事鲜为人知。如果不能及时加以记录、整理，随着时代的变迁，它们难免将逐渐湮没在历史长河中，成为中华文明传承中的一大憾事。为此，2012 年年底，国家图书馆启动了“中国珍贵典籍史话丛书”项目，旨在“为书立史”“为书修史”“为书存史”。项目由“中华古籍保护计划”支持立项，采取“史话”的形式，选择《国家珍贵古籍名录》中收录的蕴含着丰富历史故事的珍贵典籍，用通俗的语言讲述其在编纂、抄刻、流传、收藏过程中产生的引人入胜、启迪后人的故事，揭示其与当时的政治、经济、文化和社会发展的密切关系，力图反映中国书籍历史的辉煌与灾厄、欢欣与痛楚。通过生动、多样、丰满的典籍历史画面，使人们更深入地了解和认识典籍，领略典籍的人文精神和艺术魅力，感受中华文化的深厚底蕴。

中华优秀传统文化是我们最深厚的文化软实力。“中国珍贵典籍史话丛书”是以人们喜闻乐见的方式弘扬中华民族博大精深的灿烂文化，使书写在古籍里的文字活起来的一次有益尝试。丛书力求为社会公众提供普及读物，为广大文史爱好者和从业人员提供学习资料，为专家学者提供研究参考。其编纂主要遵循两个原则：一是遵循客观，切近史实。本丛书是关于典籍的信史、正史，而非戏说、演义。因此，每一种史话都是作者钩沉索隐、多方考证的结果，力求言之有据，资料准确，史实确凿，观点审慎；二是通俗生动，图文并茂。本丛书旨在让更多的人了解和热爱中华典籍，通过典籍深入理解中华文化。相对于一般学术著作，它更强调通俗性和生动性，以史话的方式再现典籍历史，雅俗共赏，少长咸宜。

我们真切地希望，通过这套丛书，生动再现典籍的历史，使珍贵典籍从深闺中走出来，进入公众的视野，走进每位爱书人心中，教育和启迪世人，推动“关爱书籍，热爱阅读”的社会风气的形成，让承载着中华文明的典籍在每个人心中长留悠远的书香，为提升全民族文化素养、推动传统文化与时代精神的融合发展做出积极贡献。

“中国珍贵典籍史话丛书”项目自启动以来，得到了社会各界的广泛关注和专家学者的大力支持。一批有较高学术造诣的专家学者直接参与了丛书的策划和撰稿工作，并对丛书的编纂工作积极建言献策，给予指导。借此机会，深表感谢。以史话的形式为书写史，尚属尝试，难免有疏漏、不妥之处，敬请专家学者批评指正，也欢迎广大读者提出宝贵意见和建议。

韩永进

2014 年春于北京

目　　录

引 言

您可曾听说过“易求无价宝，难得有心郎”这句诗？请读一读鱼玄机的《赠邻女》：

羞日遮罗袖，愁春懒起妆。
易求无价宝，难得有心郎。
枕上潜垂泪，花间暗断肠。
自能窥宋玉，何必恨王昌。

如果您看出这首诗所表达的情感并非含蓄蕴藉一格，而是有着大胆泼辣的色彩，那么您或许已经准备好去接受和理解一位惊世骇俗的女诗人。这首诗可不是晚唐秾华绮丽的诗歌世界里，女子于幽闺之中发出的柔弱哀叹，而是被好事者竞相传播的“狱中绝笔”。这位年轻的女道士惹下的命案在大唐咸通九年（868）轰动了京城：皇亲贵胄逃仙修行的咸宜观，才华横溢的女道士因私情不遂将自己的婢女笞打致死，被人告发后伏罪下狱。虽然最终被处以死罪，但是引来不少朝中之士为她求情。求情的原因不是她的无辜，而是因为她才名远播，仰慕者众。作为小说家言，这则故事最早出现在五代初年皇甫枚所撰的《三水小牍》中，而后被宋代的文人墨客们摘引渲染，铺陈情节，虚构对话，演变成一段段冶艳的传奇。这其中，有说女诗人原本为当朝状元郎李亿侍妾的，有说她是被李亿抛弃后从冠帔入道的，又有说她转而爱慕晚唐才子温庭筠，又或寄情名公李郢的，但多属捕风捉影，牵强附会。不仅李亿其人在正史中记载全无，而流传下来的女诗人写给温庭筠、李郢的诗也恭谨有加。所以请不要仅仅怀着猎奇的心思看待这本书，我们希望呈现给您的，不是纷繁芜杂的小说家言，而是一段典籍流传史上最为递藏有序的佳话。

鱼玄机（844？—868），字幼微，一字蕙兰，唐代女诗人。她的作品除一首《折杨柳》之外，悉数收录在一册《唐女郎鱼玄机诗》中。这册书的刊刻者是南宋著名的出版家陈起，书尾的牌记“临安府棚北睦亲坊南陈宅书籍铺印”向我们证实了这一点。陈起经营的书籍铺，只是南宋杭州地区刻书业兴盛的一个小小缩影，而这一卷薄薄的诗集，在陈起刊行过的数百种书籍中，似乎也是一叶之微。但是，经过了近八百年的历史变迁、岁月积淀，恰恰是这一卷小册子，以它的精致夺目和传奇色彩变成了“宋本”的象征之一。且不说明代的大收藏家朱承爵曾视此书为佳品珍重题鉴，也不说明末清初江山易主时故物转手隐藏了项元汴家族几代人的身世沧桑，只说清代嘉庆八年（1803）藏书家黄丕烈花番银五枚买下此书后，怎样成就了千金不易的无价之宝：《唐女郎鱼玄机诗》的正文只有十二叶，卷前的题签、画像，卷后的题跋都是黄丕烈的亲朋好友以及之后那些不计成本追随他藏书生涯的人所作。这册书的蝴蝶装帧展现了黄丕烈重装宋本的独到手艺，书前鱼玄机小影乃清代著名仕女画家余集应黄丕烈之邀所作，书后还附有余集就此画笔意致黄丕烈书信一札。晚年黄丕烈视鱼玄机诗册为“娱老之资”，任由识者抬价，绝不动心，还特令其子黄寿凤邀诗社吟咏联句，接续风雅。其间所得之题咏，不光与此书一起装裱，还有单独的卷册留存世间。

鱼玄机的诗在文学史上或许不够夺目，但是鱼玄机诗册在典籍流传史上却具有不同凡响的文物价值。黄丕烈身后，此书辗转私人收藏家徐紫珊、黄芳之手，逐渐成为常人难得一见的珍宝。而随着“百宋一廛”藏书的价值凸显，这部最受藏书主人钟爱的小册子也不断增值，到1916年袁克文从周海珊处购买此书时，需要花费银圆八百之多，占据了他刚刚继承到的袁世凯遗产的百分之一，引发了藏书界不小的震动。欲观此书而不得者，虽能求助于黄丕烈友人沈恕之古倪园《四妇人集》翻刻本，抑或更早期的明刻《唐百家诗》本，但是宋本原书中附含的诸多信息逐渐遗落无闻。直到光绪末年，正在辑录《黄丕烈年谱》的学者江标在长沙获观原本，始将书中题跋、钤印逐一释读，第一次还原了此书的递藏源流面貌。1907年，叶德辉刊行的《丽楼丛书》收入鱼玄机诗集，并将江标所辑作为附录，世人始得目睹前辈藏家之雅韵遗风。此后鱼玄机诗在民国的重刊，以及民国学者们谈论鱼玄机的兴致，无不是来源于这一部宋本越来越丰富的传奇色彩。

能被载入文学史的女性，首先是美人。无论是《诗经》中动用了自然界许多美好景象去刻画的“巧笑倩兮”的美人，还是西汉宫廷里的歌者口中“绝世而独立”的佳人，她们纵使美得顾盼生姿，美到倾国倾城，美到令人难以忘怀，得以在文字中永久栖身，但是可惜，她们自己没有留下片言只语。而生平逸事得以流传的，如卓文君当垆卖酒，谢道韫咏絮成诗，如果不是因为她们恰为才子妇，为名门女，恐怕后代的文人雅士也很难有机会对她们津津乐道。

现存作品数量最多的女诗人朱淑真，诗稿生前被父母焚毁，几十年后，一个叫魏仲恭的士子在杭州旅舍偶然听到隔壁朗诵朱淑真的诗句，这才将她的诗稿整理出版，可谓异代知音。而后蜀花蕊夫人的诗作，是在后蜀灭亡之后，北宋的馆阁大臣在整理前朝文献时在废纸堆中发现的。我们最熟悉的女诗人李清照，她的著述散见群籍，直到民国时才由学者整理成书。不难想象在历史上，女性诗人的作品流传之不易。虽然明清以来，这一现象就大大改观，不少士子热衷于辑录女性诗人作品，名媛诗集盛行，但是在这之前，有机会接受教育的女性，数量是很少的，女性的文学创作，能被记载、被记住的就更少了，而女性著述的文献，能流传下来的，皆是靠了种种的巧合和偶然。由此可见，虽然鱼玄机的人生是短暂的，所爱之人对她的感情渐渐衰歇是不幸的，向崇敬的人投诗酬唱没有回音是遗憾的，因心性敏感恨杀自己的侍女是卑微的，最终入狱惨死的结局是酷烈的，但是似乎在女诗人之中，并没有哪一位获得了如她这般的幸运，拥有一本被后世文人郑重收藏、竞相惜护的诗册。

现在，就让我们追随着鱼玄机身后那些文献家、出版家和收藏家们的印记，从头讲述这部《唐女郎鱼玄机诗》的鉴藏史。

第一章 小字流芳说幼微：故事

唐代历史上最后一个治世，年号大中。唐宣宗李忱在位期间，内无党争之患，外无边陲之扰，罢外戚，轻赋税，重人才，国运呈中兴之势，吐蕃、回鹘、党项诸端皆偃旗息鼓，百姓得以康宁度日。由此直至唐懿宗咸通朝的二十多年中，诗人们的岁月是悠游自在的。韦庄有一首诗描写这个时代的浮华与艳丽：

咸通时代物情奢，欢杀金张许史家。
破产竞留天上乐，铸山争买洞中花。
诸郎宴罢银灯合，仙子游回璧月斜。
人意似知今日事，急催弦管送年华。

这首诗的名字叫《咸通》。经历了唐末乱离，诗人定格自己记忆中盛世的模样：穷极工巧，恣肆喧哗，贵族豪门，声色犬马，衰世之兆已萌，而奢靡之音不绝。躬逢盛世的人们无所顾忌地活着，每一寸流逝的光阴里都挤满了想要全身心沉醉于此刻的影子，因为谁也不知道什么时候就是灰飞烟灭。鱼玄机就生活在这样的时代里。

第一节 长安里家女

关于鱼玄机的生平，《全唐诗》是这样说的：

> 鱼玄机，字幼微，一字蕙兰，长安里家女，喜读书，有才思。补阙李亿纳为妾，爱衰，遂从冠帔于咸宜观。后以笞杀女童绿翘事，为京兆温璋所戮。今编诗一卷。

清人所辑史料，可谓无一字无来历。从这短短几十字的背后，我们可以读出很多故事来。里家女，亦有言倡家女者，总之与士族阶层相去甚远，在唐代，这样出身的女子不能嫁与士人为妻。而主人公却是一位有才思、

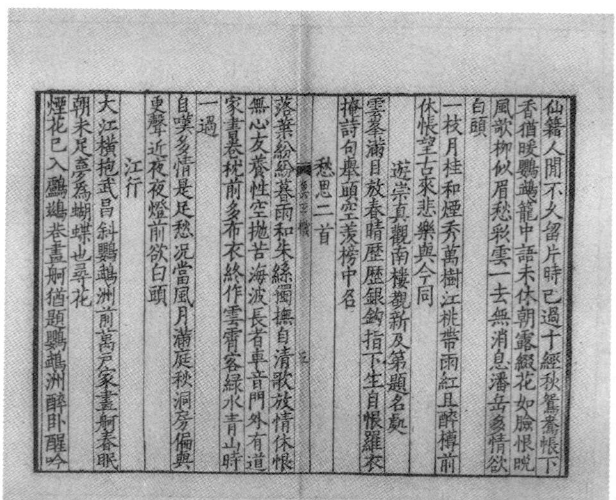
仙籍人間不久留片時已過十經秋鴛鴦帳下香猶暖鸚鵡籠中語未休朝露綴花如臉恨晚風歌柳似眉愁彩雲一去無消息潘岳多情欲白頭

一枝月桂和煙秀萬樹江桃帶雨紅且醉樽前休悵望古來悲樂與今同

遊崇真觀南樓覩新及第題名處

雲峯滿目放春晴歷歷銀鉤指下生自恨羅衣掩詩句舉頭空羨榜中名

愁思二首

落葉紛紛暮雨和朱絲獨撫自清歌放情休悵無心友養性空拋苦海波長者車音門外有道家書卷枕前多布衣終作雲霄客綠水青山時一過

自嘆多情是足愁況當風月滿庭秋洞房偏與更聲近夜夜燈前欲白頭

江行

大江橫抱武昌斜鸚鵡洲前萬戶家畫舸春眠朝未足夢爲蝴蝶也尋花

煙花已入鸕鷀巷畫舸猶題鸚鵡洲醉卧醒吟

图 1 鱼玄机《游崇真观南楼睹新及第题名处》诗

读过书的女子，或许不会屈从世俗与制度的束缚。悲剧在潜伏，她成为一位士人的妾。这名叫李亿的士子，史传无载，关于他的文献几乎都与鱼玄机这段情事有关。《才调集》中说他字近仁，不知有何依据。温庭筠诗集中有一首题赠李亿的诗，即《送李亿东归》，是一首普通的赠别诗，只能说明二人有交往，并不能看出李亿的身份。唯有清人所辑《登科记考》中提到，他是大中十二年（858）进士科的状元。唐代的进士科要考诗赋，折桂者皆为才学之士。他和鱼玄机的彼此中意，是否有诗歌的因缘？他们相遇的场景，或许就隐藏在我们的诗册中：

> 云峰满目放春晴，历历银钩指下生。
>
> 自恨罗衣掩诗句，举头空羡榜中名。
>
> ——《游崇真观南楼睹新及第题名处》（图 1）

唐人中进士后，有“曲江流饮”“雁塔题名”之说。皇帝赐宴新科进士于皇家庭苑曲江之畔，其间有曲水流觞，人各赋诗，之后至大雁塔，人亦题名赋诗于塔内。大中八年（854）进士刘沧有诗载其盛：

> 及第新春选胜游，杏园初宴曲江头。
>
> 紫毫粉壁题仙籍，柳色箫声拂御楼。
>
> 霁景露光明远岸，晚空山翠坠芳洲。
>
> 归时不省花间醉，绮陌香车似水流。
>
> ——《及第后宴曲江》（见《全唐诗》卷五百八十六）

据宋敏求《长安志》载：崇真观在长安朱雀街东第五街新昌坊内，“本李齐古宅，开元初立”。在鱼玄机生活的时代，这里似乎也成为一个可供进士题名赋诗的所在。春日发榜之后，女诗人来到这里，观看新科进士所题之诗，那些劲节有力的书法字迹在她看来并非那么遥不可及，她若不是女儿之身，也定可以诗赋之才获取和他们一样的功名。

如此的才华，如此的声调，怎能不惹人注目？新科状元郎在题诗处见到有女子发此言论，大概要心动神摇了。那时的长安，登科后的进士们“春风得意马蹄疾，一日看尽长安花”，那些眼角眉梢间留下的误会，以及惊鸿一瞥后错过的情意，不知有多少故事都被时间的洪流淹没。而李亿，纳鱼玄机为妾。

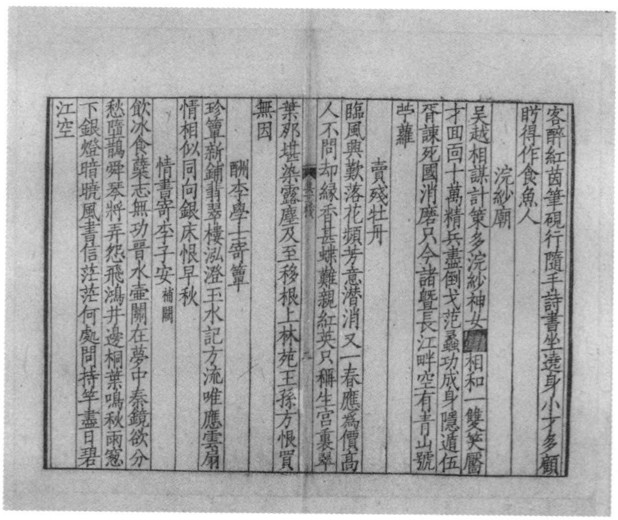
客醉紅茵筆硯行隨手詩書坐遶身小才多顧眄得作食魚人
浣紗廟
吳越相謀計策多浣紗神女[illegible]相和一雙笑靨才回面十萬精兵盡倒戈范蠡功成身隱遁伍胥諫死國消磨只今諸暨長江畔空有青山號苧蘿
賣殘牡丹
臨風興歎落花頻芳意潛消又一春應為價高人不問却緣香甚蝶難親紅英只稱生宮裏翠葉那堪染露塵及至移根上林苑王孫方恨買無因
酬李學士寄簟
珍簟新鋪翡翠樓泓澄玉水記方流唯應雲扇情相似同向銀床恨早秋
情書寄李子安 補闕
飲冰食蘗志無功晉水壺關在夢中秦鏡欲分愁墮鵲舜琴將弄怨飛鴻井邊桐葉鳴秋雨窗下銀燈暗曉風書信茫茫何處問持竿盡日碧江空

图 2　鱼玄机《情书寄李子安》诗

饮冰食蘖志无功，晋水壶关在梦中。

秦镜欲分愁堕鹊，舜琴将弄怨飞鸿。

井边桐叶鸣秋雨，窗下银灯暗晓风。

书信茫茫何处问，持竿尽日碧江空。

——《情书寄李子安》（图 2）

相见欢别离难。李亿不在的时候，鱼玄机写情诗给他。诗写得谦恭而稚拙，完全看不到日后鱼玄机那种游刃有余、戏谑调笑的影子，因为这时的她，还是一位年轻的侍妾，她的丈夫叫李亿，字子安。她在开篇就表明自己正“饮冰食蘖”，过着清苦的生活为丈夫守节，然而她的坚持是徒劳无功的。

李亿所在之地，晋水壶关，这个盛世王朝的发祥地，那里有高门望族的女儿们，正等待着他这样的新科进士，作为婚姻的择选对象。按照唐制，中进士后不能立即授官，需守选三年。在这样光明的前景中，李亿的婚姻将要和他的前途紧密地捆绑在一起。

而这一切对鱼玄机来说像在梦中一样遥远。秦镜欲分、舜琴将弄，都是要分离的征兆，但是除了愁和怨，一点办法也没有。她独自一人的生活里，只有井边梧桐与窗下银灯，陪伴她一起感受着夜间的凄风苦雨。在白日的漫漫时光中，她专一地坐守江边，希望“鱼能传书”的好运让自己收到丈夫的书信。

山路欹斜石磴危，不愁行苦苦相思。

冰消远涧怜清韵，雪远寒峰想玉姿。

莫听凡歌春病酒，休招闲客夜贪棋。

如松匪石盟长在，比翼连襟会肯迟。

虽恨独行冬尽日，终期相见月圆时。

别君何物堪持赠，泪落晴光一首诗。

——《春情寄子安》（图3）

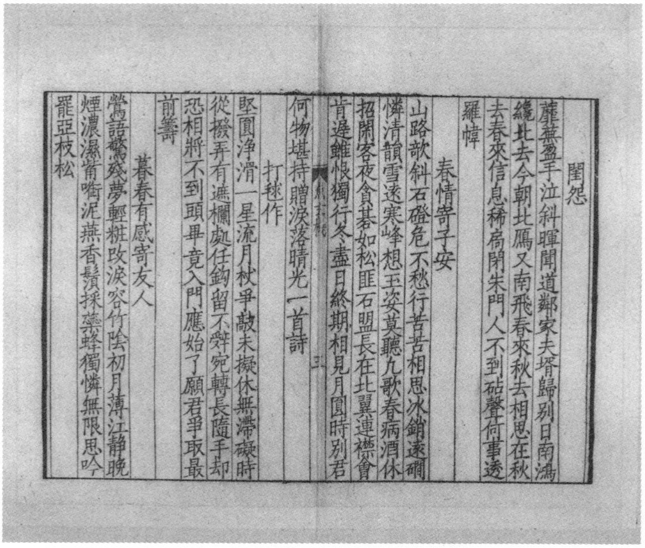

閨怨

蘼蕪盈手泣斜暉聞道鄰家夫壻歸別日南鴻纔北去今朝北鴈又南飛春來秋去相思在秋去春來信息稀扃閉朱門人不到砧聲何事透羅幃

春情寄子安

山路欹斜石磴危不愁行苦苦相思冰銷遠磵憐清韻雪遠寒峰想玉姿莫聽凡歌春病酒休招閑客夜貪碁如松匪石盟長在比翼連襟會肯遲雖恨獨行冬盡日終期相見月圓時別君何物堪持贈淚落晴光一首詩

打毬作

堅圓淨滑一星流月杖爭敲未擬休無滯礙時從撥弄有遮攔處任鉤留不辭宛轉長隨手却恐相將不到頭畢竟入門應始了願君爭取最前籌

暮春有感寄友人

鶯語驚殘夢輕粧改淚容竹陰初月薄江靜晚煙濃濕觜啣泥燕香鬚採蘂蜂獨憐無限思吟罷亞枝松

图3　鱼玄机《春情寄子安》诗

题写春情，诗中却句句冬景，以比喻坚贞之心。鱼玄机写给李亿的诗，每一首都是这样，饱含着对对方的承诺。不知道李亿临别之前是否留下过同等分量的许诺，让鱼玄机能够如此坚信他们之间的感情，而他们的团聚之日亦有到来的一天。在她美好的记忆中，远行的丈夫不畏山路、不愁行苦，容姿清癯，惹人思念。她劝他在客居之地珍重自己，莫听凡歌、莫饮春酒、休招闲客、休贪夜棋。然而正如明代钟惺评论的那样：“如此持赠，恐不堪人领取也！”没有哪个男子，能够像她暗自希望的那般，专心专意地期待着远行的结束。

他们就要这样渐行渐远了。唐杜羔妻赵氏有一首诗《闻夫杜羔登第》（《才调集》卷十），表达了一位妻子对丈夫此类韵事的容忍程度：

长安此去无多地，郁郁葱葱佳气浮。

良人得意正年少，今夜醉眠何处楼。

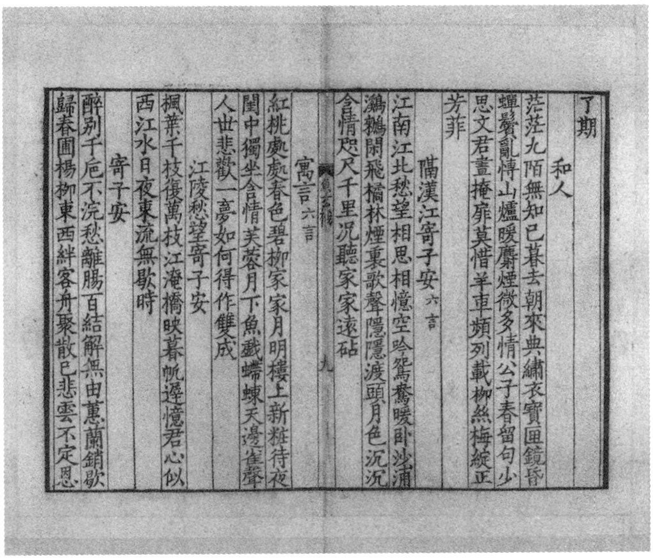
了期
和人
茫茫九陌無知已暮去朝來典繡衣寶匣鏡昏
蟬鬢亂博山爐暖麝煙微多情公子春留句少
思文君晝掩扉莫惜羊車頻列載柳絲梅綻正
芳菲
隔漢江寄子安 六言
江南江北愁望相思相憶空吟鴛鴦暖卧沙浦
鸂鶒閑飛橘林煙裏歌聲隱隱渡頭月色沉沉
含情咫尺千里況聽家家遠砧
九
寓言 六言
紅桃處處春色碧柳家家月明樓上新粧待夜
閨中獨坐含情芙蓉月下魚戲螮蝀天邊雀聲
人世悲歡一夢如何得作雙成
江陵愁望寄子安
楓葉千枝復萬枝江淹橋映暮帆遲憶君心似
西江水日夜東流無歇時
寄子安
醉別千卮不浣愁離腸百結解無由蕙蘭銷歇
歸春圃楊柳東西絆客舟聚散已悲雲不定恩

图 4　鱼玄机《江陵愁望寄子安》诗

在李亿正式的妻子看来，良人得意之时醉眠何处都不是什么要紧的事情。她的丈夫，进士科状元，将要被授予官职，带着家眷赴任，而这来日的行程，不可能有属于鱼玄机的位置。《全唐诗》用“爱衰”二字给李亿和鱼玄机的故事画上句号，其实还应该加注无数个不得已（图 4）。

第二节 纵怀咸宜观

鱼玄机一再写诗寄子安，然而音讯渐渺。她索性选择了另外一种生活，“从冠帔于咸宜观”。在孙光宪的《北梦琐言》中，鱼玄机故事有另外的面貌：

> 鱼玄机字蕙兰，甚有才思。咸通中，为李亿补阙执箕帚，后爱衰下山，隶咸宜观为女道士。有怨李公诗曰：“易求无价宝，难得有心郎。”又云：“蕙兰销歇归春浦，杨柳东西伴客舟。”自是纵怀，乃娼妇也。竟以杀侍婢为京兆尹温璋杀之。

这个故事中，鱼玄机的字不是幼微，而是一个十分常见的有些庸俗的名字：蕙兰，这个名字似乎更符合她在故事中侍妾的身份。也许是因为她才情卓绝，所以引起了主人的爱怜，然而很快，这份爱消失了。“下山”即指被丈夫遗弃，从古诗“上山采蘼芜，下山逢故夫”而来。因为失望，鱼玄机到咸宜观做了女道士，从此纵怀为娼妇。故事简练，但其后隐藏了当时社会情境下的读者皆有共识的文化背景。

既做道士，又为何纵怀为娼？在唐代，道教为国教，道观林立，女性入道也十分盛行，尤其是唐代的一些公主、贵族女性入道，使之成为流行的社会风尚。唐代社会风气开放，文化兼容并包，入道作为一种生活方式可以使女性摆脱原有的家庭乃至阶级的束缚，获得更大程度的自由和独立。因为僧道不在四民之内，所以女道士可以不受约束地同各阶层的人士交往，这使她们得以摆脱社会习俗对一般家庭女性的道德要求。也正是这个原因，后世在评价她们的时候，将之与“娼”相关联。如从法律制度的层面来看，“娼妓”在唐代属于“乐籍”，与一般民众及僧道的阶级身份都有所区分，因此以娼妓称呼女冠其实也只是社会舆论中带有道德色彩的评价而已。

鱼玄机选择的咸宜观，并不是一般的道观。它本是藩王宅邸，后因宝应元年（762）咸宜公主入道改为道观，地处长安城东朱雀门之亲仁坊，紧邻艺伎聚居的平康坊，乃京城繁华热闹之地。鱼玄机最终选择以此地为归宿，表明她肯定不是对现实生活心灰意冷要寻一个清修之所，但也未必像故事中评价的那样纵怀为娼，而是选择了一条最为便利和自由的捷径，希望能以自己的才情和美貌结识达官显贵及才学之士，从而争取更优渥的生活，以及更好的感情。

一段失败的感情经历，使年仅二十来岁的鱼玄机成熟起来，她清楚地知道自己才华的分量，渴望得到新的爱情，却又不真正依赖任何一位男性。在她的诗集中出现的名字有温庭筠、李郢、李近仁、左名场……他们的身份或为潦倒才子，或为名公卿相，或为世家子弟，或为布衣文士；她对他们的感情或尊敬，或亲昵，或热烈，或熟悉。她苦心搜采，以诗留情，抱有期待。可惜这些若隐若现的追寻还没有结果，她的生命就将画上句号。在生命的最后一年，她犯下的人命官司轰动了京城。

《三水小牍》是鱼玄机杀婢事件的最早记录者。北宋年间，晁载之编辑《续谈助》，将这个故事抄录了进去：

西京咸宜观女道士鱼玄机，字幼微，长安倡家女也。色既倾国，思乃入神，畜一女僮曰绿翘。一日，机为邻院所邀，莫归，翘曰：“适

> 某客来，知炼师不在，已去矣。”客乃机素相暱者，意翘与之私，及夜，扃户裸而笞之，绝于地。机恐，坎后庭瘗之。时咸通戊子春正月也，客有宴于机室者，因溲于后庭，当瘗上，见青蝇数十，驱去复来，详视之，如有血痕。客出，语其仆。仆兄为府衙卒，常求金于机，机不顾，卒深衔之。闻之，呼数卒，携锸突入玄机院发之，而绿翘貌如生。遂录机诣京兆府。朝士多为言者，府乃表列上。至秋，竟戮之。在狱亦有诗曰：“易求无价宝，难得有心郎。”

《三水小牍》的撰者是皇甫枚，生平活动大约在唐大中末年至唐朝灭亡后的一段时间，距离鱼玄机生活的时代非常接近。此书是其在唐亡之后寓居汾晋时期编著的，搜集了当时社会上流传的奇人异事、神灵鬼怪、因果报应、地理札记等内容。最早著录于北宋的《崇文总目》传记类，也见于《遂初堂书目》《直斋书录解题》，原书已佚，其所载内容散见于宋代的《续谈助》《太平广记》及元代的《说郛》，今传一卷本与两卷本皆为后人辑录本。

在《三水小牍》辑录本中，这则鱼玄机杀绿翘的故事细节更加丰满，情节一波三折。首先是一个优美的伏笔，以鱼玄机的诗句来佐证她的才情，她的声名，她日常中歌舞宴饮不绝的生活。然后写了她一日出门，嘱咐婢女绿翘：“如果有人来找我，就说我在邻居家的院子里做客。”晚间回来之后，绿翘告诉她：“是有人来，我告诉他你不在，他就走了。”于是，鱼玄机就开始了对绿翘的怀疑，残忍地责打她。这里所传达出的女子之间心照不宣的情绪，是非常微妙的。故事暗示，这个来访的人，是鱼玄机“素相暱者”，是她一直以来喜爱的、有密切交往的人。而鱼玄机出门的时候，可能预测到他会来，她对绿翘的吩咐显示了她的期望：这个访客，如果知道她在哪里，一定会去找她。然而没有，鱼玄机得到的答案是，他听说自己不在，就径自走了。这让她陷入深深的自我怀疑当中。也许在这位客人来访之前，与鱼玄机的关系已经有裂痕，所以鱼玄机才这么重视、这么希望他能来找自己；又或者，他们本来关系很好，那为什么他却没有来找自己呢？这两种情况，都足以令鱼玄机感到恐惧。她的直觉告诉自己，绿翘也许说了什么，做了什么，让这位来访者，突然间对自己不在意了。这是她笞打绿翘的原因，但是故事没有直接告诉我们，只是说“客乃机素相暱者”。接下来，绿翘面对责罚，义正词严地为自己辩护。她是这样说的：“我侍奉你好多年了，我的行为非常检点，我没有你所怀疑的那种过失。那个人今天来的时候，我隔着窗子告诉他，你不在。他什么都没有说，就走了。我随你修行，早就没有情爱之心了，希望你不要怀疑我。”鱼玄机听了这番话的结果是更加愤怒。她为什么会愤怒？因为绿翘的答案证明了她的猜测。绿翘特别强调了与客人的会面是隔着窗子，这是声明自己没有做任何违背礼法的事情。然而也许鱼玄机很了解自己的那位心上人，又或者她很了解男女私情是怎么回事，她认为这种隔着窗子的礼法是不可能出现在现实生活中的，纵使绿翘是真隔着窗子和客人说话，那客人也绝不会听了一言不发就走了。这种刻意的答案一定是为了掩盖什么。然而绿翘拒不承认，在生命的最后关头，她掷地有声地说道：“炼师欲求三清长生之道，而未能忘解佩荐枕之欢，反以沉猜厚诬贞正，翘今必毙于毒手矣。无天则无所诉，若有，谁能抑我强魂，誓不蠢蠢于冥冥之中，纵尔淫佚！”这番话是整个故事情节发展的高潮。

绿翘死后，鱼玄机将她的尸体埋在后院。人们问起来，她以一句非常诗意的应答来掩盖，说绿翘在一个春雨放晴的日子里逃走了。直到有一天，她竟然在家中宴客。有人到后院解手时看到有数十只青蝇集于某处，驱之不散，仔细一看，那块地上隐约有血痕，还有腥味。这位客人回家悄悄把此事告诉了自己的仆人，仆人又把这件事告诉了自己的哥哥。仆人的这位兄长是一名衙吏，与鱼玄机曾经有些嫌隙，他曾经向鱼玄机勒索钱财被拒，心中怨恨，得知此事，正中下怀。他悄悄去鱼玄机住处外观望，果然，不见绿翘出入。这时候衙吏已经心中有数，于是立刻叫人拿铲子去鱼玄机院子里挖出了绿翘的尸体。就这样，鱼玄机被抓到了京兆府，面对诘问，她承认了自己的罪行。由于鱼玄机才名远播，竟有很多朝中之士为她求情。然而京兆尹铁面无情，到了秋天，鱼玄机被处以死刑。故事的最后，以她的诗结尾："易求无价宝，难得有心郎。""明月照幽隙，清风开短襟。"

《三水小牍》故事里因索金不成告发鱼玄机的衙吏，其行事作风像是一个精于办案的老手，他听说了鱼玄机后院的事情后，没有如《续谈助》里简化的那样立刻带人去突击挖掘，而是自己先到门口潜伏观察，感受到周围人对不见绿翘出入的讶异，或许还听到一些猜测的言论，在这种情况下，才带人进去搜查，拿到证据，再将鱼玄机抓捕回京兆府。所有故事最后都突出了一个具体的时间，咸通戊子（868）春正月，这很可能是当时一个很轰动的社会案件，因此留下了具体的时间记载。

鱼玄机笞打绿翘时，绿翘的两次应答体现了这个人物的性格。第一次说：我反思自己不曾有这样的过失。是鸣冤。第二次说：你是一个清修的人却忘不了男女之情，我今天如果被你冤死，也发誓绝不再做你的奴仆，纵容你做这些淫佚之事。是反抗。正是因为这个形象太过正义刚烈，《太平广记》收录这则故事时，索性就题名《绿翘》。似乎绿翘才是这个故事

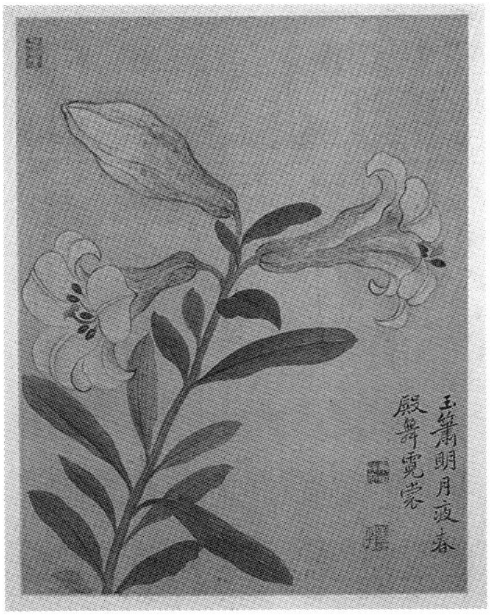

图 5　恽寿平《花卉图册之山矾》
湖南省博物馆藏

的主人翁，只因为她是一个受侮辱而又有气节的形象。明代袁宏道作《瓶史》，其中有一则《使令》，讲如何以花名行令，将绿翘比作一种叫“山矾”的洁白小花，说：“山矾洁而逸，有林下气，鱼玄机之绿翘也。”

“林下气”，出自《世说新语·贤媛》：“王夫人神情散朗，故有林下风气。”王夫人就是谢道韫，她是书法家王凝之的妻子，也是那位在簪缨大族的聚会中，对着纷纷扬扬的雪花，吟咏“未若柳絮因风起”的女诗人。“林下之风”是与“闺房之秀”相对应的品藻，所指的是女子有名士风度，大概是谢道韫飘逸胜过娴雅，有一种落落大方的气质，所以有此一说吧。但这么一比拟，绿翘的风采简直要压过鱼玄机了。而之所以明代的文人会认为绿翘有如此风貌，则离不开《三水小牍》中成功的人物塑造，故事中的绿翘与鱼玄机确实平分秋色，她面对鱼玄机质问时不卑不亢的回答，乃至最后的激烈抗辩，都令人过目难忘。

判杀鱼玄机的京兆尹，在这一故事中虽然着墨不多，但也格外触目。鱼玄机杀婢，按唐律罪不至死。所以她从春天被逮，直到秋天被戮，其间有很多朝中之士为她游走说情。而结局最令人心生疑窦的是这五个字：“府乃表列上。”京兆尹杀意已决却不动声色，在三个季节里默默准备着给皇帝的上书，最后一举成功。女道士之死，恐怕还有其他隐藏的玄机。

这位京兆尹温璋，乃温彦宏六世孙，以父荫得官。在唐初，彦宏、彦博、彦将兄弟三人乃著名的“一门三公”，温彦宏官至吏部尚书，彦博官至宰相，彦将官至中书侍郎。可以说，温璋的家世非常显赫。在鱼玄机故事中，同样来自于这一家族的还有温庭筠，他是温彦博的后裔。鱼玄机诗集中有两首写给温庭筠的诗，约略显示出崇敬爱慕之情，因此后世多有附会。然而温庭筠的集中，却不见与鱼玄机的酬答，他一生困蹇，去世于此案发生的两年前。鱼玄机诗集中出现过的李郢、左名场等人，是否为她的案情说过话，表过态，也不得而知。究竟是谁在为鱼玄机求情？他们的政治生涯又受到了什么样的影响？现在已经很难考索。

《三水小牍》中关于温璋的记载不只鱼玄机案件：

> 温璋，唐咸通壬辰尹正天府，性黩货敢杀，人亦畏其严残，不犯，由是治有能名。旧制，京兆尹之出，静通衢，闭里门，有笑其前道者，立杖杀之。是秋，温公出自天街，将南抵五门，呵喝风生。有黄冠，老而且伛，弊衣曳杖，将横绝其间，驺人呵不能止，温公命捽来，笞背二十，振袖而去。

这则故事告诉我们，温璋性格果敢，喜好杀戮，治理一方主要是靠严酷乃至有些残暴的行事风格。人民因为畏惧他手中的惩罚权力而不敢犯法，如果有人表现出对他的不敬，他会毫不留情地对之施以刑罚。他是一个典型的酷吏。宋代的《续世说》中记载了他作为一名官僚的最后归宿：

> 温璋为京兆尹，懿宗以同昌公主薨，怒杀医官，其家属下狱者三百人。璋上疏切谏，以为刑法太深。帝怒，贬振州司马，制出，璋叹曰：

“生不逢时，死何足惜。”是夕自缢卒。

历史往往给人最意想不到的结局，以温璋这样的一位酷吏，竟然死于对严刑峻法的切谏直疏。最后的这个故事也让我们稍微走近了这位官员的精神世界，他或许有济世之心。但也同时可以想象到，一位如此性格的京兆尹，对于犯下杀人之罪的鱼玄机，是绝对不会有一丝一毫的同情怜悯之心的，尤其是面对众多朝中之士的求情，说不定更加激起他的反感和厌恶。于是，年轻的女诗人鱼玄机，死于京兆尹温璋不带有丝毫怜香惜玉之情的判罚之下。

第三节　难得有心郎

“易求无价宝，难得有心郎”，恐怕是鱼玄机所有诗歌中流传最广的一句，这句诗出语直爽，背后又似乎蕴含着难言的悲情和苦楚。《红楼梦》“慧紫鹃情辞试莽玉”一章，紫鹃与黛玉夜话，曾说“岂不闻万两黄金容易得，知心一个也难求”，其实也是从这句诗中化出的意思。关于这句诗的指向，《三水小牍》中说这是一首狱中诗，而《北梦琐言》则不涉及此说，将它作为怨恨李亿的诗。后世记载，则多根据此二书直接抄录或申发敷衍，如《太平广记》对二书之说皆有采纳，《全唐诗话》将之作为狱中诗，《唐才子传》则将之作为怨李诗。然而真相究竟如何，恐怕不仅仅是这句诗，甚至还包括鱼玄机真实的感情生活和人生经历，从传奇故事中已经很难求得客观和全面了。

其实传奇也好，戏说也罢，鱼玄机的故事在后人的想象中难逃的是一情字。怜惜她的或许为她掬一把伤心泪，憎恶她的又难免觉得她罪有应得，另有一干以洁身自好相标榜的人，会觉得这样的女子经历复杂，不如避之不谈。说到底，后世文字中出现的鱼玄机并不是她的真身，不过是人们借以表达自己的一个象征物。比如在明代，鱼玄机故事的演变就有两个极端的例证。一是周清原的《西湖二集》，以极为鄙俗的语言讲述了鱼玄机。在作者口中，这是一个典型的“尼姑作孽”的故事。鱼玄机“做了女道士，却又凡心不断，吃醋拈酸，争风杀人”，是一个极尽风流、刁钻古怪的负面形象。作者一面津津乐道于尼姑庵中的风流韵事，一面不忘“奉劝世上男子将自己妻子好好放在家间，做个清清白白、端端正正的闺门”，媚俗阿世的同时又似乎带有讽世伤世的悲凉色彩。二是叶宪祖所作《鸾锟记》，有意反其道而行，花笔墨塑造了一个干干净净的鱼玄机。要说同情和理解鱼玄机的有心郎，大概叶宪祖也算得上难得的一位了。

《鸾锟记》有两位女主角：赵文姝和鱼玄机。赵文姝是沉潜的，是妇德贤懿的化身，她和一位落魄的小文人杜羔缔结了婚约，并且忠贞不渝。她有诗才，但是限于闺咏和劝谕。她的闺中独白是“几番盼杀张京兆，翠黛留将懒自描”，她在专一地等待着给她画眉的夫君。而她的劝谕则更为重要，作者特撰“诗激”一出宣扬此事，她在杜羔落第时寄诗激励，使夫君立志“金榜无名誓不归”，比之那些“悔教夫婿觅封侯”的闺中女子自是两种境界。后来杜羔果然金榜题名，她又写诗“良人得意正年少，今宵醉眠何处楼”，语含幽怨，成功挽回夫君心意。两次寄诗皆有所本，并非作者杜撰，可以说赵文姝就是作者对文学史上真实存在的那位“杜羔妻”的文学想象。

相较之下，鱼玄机则是飞扬的，代表着自由和才情。她是赵文姝的邻居，孑然一身，来去无牵挂。赵文姝称她“清才掇露，藻思霞蒸”，平时常相为伴。鱼玄机有女侠之风，“仗侠”一出是刻画其性格的关键所在。这一出说的是官媒婆奉宰相之命聘赵文姝为妾，赵母解释女儿已经许配人家，而官媒婆与差人只为复命了事，便欲强娶赵女。他们对民间小户人家的种种实情不屑一顾，认为只需要搬出炙手熏天的强大后台，三言两语便可解决此事。赵母不忍将女儿送与恶姻缘，希望拼得一死，以自己的生命换得官差的同情。文姝既不愿失身屈从又不愿让母亲为难，便要以死抗命。在这危急之时，鱼玄机出现了。作为文姝朝夕相处的芳邻姐妹，她来看看发生了什么事情。年轻女子之间的友谊是不受世俗条件约束的，因此往往带有某种崇高的、为对方牺牲的悲壮感。她听得赵家母女的祸事，立刻就想到要“拼舍此生，救他两命”，决定代文姝出嫁。行前，文姝感念其高谊，以自己的聘礼持赠，一对碧玉鸾镵一分为二，这便是故事中点题的信物。

作者对鱼玄机的命运安排用极了心思，没有让这位仗义行侠的女子落入泥潭，正如她的唱白那样：“我本玉府仙姝，岂偶凡夫俗子！”她为了救人而不得不委身的老爷，已经在她登门前偶得暴疾而亡，于是她机智地逃出了夫人的魔掌，到咸宜观去做了女道士。在遇到真正的情郎之前，过上了“一会价鼓琴邀夜月，一会价看鹤舞闲云”的生活，与太和公主赏花品诗，成了名播京师的女冠仙子。自此，以诗投赠求见者络绎不绝，而其中之一，便是落第后在京城游荡的温庭筠，作者根据几分历史为鱼玄机选定的佳偶。温庭筠的投赠十分精心，不仅诗词工绝，还有花笺一封，春心几重，更倩绿翘为青鸟，欲使鱼玄机“怜才有意，必定许乘龙”。绿翘不负重托，传递诗篇，不仅将这位温郎说成一位才貌双全的人物，又以“难得有心郎”相劝，说动鱼玄机回诗一首，更以鸾锦定情。可以看出，作者是按照自己的心意，在自己的作品中为这位文学史上的薄命佳人安顿了一个栖身之所。

作者在传奇中将历史人物的际遇进行了合理的承袭、颠覆性的改写，以及理想化的构建。作品的男主角是三位历史人物杜羔、温庭筠和贾岛。他们自负才学，文采风流，在人生失意时相逢，心中却踊跃着入世之心。他们本以为能凭借才华“取功名如拾芥”，却因嘲弄权臣遭到猜忌而失意受挫。与之相对的另一面是声名煊赫的宰相令狐绹，他一出场便成为权势的化身，“龙楼凤阁九重城”，“我贵我荣君莫羡”，主宰着故事中一干青年男女的命运。先是要替自己的老友李亿补阙纳妾，令官媒婆去讨赵家的女儿文姝，然后又翻云覆雨，使得温庭筠、杜羔、贾岛皆名落孙山，辗转飘零。有意思的是，历史上鱼玄机真正的心上人李亿，作者甚至都不屑于让他在故事中出场，只借宰相令狐绹之口说其老年无子，欲娶一妾，而又因惧内，需要友人出面代娶转赠方能成事。人未出面所行已十分猥琐，而后的故事情节更是不留情面，代替赵文姝入府的鱼玄机人还没到，李亿就“偶得暴疾而亡”。从故事走向来看，作者是站在平民士子一边的，没有让他们的人生经历太多的沉沦，还有“才堪咏絮，貌复羞花”的佳人相伴左右。“问天公，才情相对，能有几人同”，是作者的爱情观。那些文学史上留下的片段典故和零星诗篇，在作者的笔下化作了才子佳人的美好故事。

《鸾锦记》收录在《六十种曲》中，是当时明代社会最为流行的戏曲之一。这部作品的产生和明代社会开始兴起的才媛文化有着密不可分的关系。女性的才华受到尊重、肯定并逐渐演变为才子佳人的传奇，又因流行和繁荣渐次成为小说套路，乃至最终幻化出新，孕育催生出《红楼梦》这样的女性颂歌，是论及明清两代小说戏曲时最不能忽视的一条文化脉络。在这条脉络上，我们既看到许多失意或得意的文人们用以自我救赎，找寻心灵慰藉，也看到鱼玄机的形象不断闪现在文人案头笔端的内在理路。鱼玄机的身世和经历符合一切传奇作者的想象，这也正是她本人在文学史上的价值所在。

第二章 才调情思五十篇：诗话

尽管笔记小说的作者在热衷搜罗供市井大众茶余饭后谈资的鲜腥逸闻之余，为了刻画主人公的独特性格，凸显其非凡身价，也会以摘句形式贡献几联诗句，如《太平广记》录鱼玄机诗有“绮陌春望远，瑶徽秋兴多”“殷勤不得语，红泪一双流”“焚香登玉坛，端简礼金阙”“多情自郁争同梦，仙貌长芳又胜花”，并称“此数联为绝矣”。但事实上，这些残句流传并不广泛，也不见于鱼玄机诗集，当然也就称不上是最好的诗句了。细味此四联的选择，其实不过是作者对鱼玄机女道身份与绮艳情事的矛盾想象，隐晦地向读者透露出这位已登道坛的女子，有着如花的容颜，以及一时也道不尽的多情。从叙事的角度，这几句诗只是一个楔子，我们由此进入鱼玄机诗歌的文本当中，才有可能接近鱼玄机人生更为真实的一面。

第一节 自叹多情是足愁

鱼玄机在唐代文学史上不是一流的诗人，在女性文学史上恐怕亦难成为出类拔萃者。当然这主要是因为其作品流传数量有限，一两首名篇并不足以使诗人成为文学史上的特出人物；其次也是因为其生年较短，阅历有限，这使她的诗歌局限在某些特定的题材中，无法反映出太过深广的内涵。如何评价鱼玄机诗歌的艺术价值，也许“虽小亦好，虽好亦小”这八个字很妥当。也就是说，如果我们能抱有欣赏和理解的眼光来审视这位二十来岁就以诗才名动长安的女郎，那么她的作品所容纳的情感的复杂程度和艺术的表达深度实际上已经是非常可观了。鱼玄机诗集中的四十九首诗，可以分作三类来解读：

第一类是入道之前写给爱人李亿的诗。这类诗略显稚拙，但是抒情真挚流畅，具有较高的艺术水准，在后世也流传较广。如《情书寄李子安补阙》《春情寄子安》《隔汉江寄子安》《江陵愁望寄子安》等。同时，这一主题中还包括她被李亿抛弃后抒发思念、怨恨之情，乃至最终放怀的作品，如《送别》《闺怨》《江行》等篇。

其中《江行》二首作为最后流连在爱人所处之地的作品，已经预示了蕙兰成为鱼玄机之后的生活基调：“大江横抱武昌斜，鹦鹉洲前万户家。画舸春眠朝未足，梦为蝴蝶也寻花。”“烟花已入鸬鹚巷，画舸犹题鹦鹉洲。醉卧醒吟都不觉，今朝惊在汉江头。”女诗人在横渡长江的游船上醒时歌吟、醉来睡卧，飘飘悠悠之间，不觉已从汉江口到了武昌城，又从武昌城绕过了鹦鹉洲，接着重新又绕回了汉江口。这样微醺恣意的旅行，恐怕大大出乎古代读者的意料，无怪乎明人黄周星评之曰“妖冶之尤”。然而今天看去，却自有一番酣畅淋漓的意境。在中国古代诗歌史上，有许多江上赋诗的经典场景，而若论女性抒写的游历长江的诗篇，这两首七言绝句已经写出了前无古人的境界。武昌城、鹦鹉洲、鸬鹚巷、汉江头，不仅仅是真实的地理坐标，也因不少警句名篇而成为天然的诗意符号。如鹦鹉洲即以汉末祢衡《鹦鹉赋》知名，唐代崔颢、孟浩然、李白皆有佳句流传。鱼玄机诗中“梦为蝴蝶也寻花”一句，采《齐物论》庄周梦蝶之境，又带有杜甫“江畔独步寻花”的轻松快意，浑然天成地呈现出摇曳多姿、顾盼生辉的女性风情，用典而无痕，受到后世评论家的击节赞赏。

第二类是诗人入咸宜观之后日常交接应酬的作品。这类诗反映了鱼玄机既为女道又放纵感情的矛盾生活，以及在这种生活之下所表现出的复杂微妙的感情世界。这其中有不自觉地焦虑，如《酬李学士寄簟》：“珍簟新铺翡翠楼，泓澄玉水记方流。唯应云扇情相似，同向银床恨早秋。”寄簟之人的一片心意是希望诗人能安然度过眼前的炎炎夏日，但是诗人多情且又多心。想到这件泓澄如玉、清凉如水的珍簟，正如云扇一般，乃时令应季、不得长久之物，秋天一到，它们就面临被冷落、遗忘的命运，这令她怀疑送礼者的真心。聪慧奥思如她，生怕自己会一语成谶，预言出这段感情的最终结局。

有试探性地调情，如《闻李端公钓鱼回寄赠》：“无限荷香染暑衣，阮郎何处弄船归。自惭不及鸳鸯侣，犹得双双近钓矶。”她在对方夏日钓鱼归来主动写诗寄赠，用汉代阮肇入天台山采药，遇仙女邀至家中并招为婿的故事比喻李郢的这次出行，戏谑他的衣服上沾染了无限的花香，一定是在垂钓时有佳人陪伴。她的“自惭”中稍稍带有一点羡慕，比翼成双也是她对生活的期盼，然而这么直白地流露出来，却也不禁令人怜悯。

有低姿态地讨好，如《次韵西邻新居兼乞酒》：“一首诗来百度吟，新情字字又声金。西看已有登垣意，远望能无化石心。河汉期赊空极目，潇湘梦断罢调琴。况逢寒节添乡思，叔夜佳醪莫独斟。”诗人的新邻居投诗一首，表明交好之意，鱼玄机则大胆回应：您的这首诗我反复吟诵，其辞藻音韵之美真能作金石之声。您应该是一位正人君子，即使我如同宋玉笔下的东家子那样，有绝世之美貌，又有登墙窥探之心，应该也不会使您动心吧。（宋玉《登徒子好色赋》有“此女登墙窥臣三年，至今未许也”。）但是您应该不了解我的想法，独身而居的我早已经渐渐消却了望夫化石之心，因为那已经是一段没有希望的感情，他与我河汉渺茫，潇湘梦断，相会无期。因此，在这样一个令人倍添思情的节日里，您那里若有美酒，何妨邀我共饮一杯？

也有不露痕迹的轻蔑，如《和人次韵》：“喧喧朱紫杂人寰，独自清吟月色间。何事玉郎搜藻思，忽将琼韵扣柴关。白花发咏惭称谢，僻巷深居谬学颜。不用多情欲相见，松萝高处是前山。”此诗乃和人所作，可以看出，原作者将鱼玄机比喻为谢道韫，对她的才情仰慕不已，又有些不伦不类地将她比作深居陋巷、自得其乐的圣人颜回，并表示想要同她见面。鱼玄机的回应则有些嘲讽和调侃的意思在里面。明代钟惺《名媛诗归》对此诗之用意有很好的解读：“想玄机一代才色，当时奔走慕悦之者不少，亦如今时强作诗篇，卖弄才学，欲以此自炫耳，故玄机亦直作此嘲哂之。然其语意和缓，亦不甚矜张，故此辈亦未之悟也。细味其词气，亦觉刻薄殆尽矣。要之此种语言文字中，解不得几分，亦何怪其蚩蚩也。由此思之，古今人不甚相远。”

更有不顾一切的放纵，如《迎李近仁员外》：“今日喜时闻喜鹊，昨宵灯下拜灯花。焚香出户迎潘岳，不羡牵牛织女家。”《红楼梦》“琉璃世界白雪红梅”一回，对薛宝琴、邢岫烟等人的到来，贾母高兴地说：“怪道昨日晚上灯花爆了又爆，结了又结，原来应到今日。”所喜所爱之人的造访，使人欢欣踊跃，一一对应起那些微妙的征兆，仿佛眼前所见即是生活中最浓烈的期盼。女诗人不仅焚香出户，亲自迎接，甚至天真而动情地说：我们之间的感情，比久别重逢的夫妇还要热烈。对男女欢情大胆的书写，后世女诗人亦不乏此。朱淑真《元夜》有“但愿暂成人缱绻，不妨常任月朦胧。赏灯哪得工夫醉，未必明年此会同”。令人嗟叹的是，这些女子皆红颜薄命，她们所歌颂的，也正是她们生命中最难以葆有的，一份剂量对等的爱。

第三类是诗人的抒怀之作，这类作品没有明确的时间和事件的指向性，是一种内心独白。鱼玄机的内心世界同样是复杂的，她时而自怨自艾：“自叹多情是足愁，况当风月满庭秋。洞房偏与更声近，夜夜灯前欲白头。”时而自矜自负，如《卖残牡丹》：“临风兴叹落花频，芳意潜消又一春。应为价高人不问，却缘香甚蝶难亲。红英只称生宫里，翠叶那堪染露尘。及至移根上林苑，王孙方恨买无因。”上林苑乃汉武帝铺张建筑之所，王孙乃淮南小山《招隐士》所言之贵族子弟，牡丹在唐代被喻为国色。而一个“残”字，却将诗意引向不一般的境地，似有托物言志、以之自比之意。这从牡丹之所以零落风泥、无人问津，是因为它本来就不属于尘世，也非常人所能负担。天香国色，虽然黯然度过了又一个春天，然而却没有打算俯身就俗，兀自绽放，不容亲近。

鱼玄机感情最为激烈的抒怀之作，正是传说中她那首狱中绝笔《赠邻女》：“羞日遮罗袖，愁春懒起妆。易求无价宝，难得有心郎。枕上潜垂泪，花间暗断肠。自能窥宋玉，何必恨王昌。”因为后世史料笔记作品对鱼玄机故事的广泛转载，此诗成为诗人现存作品中流传最广的一首。在唐代的诗歌选集《才调集》中，这首诗又题作“寄李亿员外”。《北梦琐言》说诗人本是李亿的侍妾，因爱衰隶咸宜观为女道，这句诗正是怨恨李公对自己没有真心。其实通览全诗，这首诗既不像写给李亿，也不像是狱中所作。

因为诗集中凡是与李亿相关的诗皆写得深情款款，并无如此激烈直白者，而至于狱中绝笔云云，更有可能是好事之徒附会。这种附骥于传奇小说的诗歌，往往会比较浅显直白，鱼玄机诗集中大胆而直白的诗应该以此首为最，所以这首诗在后世流传于小说之中也就不足为奇了。

在这首诗中，诗人想要传达的不是悲观地怨，而是假借与邻女对话，抒发一种失恋之后豁然开朗的感情态度：因为感情不得意而避人不见、无心妆扮、垂泪断肠都是没有必要的，因为你失去的人对你本就不在意，而这世上的美男子，除了王昌之外，还有宋玉哪！这本和男性之间揶揄天涯何处无芳草一个声调，但出于女子之口，却令后世的男性读者咋舌。“赠邻女”这个诗题更符合生活的真实，如同一场闺中密谈，作者所倾吐的心事只有女性之间才容易产生共鸣。最为有趣的是结句的用典，王昌和宋玉虽都是美男子的代称，但王昌是魏晋时的世家子弟，人所共知的只有他的姿仪俊美，宋玉则以辞赋名家，不仅仅美貌而已。或许在诗人看来，“宋玉”才是更好的意中人吧！

虽然从鱼玄机的诗歌中，我们所看到的她的生活和情感，远远比传奇故事中的想象要富于层次，但是诗名的流传有时候就是要借助逸闻轶事，甚至会不断经过传播者的主观想象和裁夺，对女诗人就更是如此。我们所要做的，一方面是尽可能地借助作品本身还原女诗人的人生经历，以此对她有更全面的解读；另一方面，也不妨抱着趣味性的态度来看待鱼玄机之后的评论者们是如何演绎和重塑这一才女形象的。

第二节　自恨罗衣掩诗句

鱼玄机的才调情思有幸得以摆脱传奇故事的随意割舍，进入到另外一个全然不同的话语体系当中，恐怕要归功于元代辛文房的《唐才子传》。在这部书的记载中，鱼玄机的轶事获得了与从前全然不同的鉴赏视角，其中最有价值的地方，在于作者完全把鱼玄机作为一位诗人对待：

> 玄机，长安人，女道士也。性聪慧，好读书，尤工韵调，情致繁缛。咸通中及笄，为李亿补阙侍宠。夫人妒不能容，亿遣隶咸宜观披戴。有怨李诗云："易求无价宝，难得有心郎。"与李郢端公同巷，居止接近，诗筒往返。复与温庭筠交游，有为寄篇什。尝登崇真观南楼，睹新进士题名，赋诗曰："云峰满目放春晴，历历银钩指下生。自恨罗衣掩诗句，举头空羡榜中名。"观其志意激切，使为一男子，必有用之才，作者颇赏怜之。时京师诸宫宇，女郎皆清俊济楚，簪星曳月，惟以吟咏自遣，玄机杰出，多见酬酢云。有诗集一卷，今传。

作者对鱼玄机入道前的记载在叙事上借助了《北梦琐言》的材料，以及同样将"易求无价宝，难得有心郎"定位为"怨李诗"，但其后新增加的要素却非常值得重视：第一，写鱼玄机性聪慧、好读书，这是之前文献中没有的记载。第二，将鱼玄机与李郢、温庭筠的诗歌酬唱定位为文学交游，这也是之前的辑录者们从未注意到的问题。因为作者叙述的语调和语境完全不是小说式的，而是相对正统的诗话文体，叙述中带有文学史家特有的对文学创作者的尊重。如“居止接近，诗筒往返”这一简洁的刻画，将鱼玄机与他人的酬酢应答写得极为自矜、自重，不似以往叙述者那般重视风月、轶事的描写。这是后世的记载中对鱼玄机女诗人身份的第一次庄重的认可，由此也使鱼玄机及其故事得以进入文学史的书写当中。第三，辛文房注意到一首前人从未注意过的诗：“云峰满目放春晴，历历银钩指下生。自恨罗衣掩诗句，举头空羡榜中名。”并说：“观其志意激切，使作男子必为有用之才，作者颇赏怜之。”

这一位“赏怜者”，正是辛文房本人。归结起来，这三点不同，皆是从男性角度来考量的一位诗人的成名要素：读书、交游、仕途。不可否认，这不过是诗话语境下的惯常叙述方式，但是我们应该意识到，如果能从一位女诗人的生平中恰好找出这三个要素，而它们一旦与男性世界的价值观完全吻合，那么这位女诗人立即会变得非同一般。这会令人赞同作者的观点：如果她是一名男性，必为有用之才。这其中蕴含着辛文房对女性才华的极大肯定和尊重。而作为后世第一例超越了闺阁视角对鱼玄机才华进行评定的诗论，《唐才子传》毫无疑问是值得特别关注的。

进一步来看，《唐才子传》的作者持有非常正统的诗学观念，他也是在这一诗论基础上来评价女诗人的创作：

> 古诗之道，各存六义，然终归于正，不离乎雅。是有昔贤妇人，散情文墨，斑斑简牍，概而论之。后来班姬伤秋扇以暂恩，谢娥咏絮雪而同素，大家《七诫》，执者修省，蔡琰胡笳，闻而心折。率以明白之操，徽美之诚，欲见于悠远，寓文以宣情，含毫而见志，岂泛滥

之故，使人击节沾洒，弹指追念，良有谓焉。噫！笔墨固非女子之事，亦在用之如何耳。苟天之可逃，礼不必备，则词为自献之具，诗有妒情之作，衣服饮食无闲净之容，铅华膏泽多鲜饰之态，故不相宜矣。是播恶于众，何《关雎》之义哉。

总体而言，作者论诗本于雅正一格。他认为早期流传的女子创作多含蓄蕴藉，能体现女性怨而不怒、哀而不伤的贤良美德，如班婕妤咏秋扇、蔡文姬胡笳十八拍、谢道韫咏雪皆是此类，而曹大家《七诫》（即《女诫》）更是为后世女性树立道德典范的作品。但是后来随着文学独立性的增强，其所附加的道德宣教的成分也随之减弱，诗歌越来越成为自由表达心灵的工具，于是在情感的表现上没有那么多的禁忌，以至于出现了妒情之作、声色之作、矫饰之作，这已经离《诗经》时代的诗学标准非常之遥远了。不过，笔墨固非女子之事，而她们竟然能以笔墨知名，这是作者赞叹女诗人能留名后世的基本出发点。由此生发开来，作者紧接着用专门的篇幅讨论了整个唐代女诗人辈出的盛况：

历观唐以雅道奖士类，而闺阁英秀亦能熏染，锦心绣口，蕙情兰性，足可尚矣。中间如李季兰、鱼玄机皆跃出方外，修清净之教，陶写幽怀，留连光景，逍遥闲暇之功，无非云水之念。与名儒比隆，珠往琼复，然浮艳委托之心，终不能尽，白璧微瑕，惟在此耳。薛涛流落歌舞，以灵慧获名当时，此亦难矣。三者既不可略，如刘媛、刘云、鲍君徽、崔仲容、道士元淳、薛缊、崔公达、张窈窕、程长文、梁琼、廉氏、姚月华、裴羽仙、刘瑶、常浩、葛鸦儿、崔莺莺、谭意哥、户部侍郎吉中孚妻张夫人、鲍参军妻文姬、杜羔妻赵氏、张建封妾盼盼、南楚材妻薛媛等，皆能华藻，才色双美者也。或望幸离宫，伤宠后掖；或以从军万里，断绝音耗；或祗役连年，迢遥风水；或为宕子妻，或为商人妇。花雨春夜，月露秋天，玄鸟将谢，宾鸿来届；捣锦石之流黄，织回文于缃绮，魂梦飞远，关山到难。当此时也，濡毫命素，写怨书怀，一语一联，俱堪堕泪。至若间以丰丽，杂以纤秾，导淫奔之约，叙久旷之情，不假绿琴，但飞红纸，中间不能免焉。尺有短而寸有长，故未欲椎埋之云尔。

作者将李冶、鱼玄机、薛涛三人作为唐代女诗人中的特出者，同时指出唐代以诗选士的制度是闺阁女子得以熏染其风尚的根本原因。虽然从道德角度考量，李冶、鱼玄机既修清净之教，而终不免世俗之心，尤其是与名儒的诗歌交往，不是单纯的文学交游，而是有着托付终身的心思，这不免令人感到其行止略有瑕疵可议之处，但是她们的才华是不可否认的。而除去她们之外，作者还开列了一份长长的名单，都是史有记载、诗有流传的女性作者，她们幸运地生活在一个以诗歌为骄傲的时代，她们的一语一联没有被轻易埋没，在《唐才子传》中留下了艳丽多姿的面貌。而从明代开始兴起的那些女诗人作品选集，也无不按照这一名单来搜采文献，从而真正使历代女诗人作为一个令人惊叹赞赏的群体成为诗歌品评时不容忽视的组成部分。虽然辛文房的《唐才子传》诞生在诗话作品大量涌现的宋代之后，从文体上来看并无新式花样，从记述的语气上来讲，说不定还会令人觉得程式化，但是对于鱼玄机来说，其生平记载进入这样的文本，确是一次实实在在的突破。作者辑录和选择材料的视角使她和她的作品不具有任何性别偏见地进入了文学批评史的视野，甚至成为唐代女性诗人的代表人物之一。正是受这一影响，明代刊行的唐人诗集，把鱼玄机作为其中的“一家”。

我们可以通过以下两个图表，了解一下在明代及其之前的各个时代，鱼玄机的诗歌作品在各家诗选、诗论中的传播情况：

表 1 宋元各家选鱼玄机诗统计

五代·韦縠《才调集》卷十	宋·李昉《文苑英华》	宋·陈应行《吟窗杂录》卷三十一	宋·洪迈《万首唐人绝句》卷六十五	宋·计有功《唐诗纪事》卷七十八	元·方回《瀛奎律髓》卷四十七、四十八
题“赋得江边树”异文	√另有《折杨柳》	√		√	
题“寄李亿员外一作寄邻女”					
			题“酬人寄簟”		
			选“一枝月桂”		
			选“自叹多情”		
			江行二首		
			闻李端公钓鱼回寄赠		
					题任处士创资福寺
			题“隐雾亭”		
		重阳阻雨	√		
					访赵炼师不遇
隔江汉寄子安		√			
寓言					
江陵愁望寄子安		√	题“江陵愁望有寄”		
寄子安					
送别			√		
迎李近仁员外			√		
送别		√	√		

表 2　明代诸本选鱼玄机诗统计

明·高棅《唐诗品汇》卷五十五	明·田艺蘅《诗女史》卷九	明·钟惺《名媛诗归》卷十一	明·陆时雍《唐诗镜》卷四十八	明·曹学佺《石仓历代诗选》卷一百四
	赋得江边柳	√	√	√
	赠邻女	√	√	
	寄国香	√		√
	寄刘尚书	√		√
		浣纱庙		
		卖残牡丹		
	酬李学士寄簟	√	√	√
	情书寄李子安补阙	√		√
	闺怨	√		
	春情寄子安	√		
		打毬作		
		暮春有感寄友人	√	√
		冬夜寄温飞卿		
	酬李郢夏日钓鱼回见示	√		√
		次韵西邻新居兼乞酒		
		和友人次韵		√
		√“一枝月桂”亦选		选“仙籍人间”
		游崇真观南楼睹新及第题名处	√	√
		愁思二首（分两处）		
选“大江横抱”	大江横抱	两首皆选	大江横抱	江行
	闻李端公钓鱼回寄赠	√	√	√
		题任处士创资福寺		
		题隐雾亭	√	√

续表

		重阳阻雨		√
		早秋		√
	感怀寄人	√		√
				期友人阻雨不至
	访赵炼师不遇	√		√
		题“遣怀”		导怀
	寄飞卿	√		√
		过鄂州		
		夏日山居		√
		暮春即事		√
				代人悼亡
		和人		√
	√	隔汉江寄子安		
		寓言	√	
江陵愁望寄子安	√	√	√	
		题“又寄子安”	寄子安	
	送别	两首皆选		√
	迎李近仁员外	√	√	
		左名场自泽州至京师使人传语		√
		和人次韵		
	因次光威裒韵	√	√	

通过两个图表的比对可以看出，在宋元时期，鱼玄机诗集的版本流传是极不清晰的，各家选本所选的鱼玄机诗歌数量皆十分有限，而各家所依据的文献来源也不明确。这至少说明，陈宅经籍铺的鱼诗版本出现以前，鱼玄机的作品流传并不广泛。而陈起父子刊刻的棚本鱼玄机诗，在元代也没有明确的流传记载，影响也不大。到了明代，这一情况则有明显变化。

首先是正德嘉靖年间诗文界的复古思潮，标举唐诗为学诗者的典范，这样一来唐代诗人的作品皆受到追捧，因此使得唐人别集被大量编订重印，与此同时，亦产生了为数众多的唐诗选本。我们可以从表 2 中看出，明代的几个诗歌选本，所选诗歌几乎覆盖了《唐女郎鱼玄机诗》的绝大多数内容，这在版本层面很大程度上应该得益于明代唐人诗集以及唐诗选本的刊行和流传。

虽然明代有些诗论家对鱼玄机诗歌的评价是非常负面的，但是这多半与诗论家本人所持有的论诗立场与所标榜的诗学风格有关。如胡震亨《唐音癸签》说："鱼最淫荡，诗体亦靡弱，其集附见有威光裒三粲句，尤姱丽胜鱼，惜姓里不著。"从诗体靡弱的角度来评判鱼诗或许还贴合作者整体的诗学观念，然而认为威、光、裒三姐妹的联句胜过鱼玄机，未免太故作异辞了。又如胡应麟《诗薮》称唐代女诗人如鱼玄机辈"皆篇什一二，远出当时文士之下，非汉魏妇人比也"。将鱼玄机等女诗人的作品在唐代诗学繁盛的大背景下考量，那无论数量还是质量、广度还是深度，都的确如作者所言无法与大部分留名诗史的文士抗衡，而和汉魏妇人作品相比，又与其高古的格调不相称，作此结论也的确有其诗论的立足处。至于田艺蘅《留青日札》称"女郎鱼玄机'愁随芳草新'甚有思致，至于'易求无价宝，难得有心郎'又'梦为蝴蝶也寻花'，何其淫也"，则是越出了诗歌的艺术评价，而带有道德审判的色彩了。

到了明代晚期，类似的负面评价已经不复存在。主要是因为这一时期诗学理论趋于多样化，诗论家已经不再以某一家某一派之理论为范式来解读诗歌作品，而是更多地带有赏鉴、评点的个性化色彩。另一方面，这也是因为明代晚期整体的文化环境比较宽松，尤其是心学的兴起带动了整个社会思潮的变化，士大夫阶层对女性超越一般社会规范的生活之看法态度也趋于多元化。如谢肇淛《五杂俎》所言：

> 范蔚宗传列女而及文姬，宋儒极力诋之，此不通之论也。夫列女者，亦犹士之列传云尔。士有百行，史兼收之，或以德，或以功，或以言，至于方技缁流一事，足取悉附纪载，未闻必德行纯全而后传也。今史乘所载列女，皆必早寡守志，及临难捐躯者，其他一切不录，则士亦必皆龙逄比干而后可耳，何其薄责缙绅而厚望荆布也。故吾以为传列女者，节烈之外，或以才智，或以文章，稍足脍炙人口者，咸着于编，即鱼玄机、薛涛之徒，亦可传也，而况文姬乎！

作者认为，《列女传》仅仅以节烈与否作为评价女性的标准是非常苛刻而荒谬的，而这是宋儒从理学角度出发的言论，现在已经到了可以抛弃的时候了。正如士有百行，而德行高尚仅仅是其中一端，以德、以功、以言皆能传于史册，那么列女传的选材，又何必局限于记载那些早寡守节、临难捐躯的女性？作者主张，应该把历史上那些有聪慧才智、有文学才华的女子统统予以收录记载，这样才能成就完美通达的女性史料传记。

可以说，明代后期持有谢肇淛这样观点的学者不在少数，所以才会有很多人热衷于编纂刊行女性诗文集，或者在编行历代诗歌总集时将女性诗人的作品作为一个重要组成部分收纳进来。如明代晚期的《名媛诗归》《唐诗镜》《石仓历代诗选》中都尽可能全面地搜集了女诗人作品，具体到鱼玄机一家来看，选诗数量也大大超越以往，尤其是前两种诗选还伴有选诗者鉴赏性质的评点语录。从这些评点中可以看出，他们不是将鱼玄机的作品作为树立某种诗歌鉴赏理论的依据，而是完全当作优美而富有情致的艺术品来对待。事实上，正是明代晚期这种普遍的以趣味、情调、鉴赏为主导的文化风气，使得鱼玄机诗歌的文本价值获得了更多层面的体认，从而奠定了她作为一名女性诗人在文学史中的独特地位。

第三章 故纸数番存宋椠：版本

《唐女郎鱼玄机诗》，或许是陈起刻书时加上去的名字，因为再也没有更早的记载，提到过鱼玄机诗曾被辑录成集，并有名称。我们只是知道，她去世后，有近五十首诗流传了下来。陈起，是已知最早将这些诗搜集起来，并刻印诗集的出版人。关于这个书名，最可玩味的就是“女郎”二字，从这个称谓中，我们可以看得出陈起对这位女诗人充满了怜惜之情。

古代汉语中，泛指女性的词是“女子”，《诗经 · 载驰》有“女子善怀，亦各有行”。但是这个词，还有两层特指的意义。第一是指未嫁的女性，郑玄注《礼记》就有“女子，谓未嫁者也”。第二是指家庭中的女儿，《左传 · 襄公二十六年》有“宋芮司徒生女子”。这样看来，这个称谓不太适合鱼玄机，因为她不仅十几岁就给人做妾，而且我们也不知道她的父母是谁。

根据鱼玄机最后的身份，“女冠”和“女道”这两个词倒是都适合。在唐代，“女冠子”是一个教坊曲的名称，内容多咏女道士，到了宋代，这个词更成了词牌名。更重要的是，根据现存文献，“女冠子”的小令始制于温庭筠，而温庭筠是鱼玄机最仰慕的诗人。如果顺着这个思路遐想过去，似乎“唐女冠鱼玄机诗”是一个适宜的名称，既符合诗学的语言，又有特别的蕴意。

不得不说，陈起作为南宋著名的出版人，命名功力的确不凡，他没有用“女冠”，而是用了“女郎”。这个词，只能追溯出少数的诗学谱系，但是却能令人眼前一亮。《南齐书·文学传·贾渊》有“青州世子，东海女郎”。乐府名篇《木兰诗》更有“同行十二年，不知木兰是女郎”。而南宋的《东京梦华录·七夕》则曰：“儿童裁诗，女郎呈巧，焚香列拜，谓之乞巧。”从鱼玄机诗集后来的命运中我们会发现，它与七夕有着多么重大的联系。

“女郎”就是年轻女子的意思，没有更加特殊的指称。显而易见，陈起最想要突出的，就是这位诗人的年轻。除此之外，“女郎”向我们传达出的是一种不受身份拘束的、富有强烈生命力的、活泼的象征意味。比如代父从军、女扮男装的花木兰，甚至包括那个铭刻在墓志上，考倒了学士鲍照的“东海女郎”。而鱼玄机确实就是这样的“女郎”，她的才华和行事做派早就超越了“女冠”的身份，这个身份并没有限制她的生活，更重要的是，这个身份无法概括她的生命。

有了这样一番斟酌，我们就会感到陈起对鱼玄机这样一位女诗人，是多么的同情、理解、怜爱和赞叹。虽然他没有形诸笔墨，但是他比起后世数不胜数的形诸笔墨的大文献家、大收藏家，其所作所为，非但不显得遗憾，反而称得上前无古人、居功至伟了。

第一节　陈宅书籍铺印

陈起，字宗之，号芸居，南宋出版家，生卒年不详，大致生活于孝宗、光宗、宁宗、理宗四朝。他在当时的书业中心临安城北睦亲坊一带经营一家书坊，叫作陈宅书籍铺。书坊不光卖书，还编书、刻书，名声远播，陈起由此结识了宋末许多文人雅士。徐从善赞陈起“生来稽古心，文士独知音”，可见陈起非常受当时文士欢迎。元初时，方回曾说：“陈起，字宗之，睦亲坊卖书开肆，予丁未（淳祐七年，1247）至行在所，至辛亥凡五年，犹识其人，且识其子。今近四十年，肆毁人亡，不可见矣。”（《瀛奎律髓》卷四十二）言语间颇有怀念、感慨之意。

陈起是一名学者型商人，他有一座藏书楼，名叫芸居楼。所谓芸居，是指有芸香护持的地方。芸香是一种可以驱虫的香草，是古人书房中的常备之物。陈起酷爱诗文，有《芸居乙稿》行世，但不以之为意。刘克庄曾作诗将他比作宋初隐士林逋（“炼句岂非林处士”）。在他所刊刻过的书籍中，最为世人看重的也正是诗文集，这其中有两个类别对后世产生了深远影响。

第一是刊刻了《江湖集》，使一批活跃于南宋末年的诗人作品得以流传后世。这些诗人的身份多为下层官僚、平民布衣、隐逸之士，其作品本来无甚机会载入诗史，但是因为陈起喜欢与他们结交论诗，为他们一一刊行了诗集，所以文学史上多了一个叫作“江湖诗派”的诗人群体。他们中最为著名的诗人有姜夔、戴复古、刘克庄。这批诗人的创作虽然有时过于率意粗糙，境界气质较狭，但是对南宋盛行已久的江西诗派“点铁成金、夺胎换骨”的诗法与风格有所更新变革。他们总体而言崇尚晚唐诗风，在古体诗和七言绝句两个体裁时有佳构，故在诗史上占据了一席之地。此外，由于《江湖集》的刊行被权臣史弥远所忌，引发了一场“文字狱”，诗版一度遭到禁毁，包括陈起在内的多人受到牵连乃至流放，这在人生遭际来讲虽为不幸，但是在一定程度上也为这一本来名不见经传的群体赢得了诗坛声誉。

第二是刊刻了相当大数量的唐人诗文集。周端臣曾作诗称陈起“字画堪追晋，诗刊欲遍唐”，可见其在搜罗刻印唐人别集时所费心力之多。与《江湖集》的刻印相似的地方是，陈起所刊选之唐人集亦多为小家，作为出版者而言，这种刻印的眼光对保存文献而言乃是一种特殊的贡献。陈起所刻唐人集流传至今者，据张秀民《中国印刷史》考证有十八种。王国维《两浙古刊本考》称“今日所传明刊十行十八字本唐人专集、总集，大抵皆出陈宅书籍本也。然则唐人诗集得以流传至今，陈氏刊刻之功为多”。清光绪年间江标辑《唐人五十家小集》即是据陈起刻本翻刻。除鱼玄机诗集外，国家图书馆今藏《李丞相诗集》（李建勋）、《周贺诗集》、《杜审言诗集》、《常建诗集》、《甲乙集》（罗隐）、《朱庆馀诗集》，亦为陈氏所刻。因这些诗集末尾多有“临安府棚北睦亲坊南陈宅书籍铺印”牌记，故后世版本学中称之为“书棚本”，是宋版书中一个重要的类别。

鱼玄机的诗歌流传至南宋已经散佚不少，陈起所辑也并非鱼玄机作品的全部，如成书于北宋的大型官修诗文总集《文苑英华》中有鱼玄机《折杨柳》一诗就不见于棚本。但是陈起所辑《唐女郎鱼玄机诗》中保存了四十九首作品，仍然成为收录诗歌数量最多的鱼玄机诗集版本。

第二节　流转明清故家

明人刊行的鱼玄机诗集有以下几种刻本：其一为正德十四年（1519）

袁翼刻《唐五十家集》本，今重庆图书馆有藏。此中鱼玄机诗集卷末题：“玄机善吟咏，美风调，虽未免涉于多情，而幽柔融雅，有足悲焉。妇人之集，其仅存者，岂多见耶？予悯其无传也，今刻之。”袁翼，吴县（今属江苏苏州）人，《姑苏名贤小记》卷下有《袁飞卿先生》（《续修四库全书》541 册，372 页）。此处既言鱼玄机诗集是妇人集仅存者，说明刻者手中应有一别集，可惜没有写明来源，现在我们只知道它与陈起所刻书棚本并非同一版本。其二为嘉靖十九年（1540）朱警刻《唐百家诗》本（图 6）。版式同正德本。鱼集之异体、繁简、讹误同正德本，异于书棚本。虽不如正德本清整，但与袁刻属于同一版本系统。其三为嘉靖二十六年（1547）王准重刻宋本《唐十子诗》。版式同书棚本，但有异文。其四为明《唐人杂诗》覆宋本，今藏日本静嘉堂文库，未访原书，版式不详。

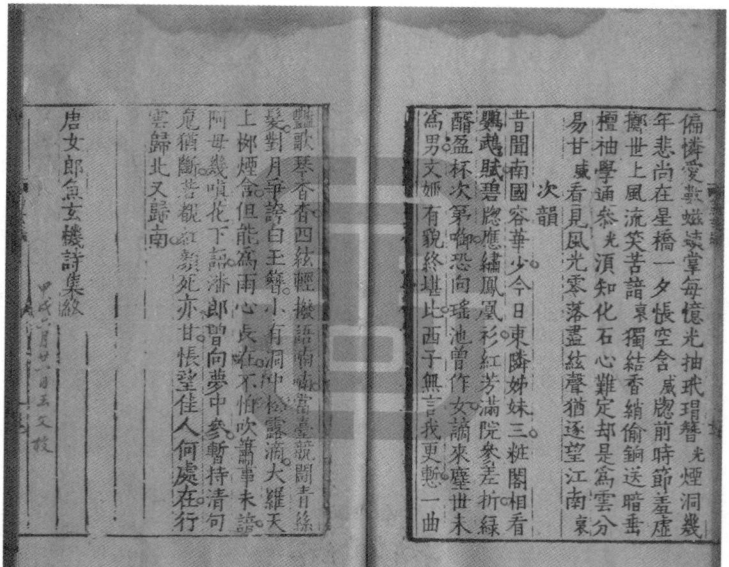
偏憐愛數蛾眉掌每憶光抽玳瑁簪光煙洞幾
年悲尚在星橋一夕悵空含咸牕前時節羞虛
擲世上風流笑苦諳裒獨結香綃偷餉送暗垂
檀袖學通參光須知化石心難定却是爲雲分
易甘咸看見風光零落盡絃聲猶逐望江南裒
次韻
昔聞南國容華少今日東鄰姊妹三粧閣相看
鸚鵡賦碧牕應繡鳳凰衫紅芳滿院參差折綠
醑盈杯次第銜恐向瑤池曾作女謫來塵世未
爲男文姬有貌終堪比西子無言我更慚一曲
豔歌琴杳杳四絃輕撥語喃喃當臺競鬭青絲
髮對月爭誇白玉簪小有洞中松露滴大羅天
上柳煙含但能爲雨心長在不怕吹簫事未諳
阿母幾嗔花下語潘郎曾向夢中參暫持清句
魂猶斷若覲紅顏死亦甘悵望佳人何處在行
雲歸北又歸南
唐女郎魚玄機詩集終

图 6 明嘉靖十九年（1540）朱警刻《唐百家诗》本
国家图书馆藏

由此可见，明人刊行鱼玄机诗集时，陈起的书棚本并非唯一的版本来源，但是这些其他版本的详细信息并没有流传下来。而陈起所刻之本在明代还存有多少，也难以知晓。我们现在所见的这唯一一部宋版鱼玄机诗集，可以追溯到的最早的收藏者是朱承爵，他生活在明代正德年间。

一、以爱妾换宋版

朱承爵（1480—1527），字子儋，号舜城漫士，又号磐石山樵，晚更号左庵，江陵（今属湖北荆州）人。为文古雅有思致，诗亦清丽，尤工笔翰，时出新意，写花鸟竹石亦秀润合作（姜绍书《无声诗史》卷三）。朱承爵是一位学者，在诗学方面尤有建树，作有《存余堂诗话》。其他著作还有《鲤退稿》《灼薪剧谈》等。

清末文献学家缪荃孙称朱承爵工文词、精鉴别，所蓄鼎彝、名画、法书及宋元梓本皆不下千品。论及其所著诗话，称在明人中最为上乘。论其所藏之书，可考者如下：

> 《天禄琳琅》载宋刻《文选》有朱印子儋、存余堂印二印。《群经音辨》有朱子儋印、行素堂图书记、左庵、集瑞斋、盘石山樵、西舜城居士各印记。《铁琴铜剑楼书目》《离骚集传》末叶有“舜城朱承爵校雠讫”一行，卷首有舜城居士、子儋二印。《式古堂书画考》张来仪《怀友书画合卷》后有一行云“嘉靖壬午存余堂重装”，下钤朱子儋、左庵二印。所藏之富略见一斑。又《天禄琳琅》载《黄太史精华录》后有承爵跋云：“任子渊精华录选，予尝得其目录，盖宋元祐间刻版而亡其文，愚辑其辞而完刻之云云。”馆臣以板式纸质误定元人，其刻之精可知。《读书敏求记》云：“阮嗣宗《咏怀诗》行世本惟五言八十首，朱子儋取家藏旧本刻于存余堂，多四言十二首，读

者勿漫视之。”是其所刻书向为艺林推重，不独以爱妾换宋椠《汉书》一事脍炙人口也。明江阴藏书两家，得月楼李氏住县东赤岸，子儋住县西舜城，两家之书均已星散，得月楼尚存一节本目录，子儋并目不存，尤为兴慨云。（《艺风堂文集》卷七）

朱承爵刊刻过的书籍还有《放翁律诗钞》四卷（《天一阁书目》卷四之一集部）、《黄太史精华录》八卷（《铁琴铜剑楼藏书目录》卷二十集部二）。他对版本的题跋也多集中于诗集，如《庚开府诗集》《浣花集》《黄太史精华录》。此外，朱承爵还藏有宋版《离骚集传》（《铁琴铜剑楼藏书目录》卷十九集部一）、棉纸旧抄本《奇字训释》（《汲古阁珍藏秘本书目》）等。

如果我们结合明代藏书史的发展过程来看这份书单，就更容易了解朱承爵的藏书、刻书所具有的意义。明初藏书以贵族、宗室为主。明宗室如宁献王朱权等皆有所藏，贵臣如宋濂也积书甚富。《澹生堂藏书约》载：“胜国兵火之后，宋文宪公读书青萝山中，便已聚书万卷。”成化弘治间，杨循吉藏书至十余万卷。到了朱承爵生活的正德年间，文化风气较之明初已经有很大变化，文学复古思潮的兴起伴随着文化权力的下移，使得相对应的文化资源得以在士大夫阶层普及。书籍作为其中最为重要的文化资源，不再为皇家、官方或少数权贵所掌握，而是逐渐变成士大夫阶层普遍追求的收藏物。邵宝《偶闻书香》诗云：“少爱新书楮墨香，不辞书价借钱偿。坐来精舍还怀旧，海鹤诗中万卷堂。”文徵明《饮唐寅小楼》云：“何以掩市声，充楼古今书。”皆是当时藏书风气的生动写照。晚明时，士子甚至为买书藏书毁其家产。如王世贞《二酉山房记》载胡应麟藏书故事：“余友人胡元瑞，性嗜古籍。少从其父宪使君京师，君故宦薄，而元瑞以嗜书故，有所购访，时时乞月俸，不给，则脱妇簪珥而酬之。又不给，则解衣以继之。元瑞之橐无所不罄，而独其载书，陆则惠子，水则宋生，盖十余岁，而尽毁其家以为书，录其余赀，以治屋而藏焉。”由此过程可见明代的藏书史亦有一“下移”之过程，当收藏书籍所蕴含的财富、地位等身份象征逐渐被学术著述等文化层面的价值所影响，藏书家的身份含义也便超越了其他的艺术品收藏者。人们普遍认为明代的藏书风气与明人著述成就直接相关。明末姜绍书《韵石斋笔谈》论名贤著述云：

> 昭代藏书之家，亦时聚时散，不能悉考。就其著述之富者，可以类推。时则有若宋文宪濂，刘诚意基，杨文贞士奇，李文正东阳，王文恪鏊，吴文定宽，史明古鉴，陆文裕深，程篁墩敏政，邱文庄濬，邵文庄宝，杨文襄一清，林见素俊，王文成守仁，杨升庵慎，李空同梦阳，顾东桥璘，文衡山徵明，杨南峰循吉，郑澹泉晓，雷司空礼，王凤洲世贞，王麟洲世懋，唐荆川顺之，先少保凤阿，薛方山应旂，李沧溟攀龙，冯北海琦，黄葵阳洪宪，胡元瑞应麟，何元朗良俊，茅鹿门坤，焦澹园竑，顾邻初起元，袁中郎宏道，王损庵肯堂，屠赤水隆，汤若士显祖，李温陵贽，董文敏其昌，何士抑三畏，陈眉公继儒，冯元成时可，李本宁维桢，冯具区梦祯，黄贞父汝亨，朱平涵国桢，李君实日华，谢在杭肇淛，钟伯敬惺，陈明卿仁锡，文湛持震孟，俞容自彦，张天如溥。以上诸公，皆当世名儒，翱翔艺苑，含英咀华，尚论千古，其所收典籍，纵未必有张茂先之三十乘，金楼子之八万卷，然学海词源，博综有自，亦可见其插架之多矣。（姜绍书《韵石斋笔谈》卷上）

图 7　朱承爵鉴

所论虽是由著述之富者反推藏书规模，但从现存文献来看，其中多数人的收藏之富能获得证实。明代的藏书家们未必都出身豪富、一掷千金，他们更引人注目的身价往往来自于其在文化、学术领域的影响力。如引文中所涉及之人名，皆为明代各个时期文学、艺术领域开一时风气、影响士林的人物。收藏书籍于他们而言，不仅仅是收藏具有历史文物价值的玩赏物，还是对现成的可以为之利用的学术资料有意识地搜集整理，其藏书书目往往能标示出藏书家本人的学识修养和学术趣味。由此我们反观朱承爵的藏书、刻书情况，不难发现他对前代诗文集的兴趣正反映出他作为一位诗学家的眼光。

朱承爵在《唐女郎鱼玄机诗》中留下了“朱承爵鉴”四个大字（图 7）和一枚钤印“西舜城居士”。他并没有说明对此书的鉴赏是从何种角度进行，但我们可以大致推测他应该收藏有一定数量的诗歌别集，这部仅有十二叶的宋版书仅仅是其中较为珍贵的一件，他对之可能并无特别的钟爱之情。然而在清代的鉴赏者那里，朱承爵这位严谨规矩的学者却被强安了一个艳异乃至有些任性的传奇故事，那便是“以爱妾换宋版”。叶德辉《书林清话》载此事原委曰：

黄记《鱼玄机集》云：朱子儋，江阴人，世传有以爱妾换宋刻《汉书》事，亦好事之尤者。《遯志堂杂钞》云：嘉靖中，朱吉士大韶性好藏书，尤爱宋时镂板，访得吴门故家有宋椠袁宏《后汉纪》，系陆放翁、刘须溪、谢叠山三先生手评，饰以古锦玉签，遂以一美婢易之。盖非此不能得也。

婢临行题诗于壁曰："无端割爱出深闺，犹胜前人换马时。他日相逢莫惆怅，春风吹尽道旁枝。"吉士见诗惋惜，未几捐馆。

不难看出，黄丕烈及其友人在鉴赏鱼玄机诗集时将嘉靖年间的朱大韶与正德年间的朱承爵混为一谈了。朱大韶，字象玄，号文石，松江华亭人，嘉靖二十六年（1547）进士，官至国子监司业，家有快阁，富于收藏。其事迹主要见载于清代一位著名的同姓学者朱彝尊的著述中。《静志居诗话》载其爱宋版事，《明诗综》卷八十六载其婢所作之诗。道光年间汪远孙《借闲生诗》卷一亦有《美婢换书咏明华亭朱大韶事》：

书带草，当阶生，化作将离赠妾行。郎君爱书入骨髓，坐令贱妾悲流水。

君之视妾一何重，黄金白璧同其用。君之视妾又何轻，残编断简随飘零。

妾去书来君莫悔，书册长存妾颜改。读书一卷酒一卮，记取添香夜半时。

此外，正与《唐女郎鱼玄机诗》的递藏环节类似，朱大韶的收藏亦与项元汴有所交集，赵子昂行楷《洛神赋》经朱大韶收藏后归项元汴天籁阁（陆心源《仪顾堂题跋》卷十五）。

虽然朱承爵并没有做过以"爱妾换宋版"的事情，但是对宋版有神奇迷恋和嗜好的清代藏书家们却大多将错就错地把这个故事安放在他的身上，这大概也是所谓"佞宋"的一种固执。试想，如果真的有一位藏书家，拿生活中一位真实的美婢去换取一位唐代女郎写就的诗册，那真是一件充满艳异色彩的奇闻。

二、蕉窗一时盛事

当今天的人们游览驻足于皇家宫殿的展陈大厅，或者随意翻阅古代书画的图录，大概都会惊叹其中那些近乎喧宾夺主的钤印，它们仿佛正在骄横地宣布着这件物品的归属权。这其中有一位帝王最为人们所熟知，那就是著名的乾隆皇帝，他的几枚重要的大印，总是煊赫而张扬地出现在书画名迹的正中央，让人无法忽略。如果说天下所有的珍宝几乎都要来谄媚于他、变成他的经眼之物、供他御览真赏是一种作为江山统治者至高无上的权力，那么其实已经有一位江南商人先于乾隆皇帝一百多年通过私人的努力达到了与他几乎一致的高度。这位名叫项元汴（图 8）的嘉兴士绅，才是更应该令我们惊叹的收藏家，他所聚书画珍宝之多，向我们透露出明代晚期的社会经济曾经多么繁盛，以及市民生活曾经多么奢华。在这些琳琅满目的珍宝之中，《唐女郎鱼玄机诗》几乎算不上什么重要的藏品，但是它却有幸成为一个豪奢之家由盛而衰的见证。更令人唏嘘的是，这不仅仅是对个人、家族盛衰的见证，还有灭国亡天下的兴衰与沧桑，当大清顺治的年号悄然隐没在明末收藏家的笔锋之下，我们仅仅从一部小册子上也能感受到江南士绅在国家灭亡之后的悲情、迷惘和惨痛。

图 8　项元汴像

项元汴（1525—1590），字子京，号墨林，别号墨林山人、墨林居士、香严居士、退密庵主人、退密斋主人、漆园傲吏等，浙江嘉兴人。国子生。以其为代表的嘉兴项氏是晚明时代最著名的豪奢家族之一。王世贞论项氏之富称："（严世蕃）尝与所厚屈指天下富家，居首等者凡十七家……积资满吴兴五十万以上，方居首等。前是无锡有邹望者，将百万；安国者，过五十万；今董尚书家，过百万；嘉兴项氏，过百万。项之金银古玩，实胜董，田宅典库资产，差不如耳。"[①] 项氏家族没有很高的官阶，但是资产过百万，是天下首富之家，尤其是收藏的金银古玩，更是其他家族无法比肩。

嘉靖末年，四十多岁的项元汴已经因为收藏而名满天下。大约在万历十年（1582），内阁首辅张居正的垮台使得大量内府书画散出，这成为项元汴大宗收藏的来源之一：

> 严氏被籍时，其他玩好不经见，惟书画之属入内府者，穆庙初年出以充武官岁禄，每卷轴作价不盈数缗，即唐宋名迹亦然。于是成国朱氏兄弟，以善价得之，而长君希忠尤多，上有"宝善堂"印记者是也。后朱病亟，以饷江陵相，因得进封定襄王。未几，张败，又遭籍没入官。不数年，为掌库官官盗出售之，一时好事者，如韩敬堂太史、项太学墨林辈争购之。[②]

历来最为名贵的收藏品往往集中于权贵之手，而历代权贵阶层又往往是你方唱罢我登场。明代权臣严嵩倒台后，其书画之藏充入内府，后因筹措武官俸禄，这批书画从公库中卖出，重新流入私家巨富之手。其后数年，

① 谢国桢：《明代社会经济史料选编》，福州：福建人民出版社，2004年。

② （明）沈德符：《万历野获编》卷八"籍没古玩"条，北京：中华书局，1959年。

张居正得势，书画藏品又从各方汇集于张氏，而张氏亦败，其藏品又充公，后被掌库太监盗出售卖，项元汴的不少重要书画藏品即来源于此。

项元汴的藏书生涯稍晚于他的书画购藏。他的藏书爱好可能受到兄长项笃寿的影响。项笃寿（1521—1586），字子长，号少溪，项元汴仲兄，嘉靖四十一年（1562）进士。著名藏书家、刻书家。藏书有陈宅经籍铺本《容斋三笔》、南宋世彩堂刻本《昌黎先生集》《河东先生集》。《书林清话》称其所刻为“明人刻书之精品”，但是所刻不多。今传有嘉靖四十五年（1566）刻《今言》、万历间重雕宋建安漕司本《东观余论》。隆庆二年（1568），项笃寿将宋版《东观余论》赠予项元汴。

项元汴对藏书感兴趣也是当时文化风尚使然。从收藏品类来讲，名家书画真迹属于有直观视觉美感的收藏品，有财力之家皆喜购之，而古籍收藏较之书画而言较为小众，藏家以文人居多。同时，收藏书籍需要具备的知识也较多，明代藏书家多为学者。项元汴从书画收藏旁及藏书，或许也有商人阶层渴求获得文人学者身份认同的因素。

就个人因素而言，促成其购藏书籍的动力首先源于书画趣味的延伸。手抄秘本在项元汴看来与书法作品具有同等重要的价值。在晚明，书籍已经作为审美的对象进入士人眼中，出自名家抄写的书法手迹更不啻为艺术珍品。现藏天津图书馆的《斗南老人诗集》姚绶手抄本存有项元汴的跋语，其鉴赏角度主要是着眼于抄本的书法价值：“其所书骎骎欲度骅骝前，当与赵松雪、张外史并驱争先。”

第二是因为鉴藏书画真迹对相关的书籍产生了兴趣。如项元汴在其所藏《谢客帖》（该帖现藏辽宁省博物馆）中作跋曰：“见近世所刻六朝人诗《庾信集》，味其词气，颇不类谢公，为可疑。深愧浅陋，不能考订以破数百年之惑，而使妙迹不遇知音，悲夫！”这说明项元汴读书、藏书有时是为品鉴书画而备。

第三是受到书画界名宿的趣味影响。年长项元汴五十余岁的文徵明是塑造项氏族人品鉴趣味的关键人物，项氏几代人都与文徵明有交往。文徵明为项氏族人写墓志，将所藏、所作之书画售与项家，虽然在明代中后期，士商之间普遍往来密切，此皆不算深交，但这样的交往也并非纯然的应酬性质，而是具有厚密的人情因素在其中。项元汴在与文徵明父子的交往中，无形中受到其品鉴趣味的影响。如项元汴在文徵明去世后，从其后人手中购得吴宽手抄《明太祖文》（现藏上海图书馆）。跋曰：“此册得之于东吴文徵明伯子文寿承处。乃先自衡山先生常出示予，捐馆后，其孙以属余，恐辞去而遂失先生所珍，且先朝典故所存，不可不重，袭而藏之，敬用永宝无忽。”吴宽手抄本在明代藏书界享有盛名，文徵明将之展示给项元汴，这其实是属于趣味的影响范畴，而项元汴在文徵明去世后购藏此书，则不仅是收藏吴抄本身，而是将之作为与文徵明交往的渊源见证。项元汴从文徵明处购得的宋版还有《唐宋名贤历代确论》《容斋三笔》《楚辞》《六臣注文选》《汉书》等（《天禄琳琅书目》）。此外文氏家族的成员很可能还担任了项元汴收藏的“掌眼人”角色。现藏旅顺博物馆的《文彭致项墨林书札》（项元汴编号第四十九札）：“适有人持蔡君谟《茶录》在此，能枉驾过此一看否？彭顿首。墨林尊兄先生。”说明文彭在帮助项元汴物色藏品。

项元汴藏书有两个特点。第一是得书后都会重新装池。如其所藏宋本《鉴诫录》（现藏上海图书馆）就有“项元汴家藏，时万历元年秋月既望重装于天籁阁”等语。第二是为书籍所作跋语少于书画。项元汴为书籍所作跋语一般都是寥寥几句，标示所有权而已。这或许也与其学力有限及趣味不深有关。也有极少数的长篇跋语。如现藏国家图书馆的唐写本《唐韵》（图 9），就有项元汴长跋一则：“女仙吴彩鸾，自言西山吴真君之女。太和中，进士文箫客寓钟陵。中秋夜见于踏歌场中，伺歌罢，蹑从其后，至西山。彩鸾见箫，偕往山椒，有宅焉。至其处，席未暇暖，彩鸾据案治事。箫询之再四，乃曰：‘我仙子也，所领水府事。’言未既，忽振雷晦暝，彩鸾执手版伏地，作听罪状，如闻谪词云：‘以汝泄机密事，罚为民妻一纪。’彩鸾泣谢，谓箫曰：‘与汝自有冥契，今当往人世矣。’箫拙于为生，彩鸾为以小楷《唐韵》一部，市五千钱为糊口计，然不出一日间，能了十数万字，非人力可为也。钱囊羞涩，复一日书之，且所市不过前日之数，由是《唐韵》世多得之。历十年，箫与彩鸾遂各乘一虎去。《唐韵》字画虽小而宽绰有余，全不类世人笔，当于仙品中别有一种风度。予偶得此本，遂述其本末行实，使有所征云。墨林山人项元汴敬题，时万历壬午仲冬八

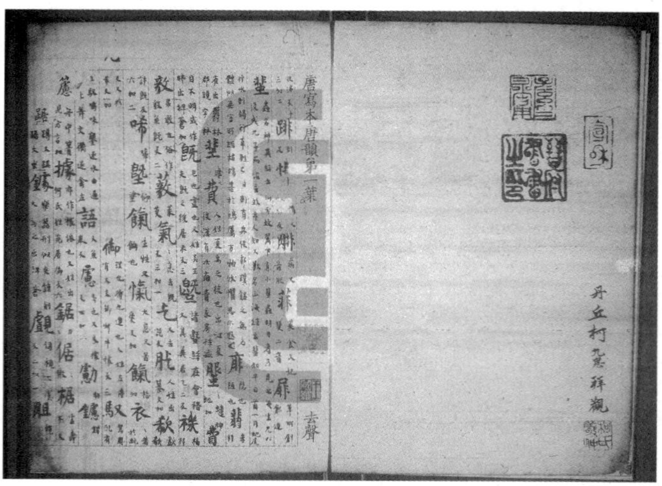

图 9　唐写本《唐韵》残卷　国家图书馆藏

日。”其后又记：“唐女仙吴彩鸾小楷书四声韵，项元汴真赏。”由于《唐韵》这部书是带有神话色彩的女性抄书，且出于唐代，十分罕见，故项元汴破例书一长跋。不过，该跋主要内容移自《宣和书谱》，明初陶宗仪《书史会要》卷五亦收录。因此这篇跋文虽内容不少，但与项元汴的多数书画题跋一样，出自于自身鉴赏经验的内容十分有限。

值得一提的是，项元汴与《唐女郎鱼玄机诗》的上一位藏家朱承爵在其他收藏品中也有交集。嘉靖二十一年壬寅（1542），文徵明（图 10）为子春作四体《千字文》（该卷现藏台北“故宫博物院”）。其中有文嘉跋云：“（先君）尝见赵松雪于碧笺上作四体千文，心甚爱之，遂亦仿为一二，然未尝轻作，惟江阴朱子儋、丹阳孙志新、嘉兴项子京，各购得一本。”也就是说，项元汴与朱承爵在书籍的共同喜好之外，还都是文徵明四体《千字文》仅有的收藏者之一。

图 10　文徵明像

项氏家族至项元汴的孙辈，已经开始凋落，但是还依稀保持着豪族生活的气派，清初朱彝尊讲过这样一个故事：

> 向彤（项嘉谟），墨林之孙，赋性傥荡不羁，中岁产落。岁辛巳年饥，粮绝，从父以五斗米贻之，妾张为执爨，知向彤不甘澹泊，以二升米易干鱼进饭，向彤怒曰：“干鱼岂可下箸耶！”复以米三升易炙鸡，乃饭。（《明诗综》）

这位项元汴的孙辈，虽然已经家道中落，但是依然不能接受干鱼下饭的生活现状，一定要让家人用仅有的粮食换来新鲜的肉食才肯下箸。可以想见，一位不事生产的世家子弟，要维持这样的生活，只能依靠先人积累下来的财富和不断典当收藏品。值得庆幸的是，到这时，《唐女郎鱼玄机诗》依然在项氏族人手中。清顺治九年（1652）鉴藏家吴其贞来嘉兴，从项家后人手中看到黄公望《水阁图》，曾说："子毗，墨林孙，时项氏六大房物已散尽，唯子毗稍存。"（吴其贞《书画记》卷三）

图 11 项子毗真赏章

图 12 海野堂图书记

《唐女郎鱼玄机诗》中项子毗（图 11、12）的两枚鉴藏印告诉我们，这册书卷陪伴项氏族人度过了明清之际嘉兴士绅们最为惨痛的时光。

三、池湾沈氏世家

嘉靖三十二年（1553）二月，二十九岁的项元汴得王宠草书《离骚并太史公赞卷》，书银二十两，得自池湾沈氏。卷中项元汴跋曰："吴门王

图 13 沈寀之印

图 14 木公珍玩

图 15 沈未公氏图书

图 16　沈木公氏图书

图 17　木公

图 18　劲寒松书画记

图 19　休文后人

图 20　池湾沈氏

图 21　麟湖沈氏世家

图 22　北山草堂

雅宜行草书楚屈平离骚，槜李项墨林山人家藏幽赏，求书银十五两。明嘉靖卅二年二月得于池湾沈氏，时加五两共廿两。”距离嘉兴项氏十余公里的池湾沈氏，与项家保持了四代的交往（图 13—21）。

“北山草堂”（图 22）等印，向我们道出了池湾沈氏一族四代度过的悠然岁月。沈士立，字恭甫，号贞石，著有《贞石诗集》《玉麟堂稿》。北山草堂是其祖父沈棐（字忠之，号泰庵，更号百鹤）所筑，以其父沈莱之号命名（沈莱，字巽言，号北山），而在此留下最多记载的是其子沈尔侯、沈师昌兄弟。

《槜李诗系》卷十七有“北山主人沈师昌”条：“师昌，字仲贞，号长浮，世居嘉善麟溪。……家有北山草堂，累石为重岩绝壑，久而与地气相习，一望苍翠，渐成真山。中有古松九本，扶疏广荫，师昌处其间，与名缁野叟结云水之契。藏书万卷，吟讽萧然，著有诗文集。”陈继儒《妮古录》卷四：“池湾沈氏伯侯仲贞出示宋人画册，内有李唐、赵千里、李嵩，皆精绝，余皆马夏为多。”李日华《味水轩日记》（万历三十八年十一月四日）：“同汤慧珠、许叔重、亨儿挐舟至池湾，访沈尔侯、仲贞兄弟，留集北山草堂。堂面山临池，左右修竹映带，栝松树九本，大五六围，干皆如柱，亭亭入云，其他杂木芳卉，蒙茸翳蔚；山有四洞，其三嵌空，中容石坐，其一下有伏流，横梁而渡，乃先世白林公所筑。白林好古博雅，性喜白色，衣履、帷褥悉从缟素，曾蓄鹤百余，号百鹤道人。其弟号某者，蓄百研以副之。尔侯出观其父贞石公讳士立者手书数通，楷法精妙，虞永欧颜，靡不融贯，出入笔端，遇其合作，且将肩随大令后矣。贞石年三十余而蚤逝，故书名未洽，然有贤嗣君宝爱藏袭。客至，与古妙迹错陈赏玩，始者历眼，自然叹绝。”又有：“（次日早）饭玉麟堂，尔侯出白玉莲花杯，绿玉荷叶盘行酒，又以哥窑、白定等卮继之，期以每器一酹，百爵而止。余适与俗客期，不能副其意，为五六酹而起，返棹……”

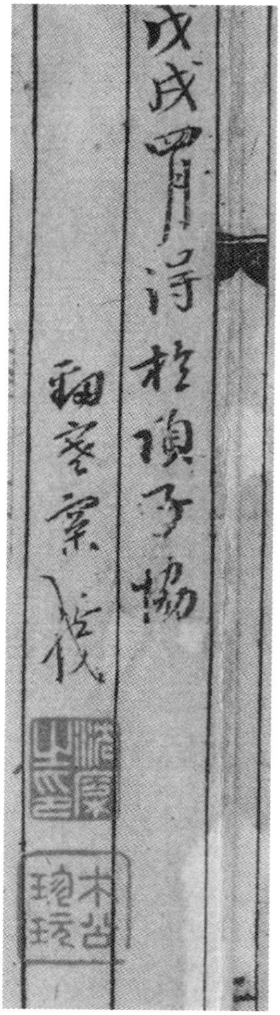

图 23　戊戌四月得于项子协

清顺治十五年（1658），项元汴去世后六十八年，其孙辈项庙谟（字子协）将《唐女郎鱼玄机诗》售予沈贞石的曾孙沈窦，同时出让的还有宋版《丁卯集》，曾为仇英故物，后归项氏天籁阁。二书末皆有“戊戌四月得于项子协”记语（图 23）。

从沈窦身上，我们亦能看到与项元汴后人相近的生活状况：

十六世高祖讳寀，更名辛柳，字未公，号樗全……为文规模先正，诗亦工稳，书法直逼二王，为邑名诸生……公气宇宽宏，襟怀落拓，日与二三知己盘桓九松间，相与啜茗赋诗以为乐。不屑治家人生产，以致田盈万亩，仅存十之二、三焉。[①]

经历了江山易主的变迁，家世的沧桑、故物的流转似乎已经是生活中不那么痛苦的事件，但还是带有已经暗淡的、难以重现的往日胜景。已然过着避世生活的沈寀，只与二三友人徜徉于家族先辈所营造的山林古松之间，品茗赋诗，坐等时光流逝。在这样的生活状态下，他所获得的《唐女郎鱼玄机诗》其实并不是一件收藏的战利品，而是他与世家故交的共同记忆的延续。沈寀在书中钤下的许多印记，不光宣示了自己姓甚名谁，还将与自己家世相关的所有信息钤盖其中，他想要告诉我们的，似乎不是他的骄傲和占有欲，而是明末清初特定的历史背景下，士人独有的苍凉意难平的心绪。

图 24　槜李骆天游鉴赏章

在《唐女郎鱼玄机诗》中还有一枚钤印：槜李骆天游鉴赏章（图 24）。

槜李，嘉兴古名，《汉书》作"就李"，《公羊传》称"醉李"，实际上因嘉兴一种水果得名。朱彝尊有《槜李赋》："府治西南二十里，旧有槜李城，今芜没。"项元汴时代的文人喜欢以槜李代称嘉兴，以彰风雅。

骆天游，生平不详，生活时代约在明末清初。清初著名藏书家、亦是嘉兴人的曹溶，所著《静惕堂诗集》

① 乾隆稿本《北山沈氏大宗谱》，嘉兴图书馆藏。

卷十六有《酬骆天游》二首。其中有“老方惊世换，人合与诗穷。入社娱醇酒，知几学转蓬”之句，可见也是一位经历了易代沧桑，以诗酒自娱之人。又从诗中“学道曾相助，为邻自不孤”可知其与曹溶相交甚好。他有可能在曹溶处或者与之相关的鉴藏书籍的场合见到了《唐女郎鱼玄机诗》。

曹溶集中另有一首关于骆天游的诗值得特别注意，题曰“骆天游居近资福寺，寺有宋柏一株，要余作古柏行，用少陵韵”。要知道鱼玄机诗集中有《题任处士创资福寺》，虽然只是寺名的重合，但是这位八百年之后的鉴赏者，竟然也居住在一座资福寺旁边，还要为寺中古松征诗一首，这不能不说是一种巧合。不知道这是否又是一个骆天游在诗集中钤上一枚鉴赏章的原因呢？

图 25 何焯像

沈窦之后，《唐女郎鱼玄机诗》可考的收藏者是何焯。何焯（1661—1722），初字润千，早年丧母，改字屺瞻，晚号茶仙，别署无勇、义门、香案小吏，苏州人。康熙四十二年（1703）进士。乃清初著名学者，通经史之学，门人众多，学者称“义门先生”（图 25）。著作有《义门读书记》五十八卷、《何义门集》十二卷等。他在诗集中留下一枚印章：茶仙（图 26）。

图 26 茶仙

清嘉庆二十三年戊寅（1818）元旦，黄丕烈购得项元汴曾经鉴赏书画的大理石桌，作跋文曰：“此桌出墨林山堂，石背镌此四字，并镌云：‘其直四十金。’自余收得后，吴中富豪喜蓄大理石器具者，皆来议让，卒以未谐而止。岁丁丑大除，晤一博闻往事之人，谈及墨林当日，有数十万金之书画，皆于此桌上展阅，故项氏甚重之，而此时光泽可鉴，盖有无数古人精神所寄也。余虽不讲书画，而古书堆积，实在此桌间，安知非此石有灵，恋恋于此冷淡生活耶。今而后当谨护持之，勿轻去焉，庶足以慰此古物之精灵乎。戊寅元旦，坐雪百宋一廛，复翁记。”（瞿良士《铁琴铜剑楼藏书题跋集录》卷四）黄丕烈购得的大理石桌意义非凡，它不仅意味着黄丕烈乐意继承项元汴所经手的无数名家书画在此处展阅时所呈现的古人精神，还意味着他将重新定义或者丰富收藏品的附加价值。

明末清初的藏家们，除了钤印之外，很少在书中留下文字，可见他们都将《唐女郎鱼玄机诗》视为一件艺术品来收藏。这件艺术品只是他们拥有的很多珍宝中的一件，并不足以长久地占据他们的注意力。然而，书籍作为艺术品的时代终将面临转变，随之而来的是清代乾嘉学派兴起后热情而严谨的考据风气，我们可以从收藏家对这部小册子品鉴方式的转变认识到，一个新的时代降临了。

第四章　解得有情胜无价：鉴藏

如果说形诸钤印是表达为我所有，落笔题款是声明我所经手，那么黄丕烈的收藏之道则远远超出这种自我的趣味。在黄丕烈这里，书籍不仅仅是时时摩挲雅赏的案头清供，也不仅仅是可堪倾心相对的故交知己，而变成一件件走下了博古架的艺术珍品，或者是跳脱出学术史的独立个体，成为当下生活的参与者，甚至成为主角。每有珍本出现，都值得群贤毕至，邀一满社，诗酒唱和相庆，笔墨丹青相映。古代藏书家那些在清霜呵冻之时写下的萧瑟、隐微、私密的得书之乐，被黄丕烈这样热烈、坦率、淋漓尽致地展现出来，仿佛在与我们分享他因得书而拥有的丰富的日常生活。

第一节　无价宝的缔造者

黄丕烈（1763—1825），字绍武，一字绍乾，号荛圃、复翁等，江苏吴县人。乾隆五十三年（1788）举于乡，后屡试不第，以藏书著述为业。黄丕烈乃乾嘉时期藏书巨擘，尤好宋版书，友人颜其室曰“百宋一廛”，赠雅号曰“佞宋主人”。黄丕烈在藏书、校书、刻书方面皆有极大成就，对后世影响深远。傅增湘谓之：“当乾嘉极盛之时，居吴越图笈之府，收藏宏富，交友广远，于古书板刻先后异同及传授源流靡不赅贯，其题识所及，闻见博而鉴别详，蔚然为书林一大宗，举世推挹之。”（《思适斋书跋》序）（彩图 3）

薄薄一卷女郎诗，何以登上“百宋”之堂，成为千金不易之宝？这正是书籍收藏史上一个极为有趣的案例。收藏者在某种程度上，是在收藏一个传奇故事，同时收藏者本人也会成为故事情节之一，因此，一件藏品能否不断地延续甚至提高价值，就取决于故事中的每一个情节是否足够精彩。黄丕烈不仅仅是发现了《唐女郎鱼玄机诗》传奇身世的人，更重要的是，他有续写和再造传奇的法力。藏家的学术地位无疑影响着人们对藏品的判断和认同，虽然鱼玄机在文学史上的地位有限，但是黄丕烈在古籍收藏史上的成就在清末以来渐渐变得无可替代，这直接引发了后世藏家对这部宋本的趋奉和追捧。从清嘉庆八年（1803），黄丕烈以五番钱购得《唐女郎鱼玄机诗》开始算起，到 1916 年，袁克文从长沙官员周海珊处买下此书花去八百金，这中间的起承转合，便是无价宝的缔造者为这部宋版书量身定制的新故事。

一、学问切磋

黄丕烈刚得到《唐女郎鱼玄机诗》时，最先做的工作是进行诗集校勘。他曾说：“此集无别本可对，偶取洪迈《唐人绝句》、韦縠《才调集》本证之，题句亦互异，盖洪韦本俱宋刻，而彼有不同于此者，可知宋时亦非一本，乌能执而同之耶。遂用别纸条载其后。”实际上，黄丕烈用来校勘鱼玄机诗集的这两个唐代诗歌选本，《唐人绝句》中选鱼诗十二首，《才调集》中选九首，与宋本鱼集四十九首诗目相差很远。但是因为两书皆有宋刻本，故仅从这几首诗的异文就可以推断，在宋代鱼玄机诗集并非陈宅

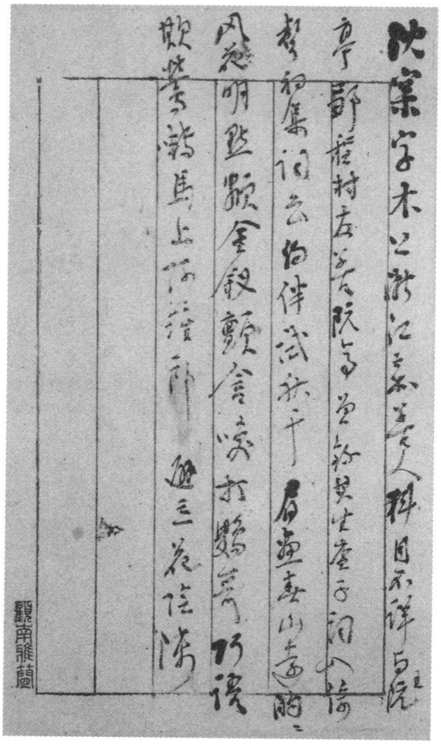

图 27 顾莼致书黄丕烈

书籍铺这一家刻本，既然得出结论，又无别本可对，故而黄丕烈的校勘工作也就到此为止了。这一别纸中的校勘内容后来作为《鱼集考异》收入嘉庆十五年（1810）沈恕《四妇人集》本《唐女郎鱼玄机诗》的附录当中。

紧接着是要搞清楚递藏源流的各个环节。黄丕烈最开始对此并不十分清楚，尤其是书中充斥着许多与沈寀有关的钤印，令他倍感困惑，无从考索，只能向友人求教。得到答案后，他并没有以全知的立场自己解释，而是将友人帮助解决的过程保留在了题跋中。

> 沈寀，字木公，浙江嘉善人，科目不详。与王阮亭、邹程村友善。阮亭曾录其《生查子》词入《倚声初集》。词云：“约伴试秋千，眉画春山远，的的凤花明，点额金钗颤。含笑打鹦哥，巧语欺莺啭，马上阿谁郎，避立花阴浅。”

此纸左角有“顾南雅简”四小篆，知为顾莼作（图 27）。顾莼（1765—1832），字南雅，号五痴，吴县人，嘉庆七年（1802）进士，官至通政司副使，后以个性耿直敢言获遣。词赋名家，工书善画，与陶澍、梁章钜等并称“吴中七友”，乃乾嘉承平之际“十六画人”之一。（见《郎潜纪闻》卷十一）顾莼与黄丕烈过从甚密。黄丕烈著名的室名“百宋一廛”就是请顾莼题写的。顾莼家世代藏书，父顾应昌有“乐为斋”，本人藏书处为“思无邪堂”。黄丕烈从顾莼处得书甚多，有宋刻本《会稽三赋》、宋刻本《湘山野录》、元刻本《东京梦华录》、元本《伯生诗续编》、明抄本《吕衡州文集》等。

此封信笺是顾莼向黄丕烈解释沈寀之姓氏名号，并告知文献出处。顾莼精于诗词，故而王士禛《倚声初集》应是其读过之书，所以他可以从词选中搜寻出这位并不著名的词人之作。然而除此之外沈寀亦有何生平交游，则不是眼前案头之书可以轻易搜寻得见了。黄丕烈对顾莼所示这则材料应该十分重视，所以直接将信笺装裱在了诗册当中。

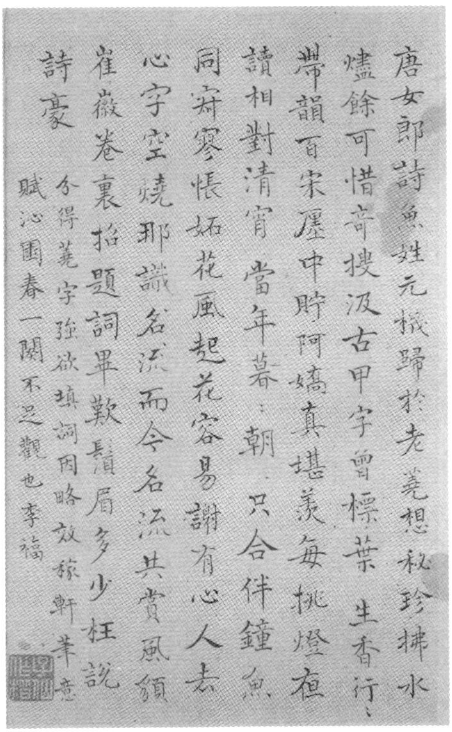

图 28　李福题词

二、诗社嘱题

基本学术问题得以解决之后，黄丕烈在当年的“仲夏浣三日”（应为阴历五月二十三日）这一天，组织了一次诗社活动，请同好以观赏奇书为名，以“荛翁嘱题唐女郎鱼玄机诗”为题，每位参与者拈取一字，作诗或词一首助兴。这场盛会留下的墨迹诗篇，后来被黄丕烈装裱在了宋本《唐女郎鱼玄机诗》卷后。

李福分得“荛”字，自云仿辛弃疾笔意，题词曰《沁园春》：

> 唐女郎诗，鱼姓元机，归于老荛。想秘珍拂水，烬余可惜，奇搜汲古，甲字曾标。叶叶生香，行行带韵，百宋廛中贮阿娇。真堪羡，每挑灯夜读，相对清宵。
>
> 当年暮暮朝朝，只合伴钟鱼同寂寥。怅妒花风起，花容易谢，有心人去，心字空烧。那识而今，名流共赏，风貌崔徽卷里招，题词毕，叹须眉多少，枉说诗豪。（图 28）

这首词带有轻薄脂粉之意。前半阕将女郎诗之版本直接比作女郎本人，形象地写出了“书中自有颜如玉”的香艳味道。后半阕又大写女郎诗未被发现时的寂寞，正如同无人问津的女郎之寂寞一般。如今情形则大有不同，她的美貌从书卷中浮现，重见天日，备受瞩目。结尾略有收敛，写多少须眉之作，亦难敌得上女郎的诗才。这首以“荛”为韵脚及诗题的作品竟能写得如此这般轻佻，作者应当与黄丕烈本人的关系非常亲近，以至于可以拿他开些玩笑。

李福，字子仙，又字备五，江苏吴县人。嘉庆十五年（1810）举人。他的诗词及行楷书在当地都颇为有名。尤其是他与此次诗社中的顾莼，书法并称一时之选，有墨迹合璧传世，人称一以超逸胜，一以秀劲胜。李福也是一位很有名的收藏家，“所居兰室多藏古今妙迹”①。在藏书方面，他是黄丕烈的重要交往伙伴，经常向黄丕烈提供藏书信息。如黄丕烈收藏《江淮异人录》，李福为他提供了秀野藏抄本相校对；又如黄丕烈得《桂

① （清）震钧：《国朝书人辑略》卷九，清光绪三十四年（1908）刻本。

林风土记》旧抄本，他知道后即告知黄丕烈此书还有朱彝尊作跋，又为他借得供之校勘[①]。黄丕烈刻书时亦倚重李福的书法，如《士礼居丛书》中有一《天圣明道本国语》，其牌记即李福所书，曰“嘉庆庚申吴门黄氏读未见书斋开雕同邑李福书”。此外，李福之子名一凤，与黄丕烈之子寿凤年龄相仿，二人子嗣名字皆含“凤”字，亦可见二人私交甚笃，皆期望子嗣“雏凤清于老凤声”者也。

那么回到这首诗社聚会的开篇之作，既与主人有如此交谊，也就无怪乎李福会在友人尽享得书之乐时雅谑一笔了。

吴嘉泰得“翁”字，作七律一首：

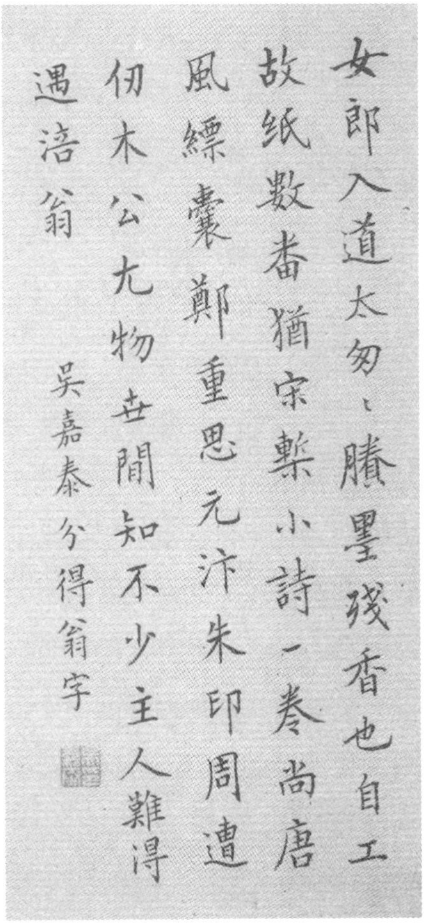

图 29　吴嘉泰题诗

女郎入道太匆匆，剩墨残香也自工。
故纸数番犹宋椠，小诗一卷尚唐风。
缥囊郑重思元汴，朱印周遭仞木公。
尤物世间知不少，主人难得遇涪翁。（图 29）

① （清）黄丕烈：《士礼居藏书题跋记》卷四，清光绪十年（1884）滂喜斋刻本。

吴嘉泰，字东屏，号春生、春斋，是当地一名诸生。他与顾莼、李福等经常诗歌往还，故而也参与到黄丕烈的诗社中来。这首诗写得中规中矩，先写红颜薄命，仅留剩墨残香，幸而诗稿留存，一卷小诗使人得窥唐代女冠风貌；再写宋本流传，经明代项元汴、朱承爵、沈寀诸家流传至黄丕烈，算是得到了最好的归宿。

诗中有两句值得特别留意。一是“小诗一卷尚唐风”。清人论诗有“唐宋之争”，尤其是嘉庆、道光年间的学者，多有以宋诗为宗尚者，而显然作者对唐风更加属意。二是“朱印周遭仞木公”。木公是沈寀之字，他是项元汴孙辈的友人，其人其事在明末清初，颇难考证。虽然诗册中钤有许多他的印章，但是当黄丕烈得书时，并不知道这位藏家的来历，而是经与顾莼请益讨论才知道其姓名字号。这一过程很可能吴嘉泰有所耳闻，所以他在诗中很自然地将沈寀作为一个重要的递藏环节来看待，特别描写了书中朱承爵的题鉴周围盖满了沈寀的钤印。这些细微的鉴赏角度无形中透露出清代学者作诗的一贯风格，即好以诗论学。吴嘉泰早年曾受业于著名史学家钱大昕，本人亦以精于鉴赏著称，其个人之趣味、见解，从这两句诗中或能窥见一二。

瞿中溶得“属”字，作一歌行体长诗：

诗派三唐启大局，万首百家选不足。何人珍重女郎词，梨枣熏香奉金粟。

女郎传是长安人，生长良家颜如玉。佩鲤群钦姓氏香，游龙曾倩鸾胶续。

金缕歌残学步虚，餐霞清供长生箓。无端高髻拂蛾眉，手斫桃花心太毒。

疗妒无方国有刑，黄金不许红颜赎。艰难觅得有心郎，月缺花残苦匆促。

当时巾帼多工诗，洪度华笺丽春旭。寄褐同心有季兰，刘郎酬唱争芳躅。

讫今遗集随香销，片羽残鳞尠传录。冰雪清冷胜幼微，金钗排列如云属。

鹄藤蚕茧楮色新，睦亲坊刻迥殊俗。绝胜尹家太庙前，黄图彩缋夸绮缛。

我友好读未见书，盛以缥囊藉锦褥。富备有过项沈朱，爱护恒防寒具触。

钻研寝食类蠹鱼，甲乙品题如断狱。购来喜媲朱庆馀，两美合检夜烧烛。

佚句旁搜洪景庐，新书更证芳名录。贱子近自宣城归，书得葫芦空有欲。

少陵残帙印澄心，芥隐编中寄遐瞩。道原幸与次道交，招我观书数更仆。

忽开此卷香氤氲，飒飒风生忘暑溽。想见簪花弄笔时，娇喉婉转写衷曲。

薄命都缘不近情，从来争宠反招辱。苟学回文苏若兰，色衰奚至遭刑酷。

一卷书论一斛珠，千秋逸响哀黄鹄。无双宝遇无双人，什袭装潢爱应笃。

彩鸾切韵忆仙姝，花蕊宫词传孟蜀。循例还当如愿来，年年除夕酹刍束。

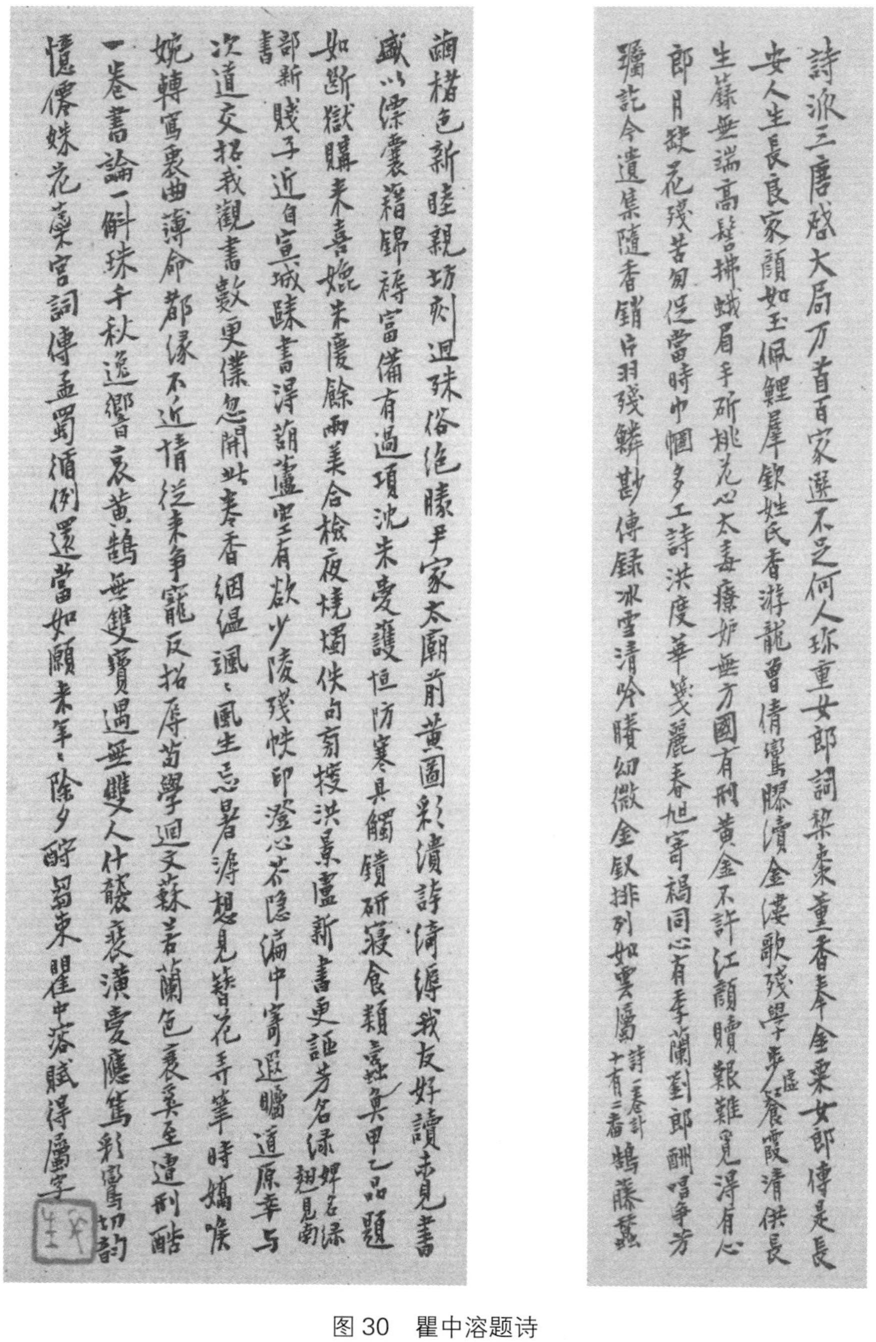
詩派三唐啟大局万首百家選不足何人珍重女郎詞梁溪董香奉金粟女郎傳是長
安人生長良家顏如玉佩鯉犀欽姓氏香游龍曾倩鸞膠續金縷歌殘學步虛餐霞清供長
生籙無端高髻掃蛾眉手斫桃花心太毒療妒無方國有刑黃金不許江顏贖艱難覓得有心
郎月殘花殘苦匆促當時巾幗多工詩洪度華箋麗春旭寄褐同心有李蘭劉郎酬唱爭芳
躅訖今遺集隨香銷片羽殘鱗尠傳錄冰雪清吟贖幼微金釵排列如書屬（詩一卷計十有二番）鵠藤藍
繭楮色新睦親坊刻迴殊俗絕縢尹家太廟前黃圖彩繢詩綺縟我友好讀未見書
藏以縹囊藉錦褥富備有過項沈朱愛護恒防寒具觸饋研寢食類蠹魚甲乙品題
如斷獄購來喜婉朱慶餘兩美合檢夜燒燭佚句蒐搜洪景盧新書更証芳名綠（婢名綠翹見南部新書）
賤子近自宣城歸書得葫蘆空有欸少陵殘帙印澄心恭隱編中寄遐矚道原幸与
次道交招我觀書數更僕忽開此卷香絪縕颯颯風生忘暑溽想見簪花弄筆時嫣[illegible]
婉轉寫衷曲薄命都緣不近情從來爭寵反招辱茵學迴文蘇若蘭色衰巽至遭刑酷
一卷書論一斛珠千秋遙響哀黃鵠無雙寶過無雙人什襲裹潢愛應篤彩鸞切韻
憶儂姝花蕊宮詞傳孟蜀循例還當如願來年年除夕醉留東瞿中溶賦得屬字

图 30　瞿中溶题诗

瞿中溶，字苌生，号木夫，嘉定人。他是史学家钱大昕之婿，精通金石之学，藏书著述皆富，与黄丕烈交往密切。黄丕烈藏书中的宋刻本《朱庆馀诗集》、元刻本《孔氏祖庭广记》《稼轩长短句》都有瞿中溶的观款题跋。士礼居丛书中有半数题首皆出自其笔[①]。

瞿中溶此诗，不仅在这次诗社中独树一帜，在后世也颇有影响。民国时有学者作《女诗人鱼玄机》一文，在开篇即引用此诗。诗的前两句总写宋本女郎诗的稀见。虽然唐诗各流派泽被后世，唐诗选本更是层出不穷，但为鱼玄机专刻一集，可见刻者之珍重。接下来用六句总括鱼玄机生平，包括入道前后、妒杀婢女、归罪处死等，皆源出于史料记载。而后用同等篇幅写此宋本之价值。虽当时巾帼工诗者众，有名者如薛涛（字洪度），李冶（字季兰），与鱼玄机并称唐代三大女诗人，但传世诗作皆所剩无多。而鱼玄机的诗作却能由陈起睦亲坊搜集刊刻，成为版刻史上的重要实物，实在非比寻常。

接下来的五句是对黄丕烈收藏此书的评论。夸赞黄丕烈之富堪比明代收藏此书的三位大家朱承爵、项元汴、沈案，更为重要的是他对古书的热爱可谓更胜前人：不仅是形式上的热爱——保护书籍，而且是学术上的热爱——钻研内容、校勘评鉴。鱼玄机诗集乃黄丕烈购兰陵缪氏藏《朱庆馀诗集》后继得，两书同属于陈宅经籍铺刻本，黄丕烈极爱此宋刻小种，连得二书，故秉烛夜校。“佚句旁搜洪景庐，新书更证芳名录”是指考证鱼集的成果。洪迈字景庐，黄丕烈用其《万首唐人绝句》校勘鱼诗。后半句有作者自注“婢名绿翘，见《南部新书》”，应是作者欲借此诗向黄丕烈提供信息。黄丕烈藏有一部十分稀有的十卷本明刊《南部新书》，嘉庆二

① （清）江标：《黄丕烈先生年谱》卷上，清光绪长沙使院刻本。

年（1797）书友顾广圻曾在士礼居读过此书，也许瞿中溶亦知此事，故而特意写出。实际上《南部新书》中关于鱼玄机事的记载仅一句："女道士鱼玄机，住咸宜观，工篇什，杀婢绿翘甚切害，事败弃市。"而且这也并非对此事最早的记载，绿翘之名在五代的《三水小牍》中已经出现，且黄丕烈嘉庆五年（1800）得一影宋本《续谈助》，乃明代嘉靖年间姚咨手录，被黄丕烈目为"奇书"，其中就有全文转录《三水小牍》的材料。不管实际情形如何，至少可见瞿中溶对女郎诗并非一般性的观赏，对黄丕烈之藏书也非泛泛了解而已，而是有着比较深入的学术见解，是一位真正的懂书之人。所以他在诗中不禁略用笔墨写了自己近来得书景况：刚从安徽宣城归来，没有得到什么书，唯有杜诗残帙与《芥隐笔记》可以聊作消遣。

写完这两句则话锋一转，又回到了女郎诗。友人召唤他来观书使他忘记了夏日的暑溽之苦，展观诗册更令人想见美人簪花弄笔之动人场景。可是瞿中溶对鱼玄机的评价并不高，他认为鱼玄机之薄命乃不近人情、咎由自取，如果她能够学学《列女传》中的苏若兰，用诗才来打动变心的夫君，而不是因妒杀人，就不会有后来遭受酷刑的命运。这里值得一提的是，作者所说的这位苏若兰，就是魏晋时期那位创作了《璇玑图》的才女，她名蕙，字若兰。我们知道鱼玄机也曾叫蕙兰，而"玄机"又与"璇玑"同音，这个小小的巧合恐怕正是作者从历史上许多曾用诗才挽救了自己爱情的女子中选出苏若兰的原因。同音、同名而不同命运的故事，似乎更加容易令人浮想和回味。

最后四句收束作结，作者虽不认同鱼玄机其人，但是对其书的流传则追捧有加，认为这一卷书就像一斛珍珠一样宝贵，让人们千载之下犹有机会哀悯一位感情遭遇不幸的女诗人（按："黄鹄之歌"典出《列女传》"悲黄鹄之早寡兮七年不双”，后比喻女子守节不嫁或空闺寂寞）。现在，这部无价宝书更是遇到了最珍视它的主人。如果能再得到那位以“龙鳞楷韵”著称书史的唐代女道吴彩鸾所抄之本，以及后蜀花蕊夫人所作的《宫词》，那就更是美人之书齐聚，值得年年岁岁庆贺下去了。

不难看出，瞿中溶这首长篇歌行是这次诗社中用力最深的作品。他不仅仅是就书论书，也不仅仅只局限在鱼玄机一人，而是始终通过对比的方式将鱼玄机的作品以及文本的流传放在广阔的视野中来衡量，显示出作者的过人学识。

戴延介得“题”字，作词一首，调寄《卖花声》：

> 金屋梦云飞。懒赋双栖。舞裙香褪换黄绝。弹指华年飘影去，风月留题。
>
> 诗锦叹凄迷。一卷朱丝。芳名应与薛涛齐。花落碧鸡坊底路，一样鹃啼。（图 31）

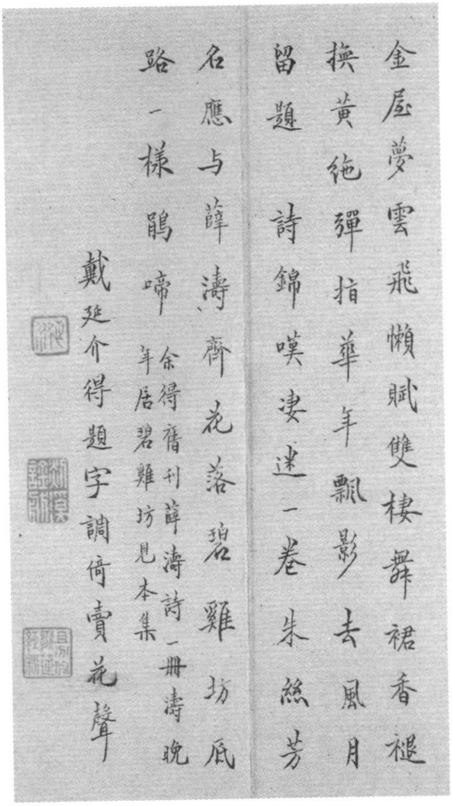

图 31　戴延介题词

戴延介，字受兹，号竹友，安徽歙县人，寓居吴县，监生。著有《银藤花馆词》四卷及《古藤山馆诗钞》。此首词前半阕写鱼玄机入道前为李亿侍妾之事，金屋宠爱之梦风云流散，

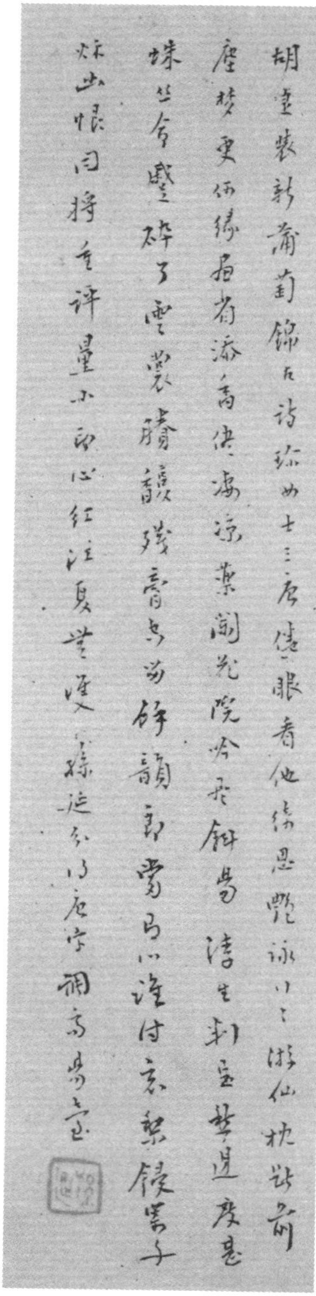

图 32　孙延题词

二人欢爱时光不再，只好换上道服，改过另一种风月生涯。后半阕写鱼玄机诗作之地位，当与薛涛等同。戴延介与黄丕烈之交往不见于记载，而本词后有作者自注云："余得旧刊薛涛诗一册，涛晚年居碧鸡坊，见本集。"可知作者藏有薛涛诗集旧刊本，这里所透露出的藏书信息也可能是其受邀参加诗社的原因之一。

孙延分得"唐"字，作《高阳台》词：

> 胡蝶装新，蒲萄锦古，诗珍女士三唐。倦眼看他，绮思艳咏行行，游仙枕断前尘梦，更何缘、画省添香。尽凄凉，药兰花院，吟尽斜阳。
>
> 浮生判是愁边度，甚蛛丝命蹇，碎了云裳。剩馥残膏，空留余韵郎赏。有心谁付哀梨锓，寄千秋，幽恨同将。重评量，小印心红，江夏无双。（图 32）

孙延，原名衡，字寿之，号蔚堂，吴县人，诸生。家有古梅九枝，自称"九梅居士"。工诗词、篆隶、书画，著有《海月词》，《国朝词综》选其词六首。这首词无说理议论，以叙述抒情为主。上半阕先从书之外观写起，黄丕烈特制蝴蝶装，华丽却又古色十足，将唐代女郎的诗篇衬托得更加珍贵。再看书中文字，一行行风格绮艳的思致吟咏，既有入道游仙之举，便是断了前尘旧爱，只剩下凄凉悲切之词了。（汉代尚书省以胡粉涂壁，紫素界之，画古烈士像，别称“画省”，此处“画省添香”指鱼玄机入道前为李亿侍妾事。）下半阕写鱼玄机虽薄命而死，空留残篇剩句，却有后世有心人付之梨枣，使得千秋之后的观者还能一再赏鉴，书中那一方方钤印更使之成为无双之宝。全篇气息连贯，清丽哀婉，可见作者当行本色。

孙延与顾莼常有唱和往还，故而与黄丕烈也较为亲密。黄丕烈除诗词之外，还非常看重孙延对书画之学的精通。因黄丕烈不善画，但对名家画作之爱不亚于书，所以他愿意与精擅书画的行家里手交流。比如他藏有一部宋本《离骚集传》，此书卷端有一帧清代著名画家方熏所作之兰，因极看重此画，故不肯妄作评鉴，于是特别邀请孙延来品题这幅画。孙延遂于画之右侧作跋一篇，指出方熏所画乃应《离骚》中“滋兰树蕙”之意，又细说兰与蕙如何分辨，于笔墨之意甚明，颇合黄丕烈之意。（见《士礼居藏书题跋记》卷五）

顾莼得“女”字，题诗一首：

新装一卷争看，幽怨千秋谁语。有心郎竟何如，还羡牵牛织女。（图 33）

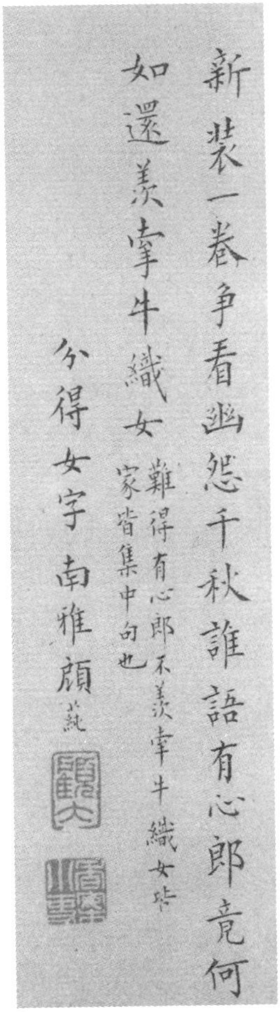

图 33　顾莼题诗

顾莼这首六言诗是这次结社中篇幅最小者，而且还采用了书中成句。（作者自注：“难得有心郎、不羡牵牛织女，皆集中句也。”）可见作者只是一挥而就，随意题写。他并未准备以诗的形式向外人道出更多故事，可能还多少有些自矜和骄傲的成分：眼前人人争看的这一卷重新装裱过的女郎诗册，背后那许多的故事，该向谁去论说？前文已经有所提及，无论是与黄丕烈关系的亲近程度，还是对考证这部书所提供的帮助，顾莼的地位都是这次诗社中的其他人难以比肩的。他既然如此重要，便也无须在这样的场合向人自证了。

有趣的是，此诗后有钤印两枚：朱文方印“顾大”、白文方印“香案小吏”。“香案小吏”亦是何焯之号，何焯有一朱文方印刻此。（见《书画鉴影》卷十六）另外鱼集中有一印文曰“茶仙”，黄丕烈最初并不知是何人之印，这是与沈窯诸印一样困扰黄丕烈的疑难。顾莼既然帮助黄丕烈找到了沈窯的资料，那么剩下的这一个印文，二人肯定也有交流和讨论。顾莼刻“香案小吏”之印，当对何焯比较熟悉，很有可能向黄丕烈提供了一些线索。但黄丕烈没有亲自经眼实物，所以一直未能作准，直到八年之后（1811，嘉庆十六年辛未）在某处见过原印，这才作题跋补记了一笔：“茶仙一印是义门先生图章，辛未仲冬获观，因附志于此。”（《士礼居藏书题跋记》卷五）至此，黄丕烈对棚本《唐女郎鱼玄机诗》最初的两个疑问才算有了圆满的解答。

董国华得“郎”字，题词一首，调寄《高阳台》：

玉化琳宫，烟沉翠馆，春痕留在书囊。芳绪飘零，羽衣换却明珰，拈花可奈禅心袅，又梦为、蝴蝶寻香。韵瑶琴，怨绿啼红，字字凄凉。

千年芸叶琼题护，笑求来无价，抵得情郎。弹指华严，乌阑未褪斜行。咸宜回首前尘杳，剩消魂，雨冷云荒。倩谁人，唤起真真，写影缥缃。（图 34）

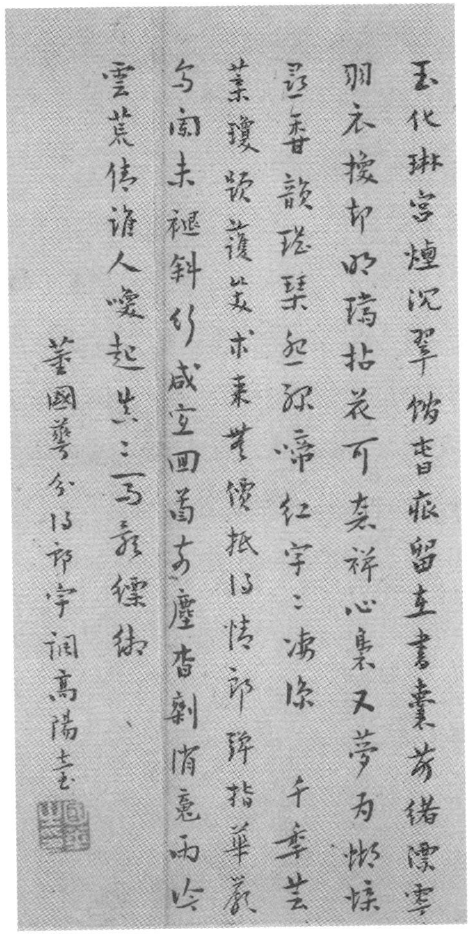

图 34　董国华题词

董国华，字荣若，号琴南，吴县人。曾受业于钱大昕门下，嘉庆十三年（1808）进士，官至广东雷琼道。工诗文，词尤婉约，有《香影庵词》。

此词前半阕写鱼玄机矛盾重重的身份。琳宫乃道观、殿堂之美称，翠馆则有指代青楼之意，羽衣是道士的别称，明珰却是珠玉红妆之意，鱼玄机的思绪和诗情时时在两种身份之间转换，却皆不能圆满，令人读去不免凄凉。后半阕写女郎诗的流传情形。此书不仅有芸香庇护，得以在后世被人品题，而且还有一位书痴黄丕烈将之视为无价，此珍重之情似可以抵得上鱼玄机心中那位“有心郎”了。唯有一个遗憾，女郎之倩影尚无人描绘。这个被作者放在结尾处的小建议很快就会引起黄丕烈的注意，于是在今天的我们看来，也便没有遗憾了。

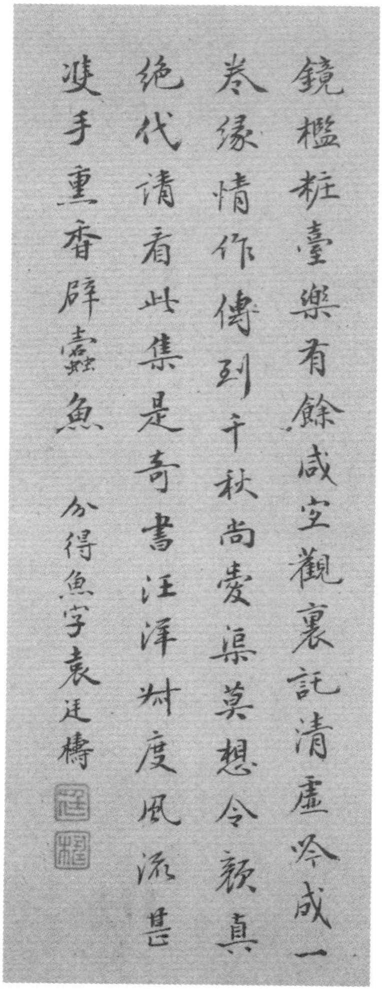

图 35　袁廷梼题诗

董国华与孙延所作皆以《高阳台》为词牌，词境也大有相似之处。二人之作，从风格上看皆承自清词三大流派之一的“浙西词派”。浙西词派以朱彝尊为代表，推崇张炎、吴文英、姜夔等南宋词人，这些词人长于创作慢词，讲究句琢字炼，声律和谐，风格典雅清空，表意含蓄蕴藉。虽然嘉庆年间，浙西词派的影响力已经衰退，有堆填弄巧、寄托不深之弊，但是不难感受到，在士人的日常交往创作中，这类风格的词作还是颇受认可。

袁廷梼得“鱼”字，题诗一首：

镜槛妆台乐有余，咸宜观里托清虚。
吟成一卷缘情作，传到千秋尚爱渠。
莫想令颜真绝代，请看此集是奇书。
汪洋叔度风流甚，双手熏香辟蠹鱼。

（图 35）

袁廷梼（1764—1810），字又恺，一字寿阶，吴县人。精于小学，与钱大昕、王鸣盛等论学，考据精当。袁廷梼乃明代藏书家袁褧后人，藏书楼曰“小山丛桂馆”“五砚楼”“红蕙山房”等。与黄丕烈、周锡瓒、顾之逵并称乾嘉间四大藏书家，号为“藏书四友”。

袁廷梼与黄丕烈私交极好，二人是儿女亲家，黄氏将次女嫁与袁氏次子仲和。在藏书校书方面，二人常互通有无，如黄丕烈收藏《春秋繁露》后，袁廷梼借得扬州秦太史藏抄本，转借黄丕烈校雠。有时二人也会在买书时互相较量，如黄丕烈曾于书坊中见一吴枚庵（吴翌凤）临宋本《易林》，因非全书而稍有犹豫，于是被袁廷梼买走。袁廷梼得此书后，从卢文弨处借得一临本过录补全，一度成为此书之通行本。直至黄丕烈又见到吴翌凤家散出的临写本之底本，果断花白金三两买下，终于算是得到此书的最终解释权。遗憾的是，袁廷梼英年早逝，也使黄丕烈少了一位兴趣相投的挚友。嘉庆十五年（1810）后，当黄丕烈再读到与袁廷梼有关联的书，常不免悲从中来，乃至发出“五砚楼在人何在，手触遗编涕泗流”之叹。

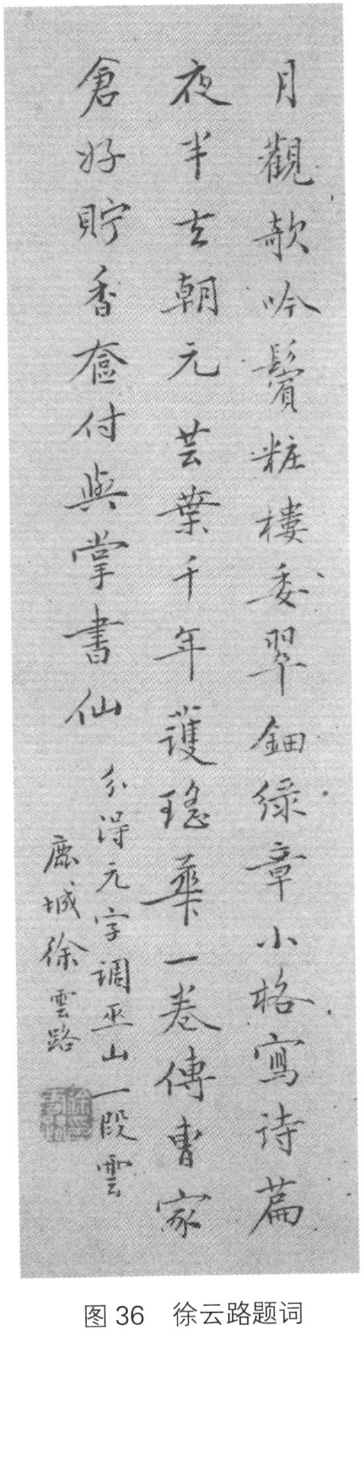

图 36　徐云路题词

在眼下这个友人相得的欢乐场景中，袁廷梼为庆祝黄丕烈得到女郎诗，题写了一首七律。他是这次诗会中难得的没有拿女郎之艳大做文章的人，而是将目光投注在“此集是奇书”这一焦点。“叔度”指代黄丕烈，典出《后汉书·黄宪传》：“叔度汪洋若千顷波，澄之不清，淆之不浊，不可量也。”是赞美一个人品学超群，气量恢宏。不难感受到，这首诗中流露出作者对友人由衷的敬爱以及发自内心的对奇书善本的热情。

徐云路分得“元”字，调寄《巫山一段云》：

> 月观欹吟鬓，妆楼委翠钿。绿章小格写诗篇，夜半去朝元。
> 芸叶千年护，瑶华一卷传。曹家仓好贮香奁，付与掌书仙。（图 36）

徐云路，字起万，号懒云，昆山人，诸生。工诗文，长于词，著有《瀹雪山房词草》《酿花居诗》《云海楼文集》。徐云路与黄丕烈、袁廷梼皆有交谊。因他善画墨梅，故周围友人凡得前代与墨梅有关之名画名书常邀其品题。如王企川藏明王元章《墨梅长卷》即有其观款；沈绮云古倪园影刻袁廷梼藏宋本《梅花喜神谱》亦有其题词。眼前这首词看来像是应酬之作。先写当时之景：鱼玄机的主要生活是翠钿梳妆，诗歌酬唱，道家修行仅仅是夜半之事。再写眼前之景：一卷诗集传至今日，付与“掌书仙”黄丕烈。

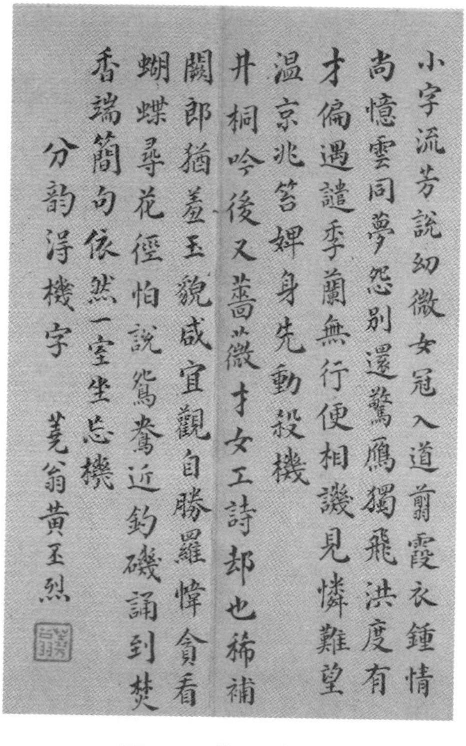

图 37　黄丕烈题诗

黄丕烈得“机”字，题诗两首：

小字流芳说幼微，女冠入道翦霞衣。
钟情尚忆云同梦，怨别还惊雁独飞。
洪度有才偏遇谴，季兰无行便相讥。
见怜难望温京兆，笞婢身先动杀机。

井桐吟后又蔷薇，才女工诗却也稀。
补阙郎犹羞玉貌，咸宜观自胜罗帏。
贪看蝴蝶寻花径，怕说鸳鸯近钓矶。
诵到焚香端简句，依然一室坐忘机。（图 37）

黄丕烈无疑是此次诗会中兴致最高的人，他不仅一连做了两首七律，而且这两首诗与书籍版本全然没有关联。他作为诗集现在的主人，已经不需要再用诗词来讨论版本是否珍贵、递藏故事是否精彩等价值问题，他所要做的，只是好好地阅读和欣赏。这两首诗其一论鱼玄机生平之事，其二论鱼玄机所作之诗。诚然，黄丕烈不可能从鱼玄机那些已经成为历史定格的故事中读出比别人更多的新意，不过，他作为一位热情的读者，还是表现出了十分鲜明的态度：历史上有才情的女子往往命运多舛（如薛涛早年无所依靠不得不入乐籍，又曾被罚赴边），而一旦这类女子脱离了所谓社会道德伦理对一般女性生活的规范，那么不管她多么有才华都会遭受世人的无情讥讽（如李冶因失行被处死）。虽然鱼玄机之死属于自身罪责难逃，但是显然作者没有任何兴趣从道德或者法律层面去评价一位女诗人。他所看重的是历史流传过程中最为不易的那一面：“才女工诗却也稀”，能够在历史上留下名字的女性是那么少，她们的作品难道不值得仔细品读吗？

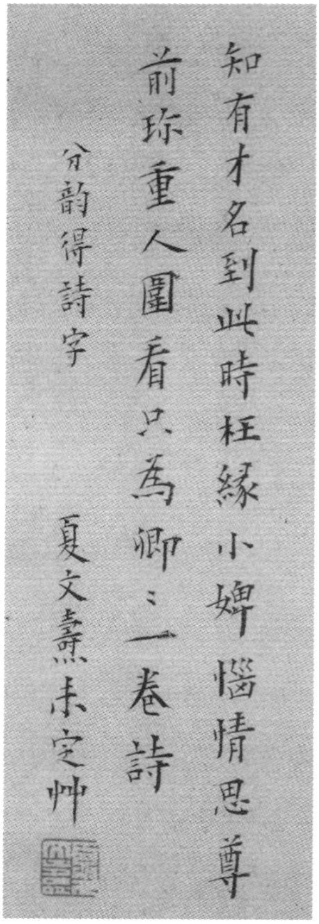

图 38　夏文焘题诗

如果说那些给予女诗人种种讥评的读者是存了机巧功利之心，那么我们眼前这位鱼玄机的忠实拥趸则已经完全沉浸其中，可以称得上是陶然忘机了。

夏文焘得“诗”字，作诗一首：

> 知有才名到此时，枉缘小婢恼情思。
> 尊前珍重人围看，只为卿卿一卷诗。（图 38）

夏文焘，字季慈，号味琴，后改名方米，吴县人。乾隆壬子（1792）举人。少从钱大昕游，通舆地之学，兼通算学。此诗以一个论点立足，即鱼玄机若能预知自己会有如此诗名传至后世（人们为了亲眼看见她的一卷诗篇而珍重围观），也就没有必要将婢女引发的那一点点小恼怒放在心上了。虽然这首七绝看起来让夏文焘成为此次结社中才力较未彰显的一位，但实际上，他却时常活跃于黄丕烈之诗友圈。潘奕隽之《三松堂集》中记载了不少诗社活动，黄丕烈、瞿中溶、顾广圻、夏文焘、孙延、袁廷梼、李福皆为同社之友。在藏书刻书方面，夏文焘与吴中“藏书四友”亦常交流，曾共同品题元刻本《丁鹤年集》。道光元年（1821），黄丕烈还曾刊刻夏文焘表弟顾凤藻所藏之《小正集解》。

三、友人共赏

热闹的结社品题之后，《唐女郎鱼玄机诗》并没有在黄丕烈的书斋中沉寂下来。遇到情趣相投的友人，黄丕烈还是会取出自己挚爱的这册小书与之共赏，于是我们在书册中还看到了几幅专门题就的跋识：

维摩居士只怜才，品什清于雪岭梅。

想见步虚明月下，宛然天女散花来。（图 39）

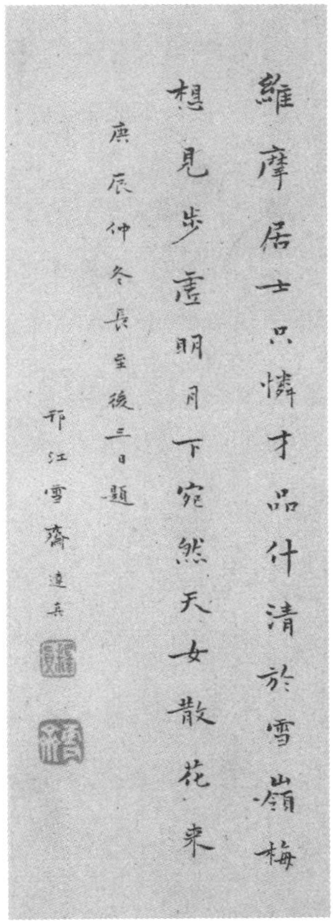

图 39　释达真题诗

这首诗作于庚辰仲冬长至后三日，署名邗江雪斋达真，钤印两枚：朱文“释真”、白文“雪斋”。释达真，字雪斋，号竹屿，泰州人，工诗。嘉庆二十五年庚辰（1820），受黄丕烈之邀，这位方外逸士在诗册中留下自己清癯瘦硬的笔迹。虽然只是一首七言绝句，但却清韵宜人，不仅将鱼玄机写成不可方物、步虚明月的槛外仙女，而更重要的是，黄丕烈的收藏雅好在他眼中，正如雪岭寒梅一般高洁。这其实既是对友人的恭维之辞，也是对自身品味的宣示。

遮羞罗袖浣香尘，潜泪花间感旧春。解得有情胜无价，不知邻女是何人。

不怕吹箫事未谙，文姬有貌更无惭。容华南国谁相并，最是东邻姊妹三。

丁年甲帐向争传，莫悔南华第二篇。如此怜才胜卿相，乌丝小字寄金荃。

应有芸香辟蠹鱼，洪韦善本更何如。多情谁是黄公望，肯较兰陵缪氏书。（图 40）

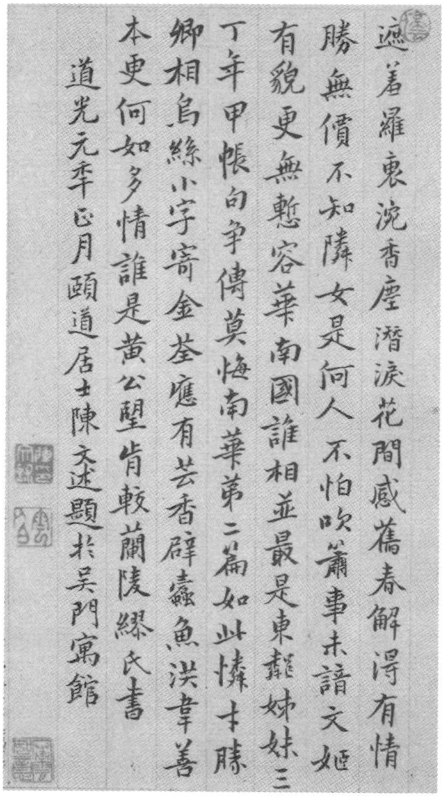

图 40　陈文述题诗

陈文述（1771—1843），原名文杰，字云伯，后改名文述，别号元龙、退庵，又号碧城外史、颐道居士、莲可居士等，钱塘人。嘉庆五年（1800）举人，后屡试不售，客居京师，以诗画知名。时人论陈文述作诗专攻西昆体，博雅壮丽又似吴梅村。著有《碧城诗馆诗钞》《颐道堂集》等。

这四首七言绝句是陈文述于道光元年（1821）正月题于吴门寓馆。陈文述与黄丕烈往来并不太多，而他之所以为鱼玄机诗集题诗，很可能源于他与黄丕烈十多年前的一次交流。嘉庆十四年（1809）初，黄丕烈以五十一番重金购得元本《乐府新编阳春白雪》十卷（图 41）。此书本是何梦华藏书，并经何梦华考证此书曾为柳如是所藏，卷中不仅有钱谦益印章，更有“女史”“惜玉怜香”二印，令人颇觉为柳如是之印。书中又有墨笔校勘，笔姿秀媚，令人观去，不禁爱若珍宝。两年后，陈文述与其兄陈曼生一起拜访黄丕烈。一番闲谈之后，黄丕烈听说陈文述曾在常熟任上修缮了柳如是之墓，而且见过柳如是手迹，于是取出此书请二人观看，并请陈文述判断书中点校笔迹是否为柳如是亲笔，陈文述以为大致不谬。大概是因为有了这次的交往，黄丕烈对于陈文述之诗文情趣有所了解，于是才有了品题《唐女郎鱼玄机诗》的后文。

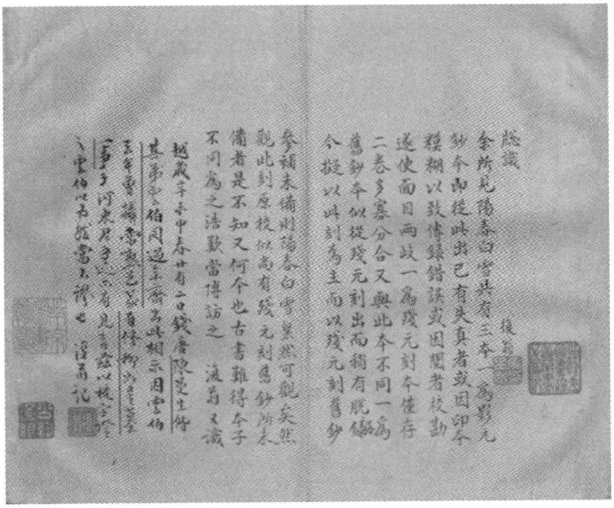
總識
余所見陽春白雪共有三本一爲影元　復翁
鈔本即從此出已有失真者或因印本
糢糊以致傳錄錯誤或因閱者校勘
遂使面目兩歧一爲殘元刻本僅存
二卷多寡分合又與此本不同一爲
舊鈔本似從殘元刻出而稍有脫鐍
今擬以此刻爲主而以殘元刻舊鈔
參補未備則陽春白雪粲然可觀矣然
觀此刻原校似尚有殘元刻舊鈔所未
備者是不知又何本也古書難得本子
不同爲之浩歎當博訪之　復翁又識

图 41　《乐府新编阳春白雪》黄丕烈跋

陈文述所题四诗角度皆十分独特。前两首写女子。第一首的焦点是“不知邻女是何人”，第二首又着重渲染“最是东邻姊妹三”。一般读者眼中只见到潜泪花间的鱼玄机，却没有注意到她在犯下了杀人的罪行之后（“涴”有玷污、弄脏之意，诗第一句暗指杀绿翘事），将最重要的感情体悟写给了一位邻女。这位邻女能够了解“易求无价宝，难得有心郎”的热烈和决绝，想必是一位感情丰富、与鱼玄机不相上下的女子。同样，一般读者只会从书中那许多寄情于子安的诗句中遥想美貌的蕙兰没有成为别人的妻子（“吹箫”之典有缔结婚姻之意），很少有人去留意诗集最后一篇那三位姊妹的联句。即使有心，或许也更多是记得鱼玄机以一当三的才华和兴致，至于三姊妹，则多半认为她们能留名诗史，是侥幸借助了鱼玄机的大名，而只有陈文述觉得，她们是足以与鱼玄机匹敌的、“容华相并”的女诗人。

陈文述在清季因一事而广为人知，那就是他对女性诗人的推崇。陈文述家中女眷皆能诗咏，如夫人龚玉晨、侧室管筠、文静玉，女儿萼仙、苕仙等，其中以儿媳汪端为代表，游心文史，成就斐然，是清代著名诗人和学者。陈文述对闺秀才媛十分尊重，大力揄扬她们的作品，因而女弟子众多，号为“碧城仙馆女弟子”，有《碧城仙馆女弟子诗》传世。此外，陈文述曾广泛搜采历代杭州闺秀著作，编成《西泠闺咏》十六卷，还出资于西湖修缮才女遗墓，赋诗纪事，辑为《兰因集》。正因如此，他才能从十二叶的鱼玄机诗中另辟蹊径，读出这么多惊艳之处。也可见其眼界确实与一般士子大不相同。

在将诗集中出现的女子无一遗漏地表彰一番之后，第三、四首转写古今才子。其三是写温庭筠。所谓“丁年甲帐”是指温飞卿名句“回日楼台非甲帐，去时冠剑是丁年”，此句出自其咏史七律《苏武庙》，亦被清代流传甚广的《唐诗三百首》收录，故而有“向争传”之说。“莫悔南华第二篇”是借用其诗“因知此恨人多积，悔读南华第二篇”。本事是温庭筠出入宰相令狐绹之门，令狐绹向其请教问题，他有些傲慢地回答：“您难道不知道这出自庄子《南华经》第二篇吗？”令狐绹以此为辱，导致温庭筠仕途失意。温庭筠作此诗乃是自嘲，故有“悔读”之说。陈文述之“莫悔”，是指鱼玄机诗集中有两首写给温庭筠的诗，皆恭敬有礼，可见鱼玄机对温庭筠之才华十分钦慕，既然已经得到美人垂青（“乌丝小字”指鱼玄机写给温庭筠的诗句，“金荃”乃温庭筠词集之名），那么王公卿相之赏识与否就可抛诸脑后了罢。其实比起正史无载的李补阙，以及诗集中似与鱼玄机有情愫的李端公，温庭筠才是更能突显鱼玄机交游之文学价值的代表人物，然而在所有的题跋中，注意到这一层的只有陈文述一人。

第四首诗中，主人公终于出场了。这部从兰陵缪氏家散出的书卷身世传奇自不必说，只说芸香的庇护使蠹鱼没有蚕食掉如此单薄的册页便足以令人惊叹。比之洪迈《万首唐人绝句》、韦縠《才调集》所选寥寥几首鱼玄机诗，这册诗绝对可称善本，而我们的收藏家竟然费心将其与洪、韦二家之书逐一校核（可校之处实不多也），这便是学术之外的多情之举了。陈文述以元代山水大家黄公望来比喻黄丕烈，这应该算题跋中一笔隆重的礼遇，不知黄丕烈将这段题跋装裱在全书最前一页，是否也有对此颇为自得之意。

> 好事多逢翰墨缘，翩翩才调若飞仙。几年彩笔书花叶，留得丛残五十篇。
>
> 沉香薰像唤真真，想见咸宜观里人。幸有钱塘余学士，解将水墨绘精神。（图 42）

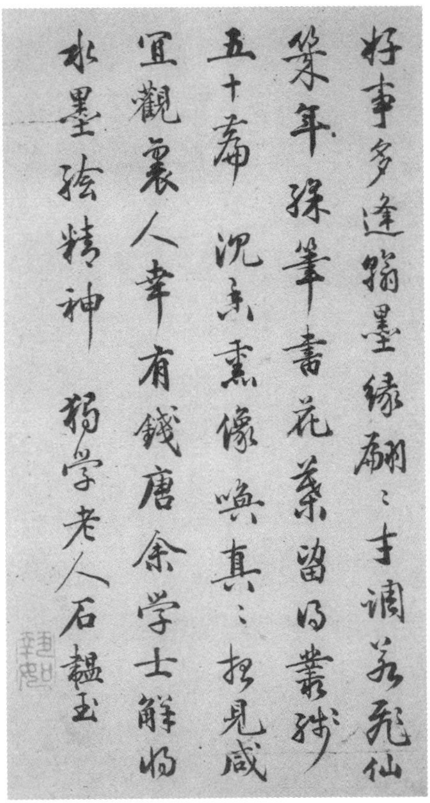

图 42 石韫玉题诗

两首七言绝句，一则写书，一则论画。书自然是眼前所题的鱼玄机诗集，这流传下来的五十篇（集中四十九篇，《文苑英华》中存《折杨柳》一篇）诗歌虽不是鱼玄机的所有作品，但已经是托庇了极大的翰墨缘分才得以留存的。画指的是黄丕烈请余集所画的《唐女道士鱼元机小影》，这幅小影将咸宜女郎的风神细致展现，水墨所绘的形象气韵，自然有诗文所不能企及的具象意境。

题诗者石韫玉（1756—1837），字执如，号琢堂，又号花韵庵主人、独学老人，吴县人。乾隆五十五年（1790）状元。历任翰林院编修、陕西潼商道等职。卸任后主讲苏州紫阳书院二十余年，主修《苏州府志》。石韫玉是黄丕烈的表兄，二人年少时一同在私塾读书，此后关系也一直很好。石韫玉卸任家居期间，曾与黄丕烈等共结诗社，并时常相携出游，如《士礼居藏书题跋记》中就记载了二人一起乘小舟出行访友之事：

> 日来枯坐一室，校雠都绝，今晨唤一小舟往吾与庵，与琢堂相期在彼一宿。舟中无聊，自县桥出平江路，由西而东阊门，一路漕艘濡滞，兼之顺道过访殷茂堂、周香严二老，抵西津桥始毕。舟小无置笔砚地，倾侧几不成字，观此集多与方外人作友，故诸诗人因游而得方外友，又因方外友而得诗。余非诗人也，然每至僧庵必得诗，其亦事理之所有而性情之所近乎？

黄丕烈这篇题跋犹如一篇情致盎然的小品文。一向在书中挥洒饱满爱书之情的藏书家在这里竟然展现了自己意兴阑珊的一面，索然无味枯坐一天之后，索性唤一小舟江行，去赴与石韫玉的山中古刹之约。书内书外，皆可落笔成文，亦能见出性灵，可见黄丕烈虽频频自称不是诗人，而实际上处处皆能发现诗意。他与石韫玉共同参与的诗社活动亦与此情境相似，山中问梅也好，僧庵访诗也罢，于黄丕烈而言，皆是书中生活的现实照影。

四、寿凤题签

在购得《唐女郎鱼玄机诗》后的十几年间，黄丕烈曾在许多场合向友人展示此书。如果鉴赏的环节仅仅停留在这一层面，那么棚本鱼玄机诗便与黄丕烈得到的其他宋本并无太大的不同，其间所发生的交流、品题与玩赏，皆是一个收藏家与友人之间再普通不过的日常生活。但是，黄丕烈没有止步于此，他将这部书进行了重新装裱，采用黄氏特有的“蝴蝶装”形式，将十二叶原书与他所积累的友人题跋、诗作、画作、书信等与此书相关的种种汇集成册，与原书合为一体。正是这一举动，坐实了《唐女郎鱼玄机诗》在黄丕烈心中“无价之宝”的地位。我们已经在卷册中见识到黄丕烈的学问见解，亲情友情，现在，来到了最初的这一页，却也是寄放收藏家内心最隐微、最柔软的那一部分情感的所在：

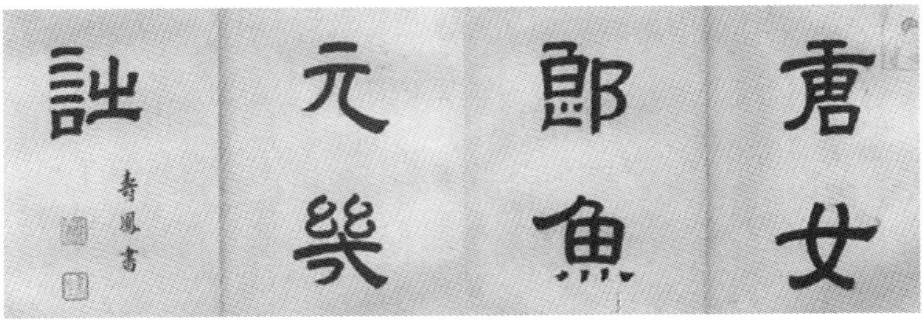

图 43　黄寿凤题签

重新装裱后的鱼玄机诗，书名由黄寿凤题写（图 43）。黄寿凤，字同叔，是黄丕烈第三子。县志称其“工篆，能摹印，亦能诗”。题签书名也让我们对其书法功力有所领略。

黄寿凤出生于嘉庆八年（1803），正是黄丕烈得到鱼玄机诗集的那一年，这是寿凤与此书非常特殊的缘分。然而对黄丕烈来说，这段书缘开启的父子关系，既有喜悦，也有无法言说的苦楚。嘉庆九年（1804），黄丕烈的长子玉堂病逝，在此之前，玉堂一直是父亲藏书事业的得力助手。黄丕烈还有一次子，在乾隆五十九年（1794）夭亡。等待寿凤的成长，对屡经失子之痛、膝下寂寞的黄丕烈来说，不啻为一剂安慰，而他对于后代的期望，也只能随着寿凤的成长愈加深切。在这份深切的期盼中，黄丕烈所珍视的藏书事业甚至不是最紧迫的。父亲对儿子的期待，包括科举功名、立身显达，甚至更多，与这些现实的期待相比，与之讨论藏书之乐也许只不过是表达父爱的一个途径而已。

少年时代的黄寿凤用尽全力，工工整整写下的七个大字，其背后隐藏的，不仅仅是儿子对父亲的顺从和孝敬，还有父亲给予儿子的宠溺。说到类似的故事，其实并不鲜见。《红楼梦》就有“大观园试才题对额”一回，贾宝玉为应对父亲的考验而即兴做的对联和牌匾，到了元妃省亲的那一天，也被像模像样做出灯笼挂了出来，最后更是表彰勒石，郑重其事予以采纳。那么真实生活中，收藏家父亲的一部无价宝书，给了心爱的儿子，让他题写书名，并且将之装裱起来，也算得上是一种独家“特权”了吧。

《左传》有云：“父母之爱子，则为之计深远。”黄丕烈在对寿凤的提携和培养上可谓花费了不少心力，平时有意识地让他接触自己朋友辈中学识卓越者，希望他能有所濡染。虽然他并没有如父亲最初期待的那样在科举之路上有所成就，但是在日常待人接物方面的表现还是令父亲十分满意。道光五年（1825），黄丕烈以寿凤的名义，召集了第二次题咏鱼玄机诗集的聚会，并特地为其作跋识一篇：

道光乙酉新秋七月七日，凤儿邀集同人，县桥小隐学耕堂为吟社

> 第三集。是集吟课丐题宋廛所藏唐女郎鱼元机诗集，不限体韵，各尽所长。其必以鱼集者，嘉庆癸亥春始得是集，及仲夏下浣三日，邀同人题之，共得十二人，一时传为佳话。越三日，凤儿始生。及长，稍解声韵，颇好吟咏，因举是集弃之。俾世守宋廛百一之珍，且物与人皆来，自癸亥又成一奇遇也。今年已二十三也，虽制举之学不工，一衿亦未幸获，而喜与胜己者游。前此黄文节公生日，会于仪宋堂，荷华生日，立秋会于小茭芦馆，今七月七日又会于县桥小隐，皆一时知命之士，蓄道德而能文章者。吾子能往从之游，非老人之一快乎。

文中可见，在寿凤年及弱冠之时，已经成为父亲雅集聚会中的一员。黄丕烈做东的诗社活动一般皆由其出面邀请，而且在这次以鱼玄机诗集为主题的诗社活动开始前，他也已经成为这部书以及整个“百宋一廛”的正式继承者。作为父亲的黄丕烈，在得鱼集后三日得子，收藏上的斩获与家庭中的喜事微妙地交织在一起，增加了这部奇书与黄丕烈家庭之间的情感联系。这部书如何在父子之间交接虽然没有明确记载，但不难推测应该发生在寿凤少年时期，这时他刚刚开始接触声韵之学，学习诗歌作法，父亲自然会选择一部较为容易诵读的诗集给他。鱼玄机诗不仅数目不多，而且诗作是典型的“唐风”，以情韵声调见长，又少生僻典故，适合学诗者阅读。另外在版本层面，这又是一部价值非常高的宋版书，“佞宋主人”黄丕烈自然也会拿这个范例教给儿子一些版本方面的学问。更不用说这部书几乎与寿凤同时来到这个家庭中，这种奇妙的缘分应该也是父子间非常有趣的话题。道光五年（1825），已过六十的黄丕烈已经不在意寿凤是否具备在科举仕途上的竞争力，能看到儿子参与到自己的日常生活中，并与自己的友人融洽交往，已经是大慰老怀了。

关于这次雅集，自然还有更多的故事要讲，且说这份父子之情，其实并没有太完美的结局。对所有的收藏家而言，“子孙永保”都是一件奢望，至少黄丕烈在其中并不算是非常令人唏嘘的一位。寿凤在黄丕烈生前一直谨遵父教，像他的兄长玉堂那样，协助父亲做了不少收藏方面的工作。不过，他自身对藏书大概并无兴趣，因此在黄丕烈去世之后，寿凤没有子承父业，黄丕烈的藏书目录及手稿皆是由友人瞿中溶接手完成。

第二节　黄荛翁的图咏册

以书籍为雅事入画，在书籍产生之初便已有之。现存最早的与书籍有关的图画，应该是下面这幅《北齐校书图》（图 44）。

据宋代黄庭坚《画记》、黄伯思《东观余论》等书记载，《北齐校书

图 44　北齐校书图（局部）宋摹本 现藏美国波士顿美术馆

图》是宋摹本残卷，据画卷题跋，原为杨子华所画，唐代画家阎立本再稿。画中所记录的是北齐天保七年（556）文宣帝高洋命樊逊等人刊校五经诸史的故事。我们从画面中可以看出，校书虽然是一个具有完整主题的场景，但是画面中主要表现的还是人物活动，书籍本身，除了形态的呈现之外（在此画中我们可以看到早期书籍的形态，至少在校对时并没有装订成册或轴，而是以散叶的形态呈现），其内容意蕴并没有成为画家考虑的要素，这与宋代之后（尤其是诗意图等文人参与较多的绘画主题兴盛以后）的绘画表现出很大的差异性。

吴县是文人画兴起的渊薮之地，而清代嘉庆年间，正值中国古代文人画落日余晖之时。黄丕烈日常交接之友，自然不乏擅丹青者。故黄丕烈藏书之雅事，不仅题之于诗词，还见之于图画。

一、丹青写绘得书图

黄丕烈所绘制之图画有种种名目，如雅集诗画册、摘句图、担书图、移居图等等，皆与其藏书活动有关。其中“得书图”之名目，不见于黄丕烈之前的藏家，也无既往之书画著录，当为黄丕烈所自创。在黄丕烈之前，似乎没有哪位藏家如此细致入微地表达过“得书”的喜悦。这一创举自然是源自黄氏本人对书之痴迷，而他所获得的诸多珍本秘籍则是此种画类产生的基础。其图分为两种，一为亲自创作，一为请人代作。但由于我们今天不仅难觅其图迹，甚至连画题也仅征得十之一二，所以很难做整体分析，只能就所见略作管窥。

黄丕烈既非专业画家，则笔下之境可能较为率意，故而所绘有与书之内容关联甚微者。如其所作《蜗庐松竹图》，实际上是自己居所和生活场景的写照：“昔余绘‘续得书图’名是曰‘蜗庐松竹’，盖致道寓居吾郡之城北，葺屋曰‘蜗庐’，而松柱竹椽饶有古朴之意。今余自壬戌冬又迁东城之县桥，题藏书室曰百宋一廛，夫亦取其小焉耳。”[①]这幅因得《北山小集》所作之画，其题名与宋人程俱及其诗文似乎都没有关联，唯程俱之诗以清劲古淡为旨，又有学陶之谓，故可设想蜗庐、松竹之造景，在内在精神气质上是与书相通的。另一幅《三径就荒图》是黄丕烈为纪念《三谢诗》的上一任藏家蒋杲而作。因“三径”典出蒋姓，《三辅决录 · 逃名》有“蒋诩归乡里，荆棘塞门，舍中有三径，不出”。后以“三径”代指归隐者的家园，故有陶渊明“三径就荒，松竹犹存”之名句。黄丕烈自称作此画乃为“不忘篁亭之遗也”[②]，命意已出，而所画景象是否即为荒径茅屋之类，又与谢灵运、谢惠连、谢朓三人之诗有何关联，则不得而知。

再观黄丕烈请人代作之题，因所请作者多为当世丹青名手，故而所作之“得书图”实多与古代“诗意图”近似，是文人画中非常传统的一个题材。即如《襄阳月夜图》之作者汪浣云，即汪梅鼎，字映琴，号蓼塘，又号浣云，安徽休宁人，乾隆五十八年（1793）进士，官至御史。工诗，善画山水。其人与王芑孙友善，而王与黄丕烈为儿女亲家，故其与黄亦当熟识，乃有为之作画之情。论者曰其“潜心宋元诸家，泼墨淋漓，脱去妍媚，自饶风致”[③]，“其出笔之雅，似不食人间烟火者”[④]。其为画当遵循传统之体例技法，故“襄阳月夜”今虽不传，据其题意尚能揣测一二。其画境当取自孟浩然与“月夜”有关之名句。或为“风鸣两岸叶，月照一孤舟”，乃深秋怀人之意；或为“野旷天低树，江清月近人”，乃羁旅行役之作；

① （清）黄丕烈：《士礼居藏书题跋记》卷五，光绪十年(1884)滂喜斋刻本。
② （清）黄丕烈：《士礼居藏书题跋记》卷五，光绪十年(1884)滂喜斋刻本。
③ （清）彭蕴璨：《历代画史汇传》卷三十三，清道光刻本。
④ （清）钱泳：《履园丛话》卷十一下，上海古籍出版社，2012年。

又或许取自“永怀愁不寐，松月夜窗虚”，乃孟浩然“一生失意之诗，千古得意之句”。凡此种种，皆不出尊宋元画脉者胸中笔下之山水意趣。

据叶昌炽《藏书纪事诗》载：黄丕烈每得奇书，往往绘图征诗，有《得书图》《续得书图》《再续得书图》。据黄丕烈《士礼居藏书题跋记》记载，《续得书图》有二，一为《蜗庐松竹图》，自作，嘉庆元年（1796）得《北山小集》作也；二为《襄阳月夜图》，嘉庆六年（1801）得宋刻《孟浩然诗集》请汪浣云作。《再续得书图》则有十二幅，《三径就荒图》为其中之一，嘉庆七年（1802）为所藏宋刻本《三谢诗》自作。可见《得书图》、续及再续云云，皆为总题名，每种名目之下都有不只一幅作品，而是应该涵括了那一时段中黄丕烈所得之重要书籍。那么得自于嘉庆八年（1803）的《唐女郎鱼玄机诗》会否有与之匹配的“得书图”呢？首先此书的得书时间正处于黄丕烈频繁征集图画的时间段；其次，女郎诗又极为符合“绘图征诗”的要素——宋版、奇书；第三，黄丕烈为此书之结社征诗不只一次。所以据此情形推测，必然应有图画以纪其所得。而且事实上，有关鱼玄机诗集的画作也流传了下来。

除与鱼玄机诗集相关的图画外，其他明确记载属于“得书图”的作品至迟在光绪十四年（1888）已经无迹可考。当时正在纂辑《黄丕烈年谱》的苏州后学江标对这些与藏书活动相关的书画作品非常感兴趣，也花了不少工夫去搜集，但是却没有实质结果。叶昌炽因此说：“余及门江生建霞编荛翁年谱已脱稿矣，以余粗知士礼居旧迹，屡来问《得书图》，欲尽知其名。而余愧无以应也。今其图尚有存者乎？”[①]

黄丕烈为鱼玄机诗集所征之图画共有三幅：第一幅乃得书之初请余集

① （清）叶昌炽：《奇觚庼文集》卷中，民国十年（1921）刻本。

所作，装裱于原书卷前；第二幅为嘉庆十五年（1810）周笠作，装裱于《咸宜女郎诗册》中，今已失传；第三幅为道光五年（1825）改琦作，今藏北京故宫博物院。虽然没有明确记载这三幅图属于黄丕烈的“得书图”系列，但是因其流传有序，它们在事实上成为我们今天考察“得书图”之面貌的仅存依据（彩图 4）。

余集为黄丕烈所作之图名为《唐女道士鱼元机小影》（图 45）。此

图 45 余集所绘唐女道士鱼元机小影

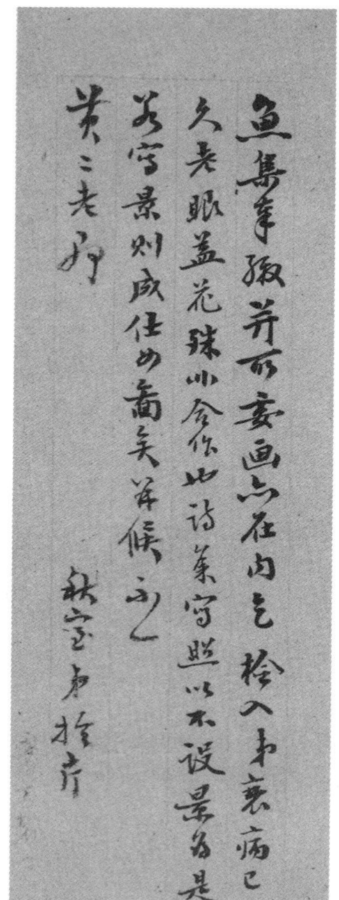

图 46 余集致黄丕烈信札

图完全采用白描手法，鱼玄机身着道衣，手持一柄如意，体态丰腴，面如满月，皆欲表现审美印象中的唐代女子之美貌。其实画家以鱼玄机为题作画，明代末期已有，如徐㶿作有《题画美人》十四首，其中咏鱼玄机诗云："霞帔云衣莲叶冠，有时持咒下瑶坛。手中玉轴三千卷，不写春情寄子安。"虽画已不传，但是从题诗可以看出画中鱼玄机是以道衣为装扮、手持玉轴，与余集画中构思基本一致。

论者称余集美人图学周昉（周昉有《簪花仕女图》传世），故"貌肥"。作此画后，余集特致书黄丕烈曰："鱼集奉缴，并所委画亦在内，乞检入。弟衰病已久，老眼益花，殊非合作也。诗集写照以不设景为是，若写景则成仕女图矣。并候不一。黄二老即。秋室弟拾片。"（图 46）从此信中可见黄丕烈是将鱼玄机诗集寄呈余集观赏并请之作一诗集写照，余集特别用了"不设景"之法，只绘一人物像，并特别解释这是与作仕女图不同的地方。因此黄丕烈很可能是在请余集作画之前便已经想好此"诗集写照"将装裱于书册之前。

余集（1738—1823），字蓉裳，号秋室，一作秋石，浙江仁和人。乾隆丙戌（1766）进士，清代著名画家。擅画兰竹、花草、禽鱼，尤工仕女，时人赠雅号曰"余美人"，作有《文姬归汉图》《簪花图》《二乔观书图》等。所画美人皆以神韵闲远、鬟髻巍峨、裙裾缥缈为特色，绰有风致，不类凡工。余集为人矜重，不轻易给人作画，尤其不轻易为人作仕女图，往往有人求之经年，余集以随手所作之花竹应之。

余集与潘亦隽皆为乾隆壬午（1762）举人，有同年之谊，晚年寓居吴门，常与潘亦隽等结社联诗，亦与黄丕烈交好。道光五年（1825）黄丕烈以鱼玄机诗集为由集会时，余集已去世两年，故黄丕烈跋语中有："展卷见秋室学士诗集写照，妙墨犹存，仙踪已杳，回忆吉祥弄中读画谈诗，曾几何时，不胜室迩人远之感。因集剩句成诗，即录于秋室札子后空纸。”诗云：“雪远寒峰想玉姿，带风杨柳认蛾眉。忆君心似西江水，镜在鸾飞话向谁。”

黄丕烈还曾邀请周笠作《元机诗思图》一幅，此画装裱于《咸宜女郎诗册》之前，今已失传。根据叶昌炽光绪十四年（1888）五月日记，此诗册当时曾经吴县陆润庠之手：

> 得凤石函送来《士礼居分题咸宜女郎诗册》汇编一册，属代撰一跋，此余所欲见而未得者。发函细视，欢喜赞叹。其首周云岩笠绘《元机诗思图》。陈曼生跋云：“吴江陆兰塘英所画十二女史图中有此本，荛翁属云岩重摹以弁其集。庚午秋八月，钱唐陈鸿寿题记。”图后一叶，黄同叔篆书“同人分题咸宜女郎诗册汇编”十二字，后署“乙卯七月，寿凤书”。其中又有海虞胡艺香所写荛翁镜中影、同叔所摹铜镜、及生来瘦螭钮印。荛翁自作诗文及同叔兄弟诗，同人题诗，近人所作诗词，备录于后。

陆润庠（1841—1915），字凤石，号云洒、固叟，苏州人，同治十三年（1874）状元。他在藏书史上闻名遐迩，曾将清宫翰林院仅存的六十四册《永乐大典》运回自己府中。他与叶昌炽交谊很深，常相往来，知其对吴中掌故熟稔，所以将所得之《咸宜女郎诗册》函交叶昌炽作跋。叶昌炽代作之跋在一月后完成，曰：

> 《咸宜女郎诗》一卷，荛圃先生与《朱庆馀集》同得于兰陵缪氏，惊为奇秘。先生遗书尽归汪氏艺芸书舍，艺芸散后尽为聊城杨氏所得，

常熟瞿氏得其畸零。今《朱庆馀集》在瞿氏，而《咸宜诗》则已入聊城矣。曩余奉命视学山左，屡欲登海源阁一寻宋廛之鸿爪，而简书促迫，竟未获探其宝藏。今观先生此册，益增余怅惘云。

叶昌炽在跋中说《咸宜诗》为聊城杨氏海源阁所得，并无依据。此诗册之首页为周笠所绘《元机诗思图》，并有陈鸿寿嘉庆十五年庚午（1810）跋语一则。后为黄寿凤篆书题名，当为咸丰五年乙卯（1855）所作。

周笠，字元赞，号云岩，又号韵兰外史，苏州人，画家。善写生，工人物写照。论者称其仕女图笔意“雅洁”。其为人意气豪宕，风流自赏，常在青楼画舫间赌酒征歌。黄丕烈请他所绘之诗意图，乃是命题之作，是重摹陆英《十二女史图》中的一幅。陆英，字宗凯，又字宗楷，号兰堂，吴江人，工写真，山水花鸟亦臻神妙。他所创作的《十二女史图》不知是哪十二位古代美人，但是其中有一幅是鱼玄机，或者其画风符合黄丕烈之品味，故而黄丕烈请周笠仿制其作。

据亲见者文字记录，这幅画“纸本设色，纵约二尺，横广尺许。画中左偏置书几一，古木镂花，几后有高架供翠钵，钵植绛花，花丽而巨，形似牡丹。几列笔墨卷帙螺砚水注，皆工致绝伦。几侧一女郎，素裳缁冠，作女道士装，右手握管，左手引缣，倚几凝思，若欲书而又止者。一雏婢侍抱麈尾捧巾，目睨缣素，若屏息待其书者。神彩生动，栩栩欲活。”①当知此画所表现者，不仅鱼玄机一人，似乎还有绿翘的位置。

为此画作跋的陈鸿寿，字曼生，钱塘人，亦工书画，更善制宜兴紫砂，时称所制为“曼生壶”。评者论其画作“笔意倜傥，纵意多姿，脱尽画史

① 徐沄秋：《记鱼玄机集图咏册》，《苏中校刊》，1933年。

习气”[①]，可见多随意挥洒者，不以追踪古人见长，而以胸次襟怀自然英爽为特征。陈鸿寿与其弟陈文述皆以古学受知于阮元，有“二陈”之称。二人皆是黄丕烈友人。前文已提及嘉庆十四年（1809）“二陈”曾经造访黄丕烈，同观柳如是旧藏《乐府新编阳春白雪》，那么次年八月，陈鸿寿又是因何机缘为黄丕烈作跋一仕女像呢？原来这一年云间沈恕借黄丕烈所藏《唐女郎鱼玄机诗》《薛涛诗》《杨太后宫词》刊行了《唐宋四妇人集》，借去的三个版本中，只有鱼玄机诗集是宋版书，所以黄丕烈极有可能因此契机请人作《元机诗思图》以为纪念。

然而这幅图作成之后，并无可归置之所，直到道光五年（1825）第二次因鱼集集会后，才又形成了一批与之相关的材料。不幸的是，黄丕烈在这一年因病去世，他很可能没有交代编订诗册的事情，故而叶昌炽所见到的《咸宜女郎诗册》，很可能是由黄寿凤编订的。这个诗册包括的内容有些驳杂，既有道光五年集会的同人诗作，黄丕烈在诗会之后自作的集句诗，还包括一幅多年前的旧画，以及黄丕烈病中所获的青铜镜、螭钮印以及胡骏声（字芑香）所作《黄丕烈镜中影》。黄寿凤可能将这些字画统统收集在一起，订编成册，最后统拟一名，题册曰《同人分题咸宜女郎诗册汇编》，而落款的乙卯年（1855）应该是他完成这件父亲晚年生活重要资料汇编的日期。

虽然在光绪年间，此册中所有内容尚完好地保存在一起，但是在之后的流传中，因为内容的相关度不够密切，所以青铜镜、螭钮印、镜中影三件被人从诗册中分拆出来。时至今日，《咸宜女郎诗册》尚不知所踪，而

① （清）秦祖永：《桐阴论画》下卷，清同治三年（1864）刻本。

此三件近年忽现于上海图书馆，已有学者撰文揭示之[①]。

改琦（1773—1828），字伯蕴，号香白，又号七芗、玉壶山人，松江人，工山水、人物、折枝花卉，亦善诗文词及小楷。其所绘仕女图落墨洁净，设色妍雅，名擅一时，号为“改派”，其作品最为世人所知者乃《红楼梦图咏》五十幅。改琦交游遍及江南名士，与陈鸿寿兄弟、王芑孙等皆友善，所作《元机诗意图》，乃步余集画作之意，作品今藏北京故宫博物院（彩图 5）。

改琦之作名《元机诗意》，题曰：“秋室老人有此图，今在荛圃处，乙酉初夏七芗改琦并记。”文后钤“七香”之印。乙酉为道光五年（1825），此图作于初夏，当在七夕鱼集集会之前。所谓秋室老人所作《元机诗意》在荛圃处者，应是改琦所言未确，既有可能是指余集所作之鱼玄机小影，也有可能是说周笠所作之《元机诗思》。因为并无记载表明余集另外作过诗意图给黄丕烈[②]，而周笠之作此时亦在荛翁处，改琦很可能只是听闻黄丕烈藏有类似图作，也知道友人余集为黄丕烈作过鱼玄机图，但他并未见过真迹，既不知道余集所作的只是白描写照，并未设景、设色；也不清楚黄丕烈所藏的“元机诗思”乃周笠所绘。

改琦比黄丕烈小十岁，现留存的有关二人之间交往的记载很少，但是很可能就是以为鱼玄机诗集征集“得书图”为契机的。黄丕烈曾在一幅改琦的画卷中作跋谈到《得书图》的事情[③]：

① 仲威：《新获〈黄丕烈镜中影〉观后记》，《东方早报》2013 年 8 月 12 日。

② 黄丕烈友人皆知余集画作在宋版鱼玄机诗集中，如孙渠题跋“宋椠本鱼元机集，余秋室学士绘女冠像并其首，题咏数十家，两册”，见江标《黄荛圃先生年谱》卷上，清光绪长沙使院刻本。

③ 此跋见韦力、拓晓堂：《古书之媒：感知拍卖二十年摭谈》，广西师范大学出版社，2014 年。

辛未春分日，改君七香偕古倪园主人访余于陶陶室，携此卷相示。余素不识画而却喜画，余倩诸友人画得书图已有三十六幅矣，兹又将乞七香为之。七香知余藏《古列女传》，其画为古，佩服而欲观之以进于古，乃先示余《云山无画卷》，余亦何幸而得见所未见耶？卷中有歙汪梅鼎看款，浣云余友也，《续得书十二图》即其所作。中有一图云《云山江水》，颇极笔墨之妙，然其跋云“只画钓台一角”，恐不能如此之无画也，请还以质诸七香之善画者。

此跋所记之事在嘉庆十六年（1811）辛未春分日，改琦与古倪园主人沈恕同访黄丕烈，其缘由是改琦希望一睹黄丕烈所藏之《古列女传》。因改琦专攻仕女画，故欲观此书中之图。沈恕即王芑孙之连襟，改琦与王芑孙十分熟识。在此次造访的几个月以前，沈恕刚以黄丕烈藏本刊刻了《三妇人集》，他应该对黄丕烈此类藏书非常熟悉，同时，也对黄丕烈广征得书图的情况非常了解，所以他很可能是以一位中间人的身份陪同改琦前来。改琦带了一幅自己的画作请黄丕烈作跋，而此画竟然不是仕女图，而是一幅山水画。画上有黄丕烈友人汪浣云的观款，这让黄丕烈立刻联想到自己的得书图（此时已有三十六幅之多），他当即表示也请改琦为自己的“得书图”再添佳构。那么我们不妨展开想象，黄丕烈会邀请改琦为自己的哪部书作画呢？无论从画家的专长（仕女）、此次造访的目的（看《古列女传》）、此行的陪同者（刚刊行了《四妇人集》的沈恕）来看，此情景之下，《唐女郎鱼玄机诗》都应该是黄丕烈会立刻想到的那部书。但是改琦的《元机诗意》竟然与此次过访相隔了十余年，之间他是否为黄丕烈的其他藏书作画，就不得而知了。据道光五年鱼集集会的参与者陈彬华称，《元机诗意》作成后曾悬挂于百宋一廛[①]。改琦画成之日在初夏，集会在七夕，时间相隔很近，故此画之交付、悬挂与赏玩，也有可能成为七夕以鱼集集会的一个因由。

改琦精擅仕女画，从画面中我们可以感受到改琦的笔意：鱼玄机手持书卷，身着道袍，扶坐于椅上，表明其道士与诗人的双重身份。此即余集对黄丕烈所言之“设景”，而此景亦颇为简洁，色彩也十分素雅，其实手法亦与写照相类。但是，改琦笔下的鱼玄机眉目神情更趋近于清人审美，并没有像余集那样刻意表现唐人丰腴之貌。如果将之与改琦所作其他仕女图作一对比，我们可以看到作者更多地将鱼玄机想象成一位羸弱美人，她的脸型是瘦削的，面容表情是略含忧愁的、书卷气质的，投射出很明确的文学底蕴，与他创作的其他仕女图中平静、雍容的女性姿态（图 47、48）有明显差异。

图 47　改琦《天女图》（局部）

图 48　改琦《献荔图》（局部）

① 见陈彬华题诗自注，叶昌炽：《缘督庐日记钞》卷五，民国上海蟫隐庐石印本。

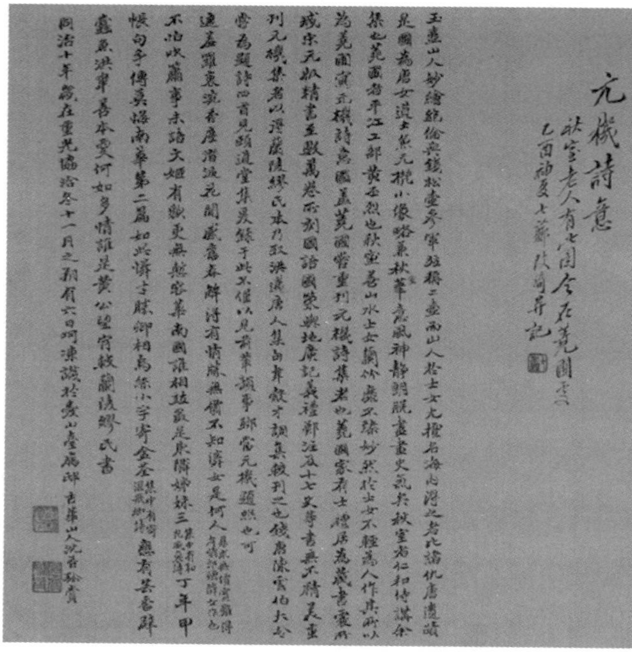

图 49 改琦《元机诗意图》（题跋部分）

改琦所绘《元机诗意图》上方有一长跋：

玉壶山人妙绘绝伦，与钱松壶参军并称“二壶”，而山人于士女尤擅名海内，得之者比诸仇、唐遗迹。是图为唐女道士鱼元机小像，略兼秋室笔意，风神静朗，脱尽画史气矣。秋室者，仁和侍讲余集也；荛圃者，平江工部黄丕烈也。秋室善山水、士女、兰竹，靡不臻妙，然于士女不轻为人作。其所以为荛圃写《元机诗意图》，盖荛圃尝重刊元机诗集者也。荛圃家有士礼居，为藏书处，所藏宋元版精书至数万卷，所刻《国语》《国策》《舆地广记》《义（仪）礼郑注》及十七史等书无不精美。重刊元机集者，以得兰陵缪氏本，乃取洪迈唐人集句、韦縠《才调集》校刊之也。钱塘陈云伯大令尝为题诗四首，

见《颐道堂集》，爰录于此，不仅以见前辈韵事，聊当元机题照也可。（图 49）

此跋署名“同治十年岁在重光协洽冬十一月之朔有六日。呵冻识于爱山台寓邸。古华山人沈吾珍赏。”题识下钤印两方：“沈梧审定”“旭庭秘笈”。沈吾，即沈梧（1823—1887），字旭庭，号古华山农、九龙山樵，江苏无锡人，收藏家。同治十年（1871），此图为其所有。跋文中虽然很详细地写了此画所作之因由以及背后之本事，但其中多有未确之处，说明其判断多来自书画鉴藏的一般知识，涉及具体故实，则只能依据文献，而未尝经眼实物。最明显的例子是，此段跋文之后录陈文述所题四诗，是从其《颐道堂集》采录。关注陈文述，很可能因为他是改琦友人，作为书画收藏家，沈梧在这方面的文献储备自然是非常渊博的。而反观沈梧论述黄丕烈藏书的一段文字，则显得有失准确。如文中提到黄丕烈刻书，有“十七史”，实际上重刻“十七史”的人是明末藏书家、刻书家毛晋。所谓重刊鱼集云云，沈梧可能见过《唐宋四妇人集》之本，对其内容有大概了解，因为这一版本中收录了黄丕烈取洪、韦二家书校勘鱼集的文献。但是黄丕烈只是借出藏书，而并非实际的重刊者，这一点沈梧则并未深究。

沈梧在论述上的种种不确切引出了一个重要的问题，即他很可能与改琦一样，将周笠嘉庆十五年所作之《元机诗思》与余集之作混为一谈。沈梧认为余集作图是因为黄丕烈重刊了鱼玄机诗集，其实重刊鱼集的是松江沈恕，且重刊时间在嘉庆十五年（1810），和余集作画时间与目的完全无关。这印证了前文的判断，沈梧没有见过宋版鱼玄机诗集，因此也不可能看到其中的余集画作与书笺，所以题跋开篇所谓的“略兼秋室笔意”也并非基于两幅同题画作的真实的对比，而只是根据画家一般风格进行的合理推断。由此亦可想见，黄丕烈创造的藏书盛景，在其逝世后不到五十年间，已经变得含混不明，连最为著名的收藏家亦难以说清详细，这也就无怪乎其得书图之有关掌故会变得那么难以稽考了。

虽然改琦创作的《元机诗意》晚出，但是这幅画在流传过程中实际上成为三幅关于鱼玄机诗集所作之图中影响最为广远者。尤其至现代，此图甚至成为女性文学的一个鲜明亮丽的符号，时常受到研究者关注。此外，余集所绘之小像亦有所应用，如清代末期出版的影刻本《唐女郎鱼玄机诗》，卷前即仿余集之作印制了肖像，只是版刻效果究竟不如名家手笔那样意态动人。

二、荛翁集句诗自咏

黄丕烈晚年，百宋一廛的大部分藏书都已经出让，唯留一册《唐女郎鱼玄机诗》在手边。大概是因为小册子便于随时观览，而其中又凝集了太多关于藏书的记忆，那是不仅关乎学问，亦关乎亲情、友情的美好或者悲伤的回忆，每一翻阅便不禁触目生情。再加上书中诗歌数量不多，大概黄丕烈早已对之了然于心，可以信手拈来，所以在不能凝思作诗之时，便借鱼玄机诗句抒发自己的情绪。

道光五年（1825）七夕结社时，黄丕烈已在病中，所以未能成诗，自云："七月七日，重读鱼集一过，抚今追昔，情绪苍茫，不觉诗思之填膺也。然时苦气逆不顺，未能构思，因集集中句成七绝八首，每首各注所指，聊以自怡云尔。"客散之后，黄丕烈整理诸家题诗，又看到已经定格书中的二十年前第一次结社的情形，抚今追昔，从鱼玄机诗集中集成八首七言绝句：

河汉期赊空极目，梦为蝴蝶也寻花。间乘画舫吟明月，不羡牵牛织女家。

今朝北雁又南飞，无限荷香染暑衣。疏散未闲终遂愿，博香炉暖麝香微。

僻巷深居谬学颜，忽将琼韵叩柴关。多情公子春留句，独自清吟月色闲。

坐上新泉泛酒杯，绮罗长拥乱书堆。井边桐叶鸣秋雨，移得仙居此地来。

珍簟新铺翡翠楼，红笺开处见银钩。布衣终作云霄客，且惜时吟在白头。

柳丝梅绽正芳菲，比翼连襟会肯迟。聚散已悲云不定，不堪吟苦寂寥时。

自叹多情是足愁，片时已过十经秋。如松匪石盟长在，夜夜灯前欲白头。

嶰谷风吹万叶秋，晚风欹柳似眉愁。欲将香匣收藏却，却恐相将不到头。

其一。自注：“七月七日第二次集同人题咏。”四句诗分别选自《次韵西邻新居兼乞酒》《江行》《夏日山居》《迎李近仁员外》。这四首诗皆是心境洒脱、欢喜之时所作，黄丕烈借此表达同人雅集的喜悦之情。

其二。自注：“吟社始于六月十二，再会于六月廿四，今会已入新秋数日矣。”四句诗选自《闺怨》《闻李端公垂钓回寄赠》《冬夜寄温飞卿》《和人》。所言之吟社集会三次，第一次为黄庭坚生日（按，清人结诗社，常以苏轼、黄庭坚生日为由，尤以宗崇宋诗者更为突出），第二次为荷花生日，第三次则以女郎诗集为题。

其三。自注：“是会潘功甫未及入会，而先有诗，诗成在七月哉生明日。”（按，“哉生明”为初三日）诗句有三句皆来自《和人次韵》，唯第三句选自《和人》。此诗是说潘曾沂未参与诗会，所作之诗乃提前作成，故称“独自清吟”，也可见在诗会之前，友人已知黄丕烈有再以鱼集为题集诗之意。

其四。自注：“近沈绮云有《唐宋三妇人集》之刻，皆出自予家，而鱼集以宋刊故，独登《百宋一廛赋》。”诗中一、三、四句选自《夏日山居》，第三句选自《情书寄李子安补阙》。此即《四妇人集》刻本，其中三集借自黄丕烈藏书。

其五。自注：“前会如南雅、皃香、琴涵、以及木夫、竹友，今皆为京外官。”诗中第一句选自《酬李学士寄簟》，二、四句选自《和友人次韵》，第三句选自《愁思》其一。南雅指顾莼，皃香指陶梁，琴涵指董国华，三人参加了前次诗会。木夫指瞿中溶，竹友指戴延介，此时在外地做官。

其六。自注：“前会如寿阶，蔚堂，子仙，懒云，今皆先后作古。”四句分别选自《和人》《春情寄子安》《寄子安》《代人悼亡》。寿阶指袁廷梼，蔚堂指孙延，子仙指李福，懒云指徐云路，皆黄丕烈亲近之友，此时皆已不在人世。

其七。自注：“此册所贮锦囊用洞庭山人钮匪石所赠古锦以制，山人暮年落寞，糊口四方，故是会反无只字。”诗中一、四句选自《愁思》其二，第二句选自《和新及第悼亡诗》其一，第三句选自《春情寄子安》。钮匪石，名树玉，字匪石，以字行，吴县洞庭人。工书法，精文字之学，也是嘉庆年间著名的戏曲音乐家。他在诗会中没有作诗，但是贮藏诗册的锦囊是用他赠送的古锦做成的，黄丕烈怀念他，特地集了这首诗。

其八。自注："吾家百宋一廛中物，按图索骥，几为一空，惟此以予所钟爱得以守之弗失。此宋廛百一之珍也，子孙其世守之，勿为豪家所夺。七月七日晨起坐百宋一廛之北窗，荛夫书。"诗中一、三句选自《和友人次韵》，第二句选自《和新及第悼亡诗》其一，第四句选自《打毬作》。

七月七日早晨，坐在宋版书几乎已经散尽的百宋一廛，黄丕烈未能免俗地写下了每个收藏家都绕不开的一句话："子孙其世守之。"《唐女郎鱼玄机诗》是黄丕烈希望子孙后代永远守护下去的书，因为这部书不仅仅是一件收藏品，象征着拥有者的眼界、趣味甚至财富，也是属于百宋一廛的唯一珍宝，书里凝固了藏书家生活中的欢喜或忧伤，喧嚣或寂寞，期盼或失落。我们看到他的亲人、朋友一一登场又萧然离去，我们看到他固守着一份坚持，等待着属于自己的归宿，这一切仿佛是一帧帧随时能变得鲜活的图画，丰富得几乎快要使人忘却那十二叶正文中的主人公。这部薄薄的小册子，已经像其他幸运的书籍那样辗转流传了上百年，现在却遇到了更大的幸运，成为一位载入史册的收藏者最后寄放情感的栖身之所。

三日之后，黄丕烈又成集句诗十六首。自云："七月十日，病榻无聊，惟以宋雕鱼集展阅消闲，因仍集句成诗。有诗制题，前四首叙当日雅集之意，兼及雅集之人，题旨在各首下；后六首一叙宋廛觞咏之事，一叙鱼集题词之人，余叙旧题之人，人各一诗，即当怀旧之作云尔。"此是当天日间所写，皆以回首第一次鱼集集会为因由，生发怀念友人之思，而这些诗句似乎也成为黄丕烈对往事最后的回顾：

休招闲客夜贪棋，泪落晴光一首诗。且醉尊前休怅望，石城城下暮帆迟。

况当风月满庭秋，何事能消旅馆愁。莫倦蓬门时一访，愿君争取最前筹。

一枝月桂和烟秀，苦思搜诗灯下吟。扃闭朱门人不到，新情字字又声金。

满庭黄菊篱边折，历历银钩指下生。毕竟入门应始了，举头空羡榜中名。

喧喧朱紫杂人寰，白日清宵是散仙。长者车音门外有，春花秋月入诗篇。

同向银床恨早秋，坚圆静滑一星流。暂持诗句魂犹断，潘岳多情欲白头。

万里身同不系舟，有遮阑处任钩留。春来秋去相思在，鹦鹉笼中语未休。

闲居作赋几年愁，杨柳东西绊客舟。惆怅春风楚江暮，离肠百结解无由。

幽栖莫定梧桐处，窗下银鐙暗晓风。范蠡功成身隐遁，持竿尽日碧江空。

深巷穷门少侣俦，为怜邻巷小房幽。不辞宛转长随手，双燕巢分白露秋。

其一。自注："座中秋赋白门者共有八人，此集即为祖饯亦可。"前两句选自《春情寄子安》，后两句选自《和新及第悼亡诗》其二、《过鄂州》。

其二。自注："席上探花以为诸君夺元之兆。"四句分别选自《愁思》其二、《和友人次韵》、《左名场自泽州至京师使人传语》、《打毬作》。

其三。自注："三孙以诗获隽游庠，今科居然观场，倘得掷地声金，或冀仰天攀桂，予时作非分之想。"四句分别选自《和新及第悼亡诗》其二、《冬夜寄温飞卿》、《闺怨》、《次韵西邻新居兼乞酒》。三孙指黄丕烈之孙美镐。

其四。自注："小松遭忧，寿云高尚，皆未赴试。"第一句选自《重阳阻雨》，二、四句选自《游崇真观南楼睹新及第题名处》，三句选自《打毬作》。小松指陈彬华，寿云指吴根。前四首所涉诸君，多为黄丕烈儿孙辈人，正在功名未成、科场跋涉途中，故黄丕烈集句有饯行、祝愿之意。

其五。自注："自道宋廛燕集之乐。"第一句选自《和人次韵》，第二、四句选自《题隐雾亭》，第三句选自《愁思》其一。

其六。自注："归佩珊夫人词笔甚妙，三松女弟子也，为予代求之。"四句分别选自《酬李学士寄簟》《打毬作》《次韵光威裒韵姊妹》《和新及第悼亡诗》其一。此注指黄丕烈请潘奕隽代索女弟子归懋仪为鱼玄机诗集题词之事。

其七。自注："南雅宦羁京阙。"诗中注云："南雅曾任云南学差，乞假后旋赴补，南北鱼雁时可相通，今以言事镌级谪为散仙。"四句分别选自《暮春即事》《打毬作》《闺怨》《和新及第悼亡诗》其一。诗注提及顾莼宦游他处，与黄丕烈一直书信往来，此时遭遇贬谪。

其八。自注："方米远馆北行。"诗中注云："方米久已赋闲，今春就徐氏馆买舟北上，即使明春得第，而年已及周甲，亦复何用，我辈故交，不胜惜别之心。"第一句选自《左名场自泽州至京师使人传语》，二、四句选自《寄子安》，三句选自《送别》。方米指夏文焘，黄丕烈同辈友人，此时已是年届六十的举人，仍醉心参加科举考试。

其九。自注："木夫久宦河南，近始归隐炼川矣。"第一句选自《冬夜寄温飞卿》，二、四句选自《情书寄李子安补阙》，第三句选自《浣纱庙》。瞿中溶久在湖南为官，但每年归苏州扫墓，访亲会友。黄丕烈会在平日帮他留意金石类书籍，见面时交流新得藏书。（见《瞿中溶自订年谱》道光四年）

其十。自注："春生因昆仲新居，从老屋迁此，与予同居处。"第一句选自《暮春即事》，二、四句选自《左名场自泽州至京师使人传语》，三句选自《打毬作》。春生即吴嘉泰，此时与黄丕烈比邻而居。

这一天的夜晚，风声伴着雨声，庭院中的树叶簌簌落下，秋意渐起。病中的黄丕烈不能成眠，只能陷落在集句诗的思索中。自云："七月十日之夜风雨大作，夜眠不寐，仍想集鱼集句为诗。然记忆不清，只好先制题以待，此时光景正与鱼集中'满庭木叶愁风起，一首诗来百度吟'情绪合也。迟明梳洗既毕，佛堂香火亦竣事，遂磨墨伸纸，随卧时所制题为之写毕，益觉笔歌墨舞，神采飞动也，病魔为诗魔战胜而退矣，喜而书此。"

鸳鸯一只失群飞，闻道邻家夫婿归。字字朝看轩碧玉，蘼芜盈手泣斜晖。

忽喜扣门传语至，阳春歌在换新词。彩云一去无消息，不料仙郎有别离。

别日南鸿才北去，花丛自遍不曾栽。蓬山雨洒千峰小，两朵芙蓉镜里开。

茫茫九陌无知己，芳意潜消又一春。何事玉郎搜藻思，却缘香甚蝶难亲。

烟花已入鸬鹚巷，仙籍人间不久留。宝匣镜昏蝉鬓乱，篇篇夜诵在衾裯。

叔夜佳醪莫独斟，不眠长夜怕寒衾。白花发咏惭称谢，透幌纱窗惜月沉。

其一。自注："卷中先有女史曹贞秀题句，有楞伽山人同观款。今墨琴已失偶，而予近日又乞得昭文孙子潇夫妇题句，倘使墨琴见之，定多伤感。"第一句选自《送别》，第二、四句选自《闺怨》，第三句选自《和友人次韵》。

其二。自注："沈绮云，墨琴夫人妹婿也，曾覆刻此集甚精，板归松江古倪园。今绮云作古，需此甚难，或向其弟十峰求之，间有得者。是首凤儿补集。"四句分别选自《左名场自泽州至京使人传语》、《过鄂州》、《和新及第悼亡诗》其一、《送别》。此指沈恕借黄丕烈之书刊刻《妇人集》之事，并言其刻甚精，亦属不易得之书。沈恕之弟沈慈，号十峰，嘉庆二十四年（1819）刻成《四妇人集》。

其三。自注："咏莪、功甫来岁俱上春官，定看遍长安花矣。蓬莱伊迩，芙蓉镜下，及第此二君也。"四句选自《闺怨》《夏日山居》《和友人次韵》《重阳阻雨》。咏莪指彭蕴章，功甫指潘曾沂。黄丕烈认为二人肯定可以进士及第。后彭蕴章于道光十五年（1835）进士及第。潘曾沂已五试不第，道光五年（1825）因病辞官归里后，未再复出。

其四。自注："予幼子同叔及子仙令郎苞之，一以寿凤名，一以一凤名，今春十试俱未售，不胜凤兮凤兮之感。"第一句选自《和人》，第二、四句选自《卖残牡丹》，第三句选自《和人次韵》。此指黄丕烈之子寿凤与李福之子一凤。“凤兮凤兮”出自《论语·微子》：“凤兮凤兮！何德之衰？往者不可谏，来者犹可追。”借之感慨二人科场不利。

其五。自注：“愓甫幼子，予第三婿也。予尝欲再会同人分题鱼某，井叔实应其选，乃不及待而去秋病殁。大抵年少风流，误入烟花之队。临殁以《嗣雅堂稿》廿五册授其继室曹左芬，左芬坚守，不轻示人，闻近已刊行矣。”四句分别选自《江行》其二、《和新及第悼亡诗》其一、《和人》、《和友人次韵》。此言王芑孙幼子、黄丕烈之婿王嘉禄，字井叔，道光四年（1824）去世，遗著《嗣雅堂诗存》由其继室刊行。

其六。自注：“此叙昨夜风雨不寐光景为总结。”第一句选自《次韵西邻新居兼乞酒》，第二、四句选自《冬夜寄温飞卿》，第三句选自《和人次韵》。

诗后黄丕烈作跋曰：“午后风稍息，时露日光。一力从山中来，作遣往展五峰墓，并候山僧，阻风雨宿庵中。庵僧知予病，特遣道人向孙家桥莲荡中搴白花莲蓬十只贻予，剥之色香味俱备，可谓知情识趣之辛成和上矣。此养病第一快事，因附书诸册，秋清逸士手稿。”集句诗写就，天气转晴，又有友人过访，山僧转赠莲蓬等事，病中的黄丕烈情绪大好。

又过两日，黄丕烈仍以鱼集题跋为生活之主要事务，也许是终日缠绵病榻，借以转移痛苦。他将诸亲友惦念一遍之后，发现还遗漏了一位，于是补作一跋曰：“是会期而未至者一人，曹埇稼山也，即墨琴之侄，井叔之表兄，故与予三儿尤稔胸中，颇多蕴蓄，时作长编大文，以发挥之。近应贺方伯选经济文编之聘，就馆薇垣，其不来者，想公事倥偬也。家住城西之溪上，去枫江不远矣。三儿补集一首请正，余以为甚妙，因手书之时。七月中元前三日。”

曹堉，字稼山，吴县人，此时正参与贺耦耕编选《皇朝经世文编》事，担任校字之职，故未能参加诗会。曹堉乃羁人傲士之流，诗长于言情，格调清新，然生活落魄，时常陷于穷饿之地。黄丕烈所谓“去枫江不远”之家舍，其实只是破屋一廛，室内萧然，随手写就的诗文在地上任意散落。（见《魏源诗友记》）黄丕烈所言“故与予三儿尤稔胸中，颇多蕴蓄”指寿凤与之有交谊，故此诗为寿凤所辑：“西看已有登垣意，枫叶千枝须万枝。书信茫茫何处问，终期相见月圆时。”四句分别选自《次韵西邻新居兼乞酒》《江陵愁望寄子安》《情书寄李子安补阙》《春情寄子安》。黄丕烈觉得这首诗集得很妙，为之书于卷中。

关于无价宝在黄丕烈手中的最终结局，他也早已拟好了一首集句诗：

珠归龙窟知谁见，翠叶那堪染露尘。一曲艳歌琴杳杳，王孙方恨买无因。

此诗第一句选自《代人悼亡》，第二、四句选自《卖残牡丹》，第三句选自《因次韵光威裒韵》。作者自云：“此书曾为艺芸主人指名相索，予曰留此为娱老之资，虽千金不易也。从此无有过而问焉者。正所谓‘不用多情欲相见，潇湘梦断罢调琴’。复缀一绝以足其意。”

集句诗至此，其意已足，这最后的一首诗，也预示着黄丕烈藏书生涯的落幕。自此之后，黄丕烈再也无法动笔，至八月十三日，溘然长逝。不久后，瞿中溶回到吴中，听闻友人病故消息，前去吊唁。在黄家，瞿中溶将保存的黄丕烈手辑书目、百宋一廛簿录、所见古书甲乙编丙三及附编共二十册出示给黄寿凤观看，嘱托他缮出清本，拟为编校，以待梓行。又亲自为他拟好编写书目的条款。（见《瞿中溶自订年谱》）昔日友人齐聚百宋一廛的时光，到此时已蓦然远去，只剩杳杳。

三、再题鱼集成另册

叶昌炽在光绪十四年（1888）经眼《咸宜女郎诗册》，过录了其中不少文字信息，今可从《缘督庐日记钞》中窥知大概。道光五年（1825）七夕第二次以鱼玄机诗集为主题的诗会，与会者共十四人。其中多数为黄丕烈之后辈而与寿凤同辈者，在当地皆以诗文称善。陈文述曾以诗文评定吴中七子、后七子、续七子，其中“七子”有朱绶、潘曾沂、彭蕴章、吴嘉淦；“后七子”有陆损之、孙义鋆、褚逢椿；“续七子”有沈秉钰、陈彬华，他们都是此次诗会的座上宾。此外还有五人，是尤崧镇、吴根、李一凤、黄寿凤和黄美镐。叶昌炽所录当时集会者之诗共六家：

其一为沈秉钰作七绝两首：

自织回文寄子安，厌厌酒病怯春寒，如何匪石盟无定，零落风光到牡丹。

怜才直到光威辈，愿死红颜亦太憨。一事为君惆怅甚，谪来尘世未为男。

诗后注：“书宋椠鱼幼微集后。时道光五年七夕，次首结语即用集中句。式如沈秉钰。”沈秉钰，字式如，吴县人，庠生，出生于当地世族，其父以经学名于乡里。其作此诗时，尚是青年，但与此次诗会中其他同辈人之后的显达仕途有所不同，沈秉钰虽有家学渊源，又专注举业，但终其一生都困顿于名场。

其二为潘曾沂作七绝两首：

玉坛金阙梦依依，仙貌长芳鱼幼微。诗在人间无价宝，当年空自恨罗衣。

洞房幽隙觉秋风，怨李无情使泪红。为有聪明怜复损，蛛丝世态十年中。

诗后注："乙酉七月七日集，见复斋题宋本鱼元机集，奉荛夫仁丈正之。"潘曾沂（1792—1852），初名遵沂，字功甫、念祖，号瑟庵，吴县人。嘉庆丙子（1816）举人，五应礼部不第，道光元年（1821）援例任内阁中书。潘氏在吴中乃世家望族，黄丕烈与潘氏族中三代都有交往。曾沂是潘亦隽的孙辈，其父乃武英殿大学士潘世恩。

其三为陈彬华所作四首七绝：

江边杨柳寄相思，密字珍珠一卷诗。乞得兰陵真宋本，俊流分咏已多时。

蕙心兰质忆当年，珊管熏来句欲仙，赋罢罗衣终有恨，空留侧艳和金荃。

小影姗姗入画描，霞裳云佩写生绡。有情纵解郎难得，何忍伤心怨绿翘。

金钗夜夜卜灯花，曾忆牵牛织女家。乞得天衣无缝巧，诗翁好句自笼纱。

陈彬华，原名兆元，字小松，吴县人。贡生。擅诗词，著有《百尺楼吟草》《绮玉词》《瑶碧词》。与黄寿凤同辈。

其四为黄寿凤作七绝六首：

仙馆咸宜比馆娃，春风无那妒桃花。莫嫌慧受难消受，赢得才名并八叉。

曳月簪星绝妙词，晚唐风格擅当时。几番幽怨应题遍，合倚阑干一咏之。

麻沙翻本睦亲坊，百宋犹留百一藏。争说奇书抵无价，得来差胜有心郎。

不作时妆作道妆，如花仙貌寄长芳。龙眠妙笔由天补，写出吟魂笔亦香。

蕙歇兰销奈汝何，苦相思处费吟哦。座中尽是题名客，只恐罗衣惹恨多。

韵事重翻已廿年，每从文字证因缘。今朝乞得天孙巧，好续琼题入旧编。

黄寿凤既是此次诗会名义上的召集者，也是成诗最多的人，但这很可能是出于满足父亲的意愿而作。此时的鱼玄机诗集虽已经成为闻名遐迩的无价之宝，然而百宋一廛已经盛景不再。因为身体不支、生活境况不佳等原因，黄丕烈已经将藏书出售很多，留下自己最不忍割爱的女郎诗，是因为此书已经成为生活的一部分，是藏书家亲情和友情的载体。黄寿凤自然知道此书对于父亲的意义，再加上他的生辰与得此书时间的巧合，使得他本人也成为此书递藏故事中的一个环节，所以他不得不在诗会中打点精神，做出几首像样的诗句，才能不负这一传奇故事的盛名。现在看来，其诗作亦甚平常，唯有“座中尽是题名客，只恐罗衣惹恨多”一句比较触目。此句化用鱼诗“自恨罗衣掩诗句，举头空羡榜中名”，自注云“时座中诸君将应试白门”。从诸君之后的生平履历我们已经知晓他们中的大多数都获得了功名，唯有黄寿凤已经无心仕途，他在此间的吟咏，既有对友人将要应试前的祝愿，又或许含有一丝自嘲的成分。

其五为黄美镐作七绝三首：

曳月簪星几度春，咸宜观里苦吟身。平生惆怅知何限，惟有罗衣恨最真。

临安坊本妙殊伦，香匣收藏抵异珍。底事价高人不问，几家空恨买无因。

重联吟社逮嘉宾，思入清秋一倍新。敢说当年李供奉，题诗端畏上头人。

黄美镐，字饮鱼，黄玉堂之子，黄丕烈第三孙。是黄丕烈藏书之助手，曾为之抄录校宋本《孟东野诗集》。黄丕烈晚年病中美镐常为其代书，如黄丕烈所藏《皇朝文鉴》旧抄本中题跋即为美镐所书，《增广圣宋高僧诗选》影宋本中补阙之文亦其手写。此诗作于七夕之后三日，应是黄丕烈集录各家诗时命其补作。

其六为朱绶作七绝两首：

绮陌瑶阶属句新，月明空锁翠帷春。华山亦有长眉女，无那当时入道人。

斜行小本拓麻沙，仙貌长芳又胜花。一事更堪惆怅绝，光威姊妹是谁家。

朱绶，字仲环，一字酉生，元和人，道光十一年（1831）举人。精于诗词，所作词有白石之苍，梦窗之丽，诗亦古艳深厚，卓然名家。此二诗只是随意题写的应酬之作，以至于之后，连作者自己都忘记了诗文内容。朱绶诗后有跋云："二诗成于乙酉夏日，荛圃先生觞客士礼居，以是集见示，座客皆有题句。越月，先生出素册将尽录客之所作，而更征余妇诗。余以妇诗未就，亦忘录稿，而先生遽成古人矣。今春检理旧箧，适得此纸，而前诗已失记，复从先生哲嗣同叔索得向所题者，重书一过，并命余妇缀书其右，不欲负冥诺也，并记如此。道光六年丙戌二月二日，朱绶。"此跋作于黄丕烈身故之后，相距鱼集集会仅不到一年时间。黄丕烈病中应该是想将第二次集会之诗仿照前次那样装裱成册，故以素册征集诗会诸家手笔，而征集朱绶妻子之诗，应是仿照王芑孙、曹贞秀之制。

朱绶之妻高篃，字湘筠，有《绣箧诗词小集》传世。所题诗如下：

深夜明星礼玉冠，诗名容易满长安。风流一辈留题咏，更有当时李季兰。

侍妾中宵怨炼师，掏莲作寸不成丝。星坛香冷余惆怅，失却金荃才子诗。

朱绶对黄丕烈所托略有延宕，而七夕集会后一个多月黄丕烈就去世了，以至于他彻底忘掉了这件事。在第二年的春天，他整理东西时又偶然发现了黄丕烈赠予的题跋之素纸，想起亡友之托，心中不禁有些懊悔，于是问黄寿凤索取自己之前所题之内容，又命妻子题诗其右，算是了却一桩遗憾。

集会同人中另有八家之诗，叶昌炽没有抄录，其作者之生平已难以详细考证，只能略书如下：

尤崧镇，字豫山，号榕畴，吴县人，道光六年（1826）贡生。他是清初著名诗人尤侗的后人，工诗文、书法，寓居网师园。

陆损之，号东萝，吴县人。工骈文，精书法，著名校勘学者。曾被黄丕烈家聘为西宾。为士礼居写《汪本隶释刊误》，抄补元刻《契丹国志》。他在藏书方面很有眼光，常能在街边冷摊以低价购得佳本，如其于苏州阊门外上塘街一书摊以青蚨一分之价购得宋刻本《浣花集》十卷残本，又曾购《砚笺》旧抄本四卷，这些书他买来后都赠给了黄丕烈。

彭蕴章，字琮达，一字咏莪，吴县人。道光十五年（1835）进士，官至大学士，谥文敬。

吴嘉淦，字清如，吴县人。道光十八年（1838）进士，官至户部员外郎，有《仪宋堂诗集》。

褚逢椿，字锡庚，号仙根，吴县人。诸生，工诗、古文辞，擅隶楷书。有《午月楼词》。

孙义玺，字子和，吴县人。诸生。工诗词，擅书画，旁及篆刻。其书法有古意，很受陈鸿寿推重。后官至浙江通判，卒于咸丰初年。

吴根，字寿云，吴县人。生平不详。

李一凤，字苞之，黄丕烈友人李福之子。

据叶昌炽记载，《咸宜女郎诗册》中尚有孙子潇夫妇题诗，当是黄丕烈诗会之后征集，与征朱绶、高筲夫妇诗同一原因，既与女郎诗书相合，亦有为当世才媛立名之意。孙原湘《天真阁集》卷二十九诗二十九载其所作之诗，乃一首七言古体，题云："题黄荛圃所藏宋刊《唐女郎鱼元机诗》后。临安府棚北睦亲坊南陈宅书籍铺印行本，计一卷，共十二叶，旧为项墨林所藏本，今归百宋一廛。卷首有余学士集白描小影。"

易石锲木隋开皇，扬其波者冯瀛王。长兴监本显德继，入宋雕椠尤精良。

佞宋主人富捃摭，一廛百宋罗古香。经史百家既略备，诗山文海搜晋唐。

校讹规往义回胜，订正半雨疑堪商。李杜孟韩长庆白，东野梦得兼文房。

唐罗朱许悉甄综，书棚善本临安坊。艳才尤异李亿妇，咸宜观中慧女郎。

当年焚香礼金阙，云情自郁花长芳。谁令明月堕幽隙，黄泉红泪衔温璋。

千秋玩讽得知己，一十二纸逾琳琅。龙眠好手老学士，追摹仙影瑶坛妆。

手加校勘遍题咏，胜如墨林徒弃藏。人间此亦无价宝，有心求得荛翁黄。

孙原湘，字子潇，一字真长，晚号心青，江苏昭文人，嘉庆乙丑（1805）进士，善诗书，有《天真阁集》。称赏者谓其诗如玉树浮花，金茎滴露，评者将之与王夫之、袁枚相较，谓之"沉郁不及船山，却无其叫嚣；敏胆不及随园，却无其游戏”[①]。其妻席佩兰字道华，号浣云，昭文人，工诗，善画兰，有《长真阁稿》七卷附于丈夫文集之后刊行。夫妻二人常共案诵读，互相唱和。席佩兰是袁枚女弟子中声名最著者，袁枚曾为其诗集作序，称其诗“字字出于性灵，不拾古人牙慧而能天机清妙，音节琮琤”。惜席佩兰题诗未见。

在其后的流传中，《咸宜女郎诗册》又经众多潘氏族人题诗。叶昌炽未录潘曾绶（字绂庭）、潘祖同（字谱琴）、潘望之、潘锺瑞（字麐生）之作，仅录光绪八年（1882）潘遵祁之诗：

童年曾侍丈人行，满袖常携翰墨香。触我皋鱼风木感，披图犹记侍重堂。

笑貌声音尚宛然，恍亲旧雨吮毫妍。文孙喜获东床婿，应信良缘是夙缘。

百宋廛西有比邻，当时情话是朱陈。今朝若问羊昙泪，洒向秋风更怆神。

须静当头咏佛香，玉台班管播余芳。儿窗忆诵春阴赋，早羡名驰选士场。

浴佛风光同献佛，旧游如梦好园林。还怜寂寞神仙诞，不见挥毫董幼琴。

缦诩才华绮岁工，误人意气是豪雄。稼山井叔今犹在，也是吟坛鹤发翁。

谁将慧业证清修，交到忘年总俊流。笔玉前身芋火畔，浮山去路蔓峰头。

① 徐世昌：《晚晴簃诗汇》卷一百十八，民国退耕堂刻本。

图 50　潘遵祁观款

东南劫火堕茫茫，朋旧飘零每暗伤。此日喜闻公有后，廿年回首隙驹忙。

潘遵祁（1808—1892），字觉夫，一字顺之，号西圃、简缘退士、抱冲居士等，吴县人，潘奕隽之孙。道光二十五年（1845）进士。因得杨补之《四梅花卷》，筑香雪草堂，室名四梅阁。工花卉。著作有《西圃集》。潘遵祁在同治二年（1863）曾经眼宋本《唐女郎鱼玄机诗》，留下一行题款：“同治二年六月二十三日潘遵祁获观于沪上。”（图 50）此外，还用了一枚十分有意味的钤印：“三松／之孙”朱方（图 51）。

图 51　三松之孙

因为书中有潘奕隽题诗，故潘遵祁为突出这一延续三代的奇妙机缘，用了“三松之孙”的印章，当然他没有想到的是，二十年之后他还会见到与此相关的另一件珍宝《咸宜女郎诗册》。潘遵祁所作的八首诗几乎都是在讲述潘家与黄丕烈家的交谊，每诗之后都有自注。

其一注云：“先生数遇三松堂，与先大父先君子剧谈，不离文人结习，而宋椠书尤有酷嗜。”

其二注云：“图为老友胡芑香所写。近遇望岵得重展是册，望岵为屺香孙岫云之婿。”

其三注云：“实甫持是册来见，其祖赋生余族姊夫也。询及渭阳近况，仅存余族孙一人矣。为检谱系详告之。”

其四注云："赋生之弟饮鱼，余表姊婿也。姊号定之，工书画，尝为先大父写《娑罗花图》，尚留箧中。饮鱼以《春阴诗》见赏于周石芳学使，文未终卷，即蒙取录。"

其五注云："壬子浴佛日神仙诞日，同人为榕畴七十同叔五十称觞，董幼琴绘《园林初夏燕集图》。"

其六注云："曹稼山，王井叔皆先生戚好，高才不禄。"

其七注云："题咏诸君皆先生小友，彭文敬前身为笔玉僧，功甫家兄自言浮渡山萝蔓峰为前身涅槃处。"

从第三首诗注我们可以得知，在陆润庠请叶昌炽代跋《咸宜女郎诗册》的六年之前，此件在黄丕烈家族的第六代子孙黄实甫手中，他携册造访已经七十高龄的潘遵祁。在潘遵祁眼中，诗册中之题诗、书画，皆是故人手笔，更引起自己少年、青年时代的回忆，因此他连作了八首诗，在诗中叙述了潘氏与黄氏之间几代人的渊源。

1915年夏天，祝秉纲持《玄机诗思图》请吴梅谱曲，称该册"诗文杂体，无美不备"，应当不仅是图，有可能是诗册。吴梅应之，作《无价宝传奇》，1917年连载于《小说月报》，当时苏州名宿皆为之题诗。

1933年，《苏中校刊》《国学论衡》《珊瑚》三个刊物都发表了徐沄秋所作《记鱼玄机集图咏册》。徐澄，字沄秋，曾任苏州中学教员，是章太炎入室弟子。著有《吴门画史》，书名由章太炎题写。徐沄秋精于书画鉴定，20世纪50年代先后在苏南文管会、江苏省博物馆、南京博物院保管部任职。

其文曰："辛酉孟冬，余游匡庐南归，卜居吴下，得黄氏乐志堂东偏小屋三楹以居。竹柏绕之，杂葩出泉石间，疏红冷翠相映发，旦夕读书其中。主人为荛翁裔孙，亦风雅士，宾主相得甚欢。一日，以旧藏《唐女郎鱼玄机集题咏册》见示。卷首有周云岩牧绘《玄机诗思图》一帧，纸本设色，纵约二尺，横广尺许。画中左偏置书几一，古木镂花，几后有高架供翠钵，钵植绛花，花丽而巨，形似牡丹。几列笔墨卷帙螺砚水注，皆工致绝伦。几侧一女郎，素裳缁冠，作女道士装，右手握管，左手引缣，倚几凝思，若欲书而又止者。一雏婢侍抱麈尾捧巾，目睨缣素，若屏息待其书者。神彩生动，栩栩欲活。云岩此图，位置取法宋元，用笔出入文唐。缘当时荛翁既得鱼集，复于兰陵缪氏，见吴江陆兰塘英所绘《十二女史图》，中有玄机像，乃嘱周氏摹之，装于册端，每宴嘉宾，辄征题咏，册中诗文，积数十百首，皆一时名辈手迹。荛翁晚年，书多散佚，大半归于艺芸汪氏，旋复流入聊城杨氏，而于鱼集独宝什袭之，谓将娱老，虽千金不能易也。光绪中叶，江建霞太史督学湘南，曾获一见，为之影抄，汇为一册，卷首乃有余秋室学士绘玄机小像，白描工笔，仪态雍容，后亦附题咏一册，有跋云：道光乙酉七月七日，再集同人于宋廛，分题鱼集，一切情事，并详第二册中。则今黄氏裔孙所藏者，当为第二册无疑。又考徐子晋先生《梦影录》，则谓荛圃请改七芗补绘玄机小像于卷首，而江太史注中又有'荛圃所藏鱼集，曾嘱改七芗余秋室诸君绘《玄机诗思图》一轴，余皆见之'云云，是则玄机图像，当不仅此二帧。玉壶一图，又不知流落何处。余今复依季父迁城西，闻黄氏屋复易主，每当晴翠映牖，娇花入帘，缅怀往事，不禁神往于宋廛者也。"

文中所言之辛酉孟冬，当是1921年，意即此时黄丕烈裔孙仍住苏州，藏有《咸宜女郎诗册》。1942年，《江苏文艺》发表了署名卓观的《记唐女郎鱼玄机诗集图咏》，从所记事件及文字内容来看，应该亦出自徐沄秋之手，唯此文提到："云岩吴人，善写人物花卉，尤工仕女，居阊门外，陈文述称当时吴中各校书，咸乞其写照，仿佛宋之蔡奴、秦妙观也。"又有："后黄君归道山，余哭以诗云：予年二十四，萍迹寄姑胥。是岁迁城西，识君在秋初。君貌癯且清，君气廉以疏。裔出江夏氏，名重士礼居。殷勤伯通庑，借我作寓庐。独许后生文，勉以绝学扶。三载宾主谊，两姓甘苦俱。久处如家人，一室相亲娱。此中岂偶然，古道其存诸。闲来述往事，叹息旧藏书。示我玄机像，题咏皆名儒。荛翁手泽存，展观心踟蹰。自言抱残缺，幸未饱蠹鱼。缅昔秘阁珍，一廛震三吴。离乱几兵火，聚散有乘除。今日传家物，惟此女郎图。琐琐话前尘，相对时欷歔。斯情何能已，斯景昨日如。呜呼十载谊，一旦人天殊。仁者未必寿，天道疑有无。追思皆酸辛，万事驰风车。素帷瞻遗容，宛转情难舒。"由诗亦可见，黄丕烈藏书散尽之后，唯此鱼玄机图诗册传家。

徐沄秋所说的这位黄氏后裔字燕谋，据王欣夫记载："先是于1929年，从荛圃后裔字燕谋者得观'同人分题咸宜女郎诗册汇编'，即玄机诗思图之第二册，为道光五年乙酉七月七日荛圃子寿凤再集尤崧镇、沈秉钰、彭蕴章等八人于学耕堂作诗社，以鱼集为题，荛圃自集鱼句得诗廿七首。首有周笠作图，及孙原湘、席佩兰以至近人金松岑师题凡数十家。"[①]

金松岑（1873—1947）是近代吴中地区的文化名人，也是一位具有开明思想的教育家，创办了吴江县第一所公学，资助过邹容出版《革命军》，翻译过《三十三年落花梦》宣传孙中山及其思想。与此同时，他还是晚清著名小说《孽海花》的作者，书中故事是对同治光绪时期政治、文化氛围的历史再现，人物设定也对当时的官员、学者多有影射，因此成为晚清遗

① 王欣夫：《蛾术轩箧存善本书录》，上海古籍出版社，2002年，679—680页。

老们风靡一时的读物。1934年，苏州美专的校刊《艺浪》刊登了金松岑的《天放楼题画诗》，其中有《题黄荛圃藏鱼玄机像册页》：“荛翁既得宋本鱼玄机集于兰陵缪氏，复见吴江陆兰塘英所绘《十二女史图》有玄机像，嘱周云岩笠临摹，每宴宾客必索题，自集鱼诗至数十首，而余秋室绘荛翁像即附于后。荛翁晚年书归汪氏艺芸书屋，独靳鱼集，谓将以娱老，虽千金不易也。艺芸书旋入聊城杨氏海源阁，鱼集流入湘南，江建霞太史督学湘中始见之。独此册世守焉。诗中悬桥小隐今潘氏松麟义庄，与余为东西巷，相去不百步云。”诗云：

一代收藏士礼居，风流岁宴孰华予。蕙心玉貌绡纨景，画里崔徽想不如。

薄命天教句绝工，咸宜观里晚桃红。苍髯忝附裙裾后，旷代知音独此翁。

民国时期的苏州文人，经历了新旧交杂的时代变局，目睹那些诗书鉴藏的富饶生活和诗酒度日的安宁岁月随着眼前已经流传许久的诗册一再地褪色，心中或许眷恋着还依稀萦绕吴中的盛景余味。

有文献可征的最后一位为《咸宜女郎诗册》题诗的人是王欣夫，时间是1941年。王欣夫（1901—1966）名大隆，以字行，吴县人，先后受业于金松岑、曹元弼，任教于上海圣约翰大学、复旦大学。他辑印了黄丕烈和顾千里的题跋、年谱资料，于保存吴中藏书文献意义深远。其时，黄氏与宜兴潘嗣曾家联姻，潘氏携《咸宜女郎诗册》至王欣夫处嘱其题词，王欣夫将诗册观玩月余，全录其题咏，亦率题八绝，自加注解案语，今存于《蛾术轩箧存善本书录》。

其一云：

香薰一卷女郎诗，珍重千金苦护持。好待兕觥归赵日，试拈湘管再题词。

注：宋椠鱼玄机集，汪阆源欲得之，荛圃翁以千金不易为拒。后入长沙周海珊家，展转归袁寒云，今在南海潘氏宝礼堂，题咏甚多，此盖第二册，今犹世守。

其二云：

一门文采耀江南，宾从联翩尽杞柟。梦想当年盛文燕，倘持鞭镫许同参。

注：道光乙酉七夕同叔招同朱酉生等十四人于学耕堂为诗社，即以鱼集为题，各有诗词，录入册中。而荛翁自识之。文采风流，恍在目前。令人想望承平不已。

其三云：

生来瘦骨自崚峥，揽镜须眉莫漫惊。宋椠曾披挥麈录，因缘两度见先生。

注：荛翁得乔昱刻“生来瘦”石章及青铜镜，胡骏声为绘镜中影小像。事见册中自记。宋椠《挥麈录》残本，卷首亦有荛翁小像，旧藏顾氏鹤庐，余曾从借摄一帧。

其四云：

劫火东南几度红，庙湾藏稿已俄空。遗诗珠玉搜罗遍，萃锦重吟集句工。

注：石渠题《问梅诗社图册》，谓荛翁三代诗集皆在庙湾司墓者某姓家云云。累经劫火，早已无存。余辑得荛翁诗数百首，而册中集鱼诗句廿余首，尤天衣无缝。己巳年吴颖芝姻丈荫培作介借观，已录入辑本。

其五云：

潘江乡里得薪传，题识霜根集宋廛。我亦心香同致敬，一编收拾付雕镌。

注：潘郑盦、江建霞先后刻《士礼居藏书题跋记》，章式之丈偕缪艺风、吴印臣合辑《题识》十卷，余于癸酉年亦辑得诸家未见者百余种，刻《续录》四卷。顷又得八十余种，刻《再续录》三卷。于荛翁题识，十得八九矣。

其六云：

撷芳亭子已成埃，诗梦难寻况问梅。一代风流零落尽，披图枨触故人来。

注：己巳年在吴颖芝姻丈处观《问梅诗社图》，张叔鹏丈炳翔处观《诗梦图》，甲戌年在刘公鲁兄之泗处观《芳林秋思图》，图为与

潘榕皋、吴枚庵诸人撷芳亭探桂唱和之作。今吴丈等先后物故，回首前尘，不觉黯然。

其七云：

霜崖弦索付沉沦，一曲当筵梦不真。苦忆天南魂未返，卷中遗迹已成陈。

注：吴瞿安表兄梅曾据此册本事，谱《无价宝》杂剧，刻入《霜崖四剧》中。己卯年病殁于滇南，万里招魂，迄今未返。回忆当年尊前嘌唱，渺不可得。展册中题字，不胜凄感。

其八云：

绝代收藏士礼居，承平风气藉吹嘘。堪欣一事先生似，饱读人间未见书。

注：余所见荛翁手跋善本不下三百种，经藏者不计。书缘眼福，颇足自诩。亦与荛翁有前因也。

案：洪稚存《北江诗话》，品题荛圃为赏鉴家之藏书。观于此图，而信其流风余韵，至今犹啧啧人口。然正为旧时士大夫之积习典型。即余题词，彼时亦多伤感情调，均不足为训。录之聊资书林之谈助云耳。

爬梳民国时期史料，可以发现《咸宜女郎诗册》屡现于苏州文化圈，想来此物很有可能一直被黄丕烈后裔珍重存之，而我们关于鱼玄机诗集的“另册”故事，只能在此处暂告段落了。

第五章　传到千秋尚爱渠：影响

改朝换代，江山易主，本就是中国历史的常态，家道中落，故物易手，从不是收藏故事的新闻。古往今来的收藏家最忧愁的问题大概是不能与身外之物长相守。那些无数次镌刻在藏品上的“子孙永保”并不能丝毫消减他们对“子孙不能守”的担忧，反而戏谑地宣示着这个悖论。正如黄丕烈不能阻止千金不易的“娱老之资”终归他人之手，袁克文在潦倒时也顾不上他对书籍“与身俱存亡”的赌咒，私家之藏，从来就是你方唱罢我登场，没有永恒的所有权。相比之下，那些在书中仅落一行题款，写道自己某年月日曾过眼、曾观赏的人，以及那些为了学术或者乡情钩沉文献、访求掌故的人，因为并无得失利害之心，反而飘逸洒脱，不拘一格。清代以来，鱼玄机诗集的版本与鉴藏，呈现出无与伦比的丰富性。这其中不仅有黄丕烈及其友人对“无价宝”多层面的鉴赏、邀约与回应，还包括之后收藏家以及博学好古之士对这段收藏往事的钩沉、复制与发挥。

第一节　无价宝的女郎题迹

黄丕烈在《唐女郎鱼玄机诗》的题跋中为后世的读者绘制了一道最为

艳丽的图景。如同一场晚到的闺阁雅集，出现在其中的女性，身份有名士之妻，有宿儒之徒，还有鱼玄机的同道中人，她们在题书时已不再年轻，她们的笔迹影影绰绰，玲珑娟秀，她们被刻意安排在书中相聚，吟咏一位唐代的妙龄女郎。此外，还有几位正当其时的女子，我们也在这里一并谈及。几行题跋、几句诗文，不仅仅昭示着鱼玄机的才华以及文本在后世女性群体中的影响力，同时也为我们勾画出一帧帧难得窥见的闺阁女子的生活片段，那些在大历史的叙述中隐藏了自己面貌和才情的女性，也借由这一卷薄薄的诗文隐约现身。

一、墨琴·同观

嘉庆十五年庚午（1810）初夏，黄丕烈的亲家王芑孙夫妇在观赏《唐女郎鱼玄机诗》后，应邀留下了一篇题跋。题跋的主角是墨琴女史曹贞秀，她以自己的斋号“写韵轩”为名，为鱼玄机诗集一连作了四首七言绝句。而作为丈夫的王芑孙，则在这小小纸幅中展现了对妻子无限的敬爱，给了妻子最大的展示才华的空间，自己谦虚地退让一旁，仅仅题了“楞伽山人同观”六字，还特意钤上了一枚朱文长方的夫妇之印：“铁夫墨琴／夫妇印记”（彩图6）。

王芑孙，字念丰，号惕甫，一号铁夫，江南长洲人。乾隆五十三年（1788）举人。以诗闻于时，性简傲，不肯从谀，买田筑室于其乡之楞伽山，又自号“楞伽山人”。曹贞秀二十三岁时嫁与王芑孙为继室，王芑孙对妻子的欣赏之情溢于言表，他常对人说：“我的妻子没有金粉之好，只喜欢作诗、写字。”并特作一诗赞美妻子的书法：“墨琴终日写兰亭，小楷能摹砖塔铭。朝士商量争购取，冷金装拓上围屏。”[①] 王芑孙以诗书名家，曹贞秀亦工临晋帖，

① 徐世昌：《晚晴簃诗汇》卷一百八十六，民国退耕堂刻本。

所书小楷士林推重，求字于王芑孙者，往往也兼求贞秀之字。论者谓贞秀之书曰“气静神闲，娟秀在骨，应推本朝闺阁第一”[①]。因夫妇二人皆好作书，故时有共同品题友人藏品之举，但一般皆以王芑孙作跋为主，夫人仅落款而已。实则曹贞秀诗亦大有可观之处，曾作《题画诗》十六首，当时名躁京师，众人传抄。由此可见这篇题跋的珍贵，不仅在于使我们得以赏鉴清代第一女书家之真迹，还能够进而领略其诗才。

> 句法征来才调集，书名录入解题编。府棚今睹临安本，粉蚀香残五十篇。
>
> 端简星坛礼诵勤，步虚声里髻颓云。如何玉笺传金诀，化作葡萄满箧文。
>
> 太白庐山送内诗，子安隔汉望夫辞。仙郎一样蟠根李，补阙何从比拾遗。
>
> 书麈贮等藏娇屋，银饼酬增市骏年。更倩麻沙广流布，翻摹遍买薛涛笺。

曹贞秀所作四首绝句，第一首是写鱼玄机诗在历来文献中的著录：《才调集》是最早采录鱼玄机诗的唐诗选集，南宋陈振孙《直斋书录解题》则是最早著录鱼玄机诗集一卷本的目录学著作。而眼前所见黄丕烈收藏的临安陈宅书籍铺所刻之本，正是鱼玄机的诗作所集最全者。第二首写鱼玄机的女道士身份与诗歌创作的不一致，而这也正是鱼玄机诗最重要的特色：本来应该是端庄持重勤于修行的人，却在道披霞冠中显露出柔软松垂的发

① （清）震钧：《国朝书人辑略》卷十一，清光绪三十四年（1908）刻本。

髻，本来应该是传颂道家箴言的玉笺，偏偏写满了琳琅满目的情思。第三首着重点出鱼玄机诗中的名篇：那几首写给夫君李亿（子安）的作品，是全集中最情真意切的篇章，可惜这位李补阙辜负了女诗人的一片真情，没有流传下片言只语。而读一读李白的名篇《送内寻庐山女道士李腾空》，则叫人不禁遐想，以这位旷世千古的大诗人对女道人生活的描绘（如“水舂云母碓，风扫石楠花”“素手掬青霭，罗衣曳紫烟”之句），大概才足以配得上鱼玄机这样的炽烈的情谊。第四首则敏锐地写到黄丕烈收藏鱼玄机诗的意义。累累题跋不仅使棚本鱼玄机诗集的价值与日俱增，而嘉庆十五年沈恕刻印的《唐宋四妇人集》中翻刻了这一版本，则使鱼玄机诗的流传更加广泛（薛涛晚年寓居成都浣花溪，自制深红小笺写诗，时人称为“薛涛笺”，这里指代翻刻的鱼玄机诗集）。

四首绝句，在在论其紧要处，所表达的见解很可能是夫妇二人讨论的结果。王芑孙学识渊博，亦富收藏，又与黄丕烈关系密切；而刊刻《唐宋四妇人集》的沈恕是曹贞秀的妹婿，与王芑孙家交好，《唐宋四妇人集》亦请王芑孙题名。这样的生活交集自然使王芑孙夫妇成为黄丕烈的知音，所以他们不仅能够对鱼玄机诗集一睹为快，成为黄丕烈得书后的题跋者，而且他们亦能对此书的价值及其对黄丕烈情感上的意义都了然于胸，做出最为到位的解读。

道光五年（1825）七夕，黄丕烈为鱼集举行了第二次雅集，结成《咸宜女郎诗册》。同时，他亦为鱼集征集到不少题跋，其中就有孙原湘、席佩兰夫妻，亦是当时以才名并称、世人称羡的神仙眷侣。七月十日之夜，风雨大作，病中的黄丕烈夜不能寐，这时他忽然间想起已经故去的王芑孙，又念及孀居的曹贞秀若见到别家夫妇的题跋一定自伤身世，于是他暗自做了一个决定，让墨琴与铁夫“同观”的雅事成为独一无二，显赫地留在《唐女郎鱼玄机诗》的原本中，作为对友人温情而永久的怀念。

二、佩珊女史

佩珊女史归懋仪是嘉庆、道光时期江南一带极有名望的闺塾师，也是这一时期才媛文学的佼佼者。她与黄丕烈虽不熟识，但是却因为自己出众的文学声望，与《唐女郎鱼玄机诗》发生了一段缘分。

嘉庆二十三年（1818），吴中名宿潘奕隽收到黄丕烈寄来的书，请他观赏并留跋题诗。潘奕隽，字榕皋，又号水云漫士，乾隆三十四年（1769）进士，嗜好诗文书画，尤擅书法，“归田后，名日益高，求者得其片纸辄藏”[①]。当时潘奕隽已经七十九岁高龄，故黄丕烈将藏品请之品题，以增风雅。其中，黄丕烈对鱼玄机诗集的题跋方式引发了潘奕隽的兴致，他也想出一个妙法，还在给黄丕烈的回信中卖了个关子：

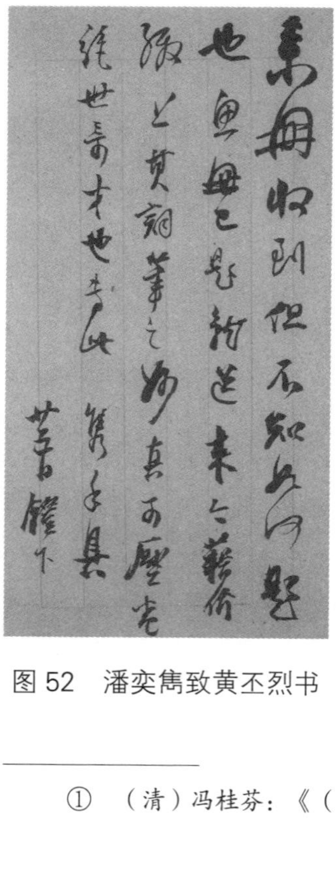

图 52 潘奕隽致黄丕烈书

> 来册收到，但不知如何题也，鱼册已题，就送来，今藉价缴上。其词笔之妙，真可压卷，绝世奇才也。专此。隽手具。廿五日灯下（图52）。

他说，新近收到的书还没有想好怎么题，不过《唐女郎鱼玄机诗》已经题好，马上送来。但是未送来之前，先做出一个预告：集中已有

① （清）冯桂芬：《（同治）苏州府志》卷八十三，清光绪九年（1883）刊本。

词笔足可压卷的奇才，此人是谁呢？一直等到黄丕烈收到了潘奕隽送还的鱼玄机诗集，在书中找到他的题跋，答案才能揭晓：

荛圃得《幼微道人集》，倩秋室学士图像于前，复索拙句，自惭荒劣不称是题，代索女弟子归佩珊填《壶中天》一阕，置之《漱玉集》中，盖不能辨也。七十九翁亦隽又观（图 53）。

在潘奕隽看来，此既女诗人集，又有余集所绘仕女图在前，自己直接题诗上去似乎是不相称的，应得一女子品题，复能有相得益彰之效果。因此他找来“诗画书法并擅三绝”① 的归懋仪，填词一首，以成其事。潘奕隽对弟子交来的作品非常得意，称此作置于李清照集中亦不能分辨。事实上，这也正是知人之言，归懋仪的身世与李清照颇有几分相似之处。

归懋仪出身名门，是明代文学家归有光的后人，她的父亲归朝煦是归有光的七世孙，其家在江苏常熟为望族。她的母家亦是书香门第。母亲李心敬，字一铭，是梧州知府李宗袁之女，上海县人，以善诗闻名，诗文有《小窗杂咏》《蠹余集》。她的夫家，是母家内亲。丈夫李学璜，字安之，号复轩，夫妇二人诗词唱和，

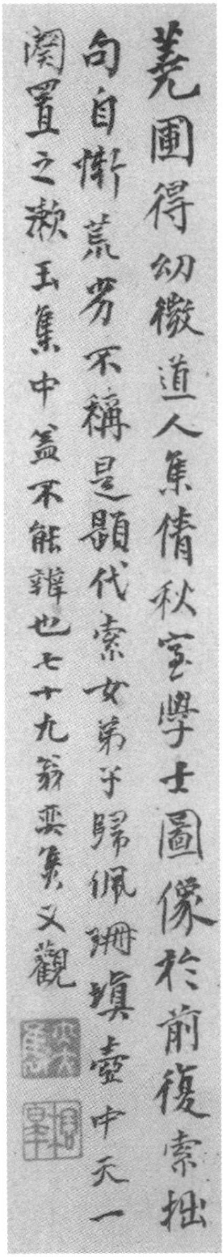
荛圃得幼微道人集倩秋室學士圖像於前復索拙句自慚荒劣不稱是題代索女弟子歸佩珊填壺中天一闋置之漱玉集中蓋不能辨也七十九翁奕雋又觀

图 53　潘奕隽题跋

① （清）王韬：《瀛濡杂志》卷四，清光绪元年（1875）刻本。

为里闾所艳称。归懋仪的才情不仅受到丈夫的欣赏，亦得到公婆的尊重。李学璜之母杨凤姝，著有《鸿宝楼诗稿》，与李心敬迭相酬唱，日常则喜欢与归懋仪讲论声律；其父李心耕，岳州知府，曾为其姊李心敬母女二人刊刻《二余诗集》。可以说，她一直生活在可以充分展示才学的家庭环境中。此外，归懋仪曾拜袁枚为师，为袁枚女弟子之一，亦与陈文述、龚自珍、赵翼等交游唱和。陈文述曾作诗赞其诗品曰："绝代青莲笔，名媛此大家。幽怀清到雪，仙骨艳成花。"①

而此时为鱼玄机诗集作词歌咏的归懋仪，已经是一位年近六旬的妇人。与她琴瑟相和的丈夫已经去世，家道中落，生活甚为清苦，她只能凭借早年的盛名，游走于江浙一带，以做闺塾师为生。跟随她的视角去解读一位唐代女郎的故事，是怎样一番情形：

> 五铢衣薄，扬天风扫尽，遥空云气。仙观咸宜聊寄迹，诗带烟霞滋味。月满瑶坛，花明元圃，好个焚修地。香清茶熟，此中多少真意。谁料慧业难消，佳人薄命，锄草兰同死。头白龙眠挥采管，生把香魂扶起。宋本刊诗，唐风写怨，小印重重记。后来真赏，直教珍护如此。（彩图 7）

词的前半阕评论鱼玄机的人生：香清茶熟，自有真意在其中。本来托名修行，诗带烟霞，女道人的生活自有风流之处，正该珍惜。然而鱼玄机偏偏将青春纵情率意地消耗掉了，为了一件微如草芥的纠纷，搭上了自己幽兰一般的性命。后半阕则转移到诗集本身，有人为她绘像，有人为她刊

① （清）王蕴章：《然脂余韵》卷四，民国本。

诗，有人为她题句，有人为她钤印，她的故事化为传奇，成为一件被珍藏的艺术品。从宋末至今，这么久远绵长的呵护，似乎也是对这位薄命佳人的另外一种补偿吧。这首词风格冷静、持重，也暗将词人心性与身世道出一二。

归懋仪所作之词传世不多，有《听雪词》一卷附于《绣余续草》后，共二十首，刊于道光三年（1823），徐乃昌《小檀栾室汇刻闺秀词》亦收录。集外之词，除沈善宝《名媛诗话》续集录五首、龚自珍《怀人馆词》录一首之外，此作亦可补集外之阙。

三、女冠韵香

《幽梦影》的作者张潮曾经感慨：“诗僧时复有之，若道士之能诗者，不啻空谷足音。”能诗的道士在历史上本来就很少见，而有才情的女道士恐怕就更难得可贵了。偏偏清代就有这么一位女道士，以其身世才情继踵鱼玄机，出现在嘉道年间的诗坛上。道光元年（1821），八十二岁的潘奕隽第三次题跋鱼玄机诗册，题诗正是为此而发：“清气乾坤得者希，重烦妙手写崔徽。宋麈韵事传他日，可许清微配幼微。”（图 54）他在诗册中看到了一位当代鱼玄机，女冠韵香。

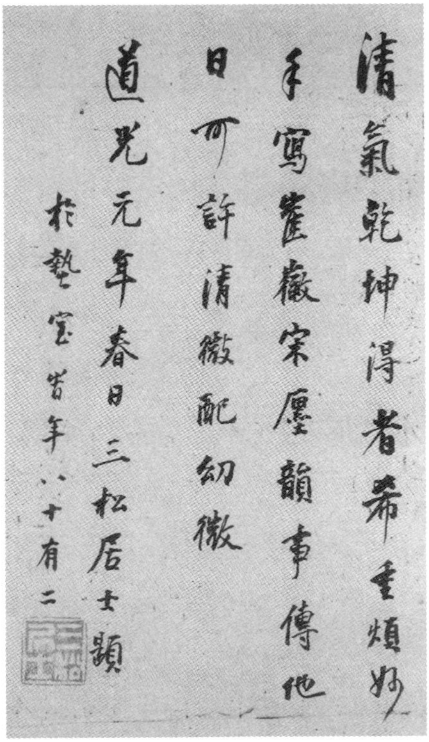

图 54 潘奕隽题诗

韵香，俗姓王，名岳莲，一名净

莲，字韵香，无锡人。少为比丘尼，十九岁时蓄发为女冠，居慧山福慧双修庵，号玉井道人，又号清微道人（图 55）。韵香能诗，工小楷，善画兰竹，通解琴理，这几样在闺阁诗人辈出的清中叶本属凡常的才华，却被她发挥得极为巧妙，令她享盛名二十余年，以至于连同她的身世故事也引起颇多好事者的记载、转述乃至非议。有说她的诗词是他人捉刀代笔的[①]，有议论她因为失欢而自杀的[②]，有抨击她好名之心过重的[③]，甚至还有评论她貌不甚美的[④]，但这些风言风语的传播，只能更加使韵香成为令人好奇的明星人物。她的诗作、画作以及手录诗册，都成为清末士人争相收藏的艺术品[⑤]，甚至她那被讽为中姿的容貌，也成为艺术创作的对象，使今天的我们还能欣赏到画家笔下韵香的风姿。

图 55　叶衍兰　清微道人小影　纸本设色 1877 年　无锡博物院藏

仕女图中的韵香素雅动人，一手

---

① （清）丁绍仪：《听秋声馆词话》卷五载：“其对客酬和之作，咸复壁中人为之。”

② （清）丁绍仪：《听秋声馆词话》卷五载：“后因失所欢意，自经死。”

③ （清）邹弢：《三借庐赘谭》卷九载：“长白麟见亭以贵家子弟中道光戊辰恩科进士，时年仅十九，翩翩公子，偶游惠山，韵香知之，招饮庵中，并面画墨兰以赠。其好名之心，亦太黠矣。”

④ （清）邹弢：《三借庐赘谭》卷九载：“人仅中姿。”

⑤ （清）邹弢：《三借庐赘谭》卷十二载：“往见书贾，持河东君诗稿一册，乃惠山韵香尼手录本……仓促中不及购，为有力者取去。”

持拂尘，一手持卷册，正合其女道诗人的形象。不过正如诸多文献记载的那样，她的生活比之鱼玄机有过喧嚣而无不及。韵香的交游遍及嘉道间名流，她的画作，常倩名人题诗其上，她自作的诗词也多有争相传录者，连她的书房匾额“素心书屋”都是林则徐题写的。最能代表她行事风格的是她所收藏的一幅《空山听雨图》，题咏者竟多达五百余人[①]，今天流传下来的也有一百二十三人[②]之多，如内阁大学士、书法家刘墉，贵州学政、经学家洪亮吉，山东布政使、经史学家孙星衍，户部侍郎、清中叶宋诗派的领袖程恩泽，此外尚有以诗文名家的张问陶、张维屏，以书画篆刻知名的奚冈、英和、梁同书等等，不胜枚举，几乎将当时声名显赫者网罗殆尽。与名流的交往使韵香在无锡一带名噪一时，据《耕余琐闻》记载，其居所“三面设玻璃窗，陈设精洁，凡往来达官贵人，路过必相仿，藉为游息燕饮之所”。这样的日常交接，也使韵香的作品得以在高级别的文化圈子中流传，享受到名家的礼遇。爱其画者，赞之曰“娟静疏朗，别具风格”[③]；赏其书者，论之曰“字仿兰亭十三跋，皆秀挺有骨，无闺阁柔媚态”[④]，乃至由书而称赏其人“楷法古雅异常，才貌双绝，海内闻名”[⑤]。

尽管苏州距无锡并不遥远，但是没有文献证明黄丕烈受到过韵香的青目。那么这册女郎诗究竟是在什么情况下得到韵香的品题，不得而知，不过题跋册中的陈文述、石韫玉、潘奕隽都是韵香的座上宾，品题过她的《空

① 徐世昌：《晚晴簃诗汇》卷一百九十九，民国退耕堂刻本。

② 蔡卫东：《空山独对数峰青——女冠韵香及其〈空山听雨图〉册》，《中国书画》2011年第9期。

③ 徐世昌：《晚晴簃诗汇》卷一百九十九，民国退耕堂刻本。

④ （清）吴仰贤：《小匏庵诗话》卷六，清光绪刻本。

⑤ （清）齐学裘：《见闻随笔》卷十五，清同治十年（1871）天空海阔之居刻本。

山听雨图》。因此，韵香不难得知当时有人正在倾力打造着一部无价宝书，而此书的作者鱼玄机正和她有着诸多的相似之处，所以她一定是欣然命笔，在此书中一展风采的（彩图 7）。

咸宜仙观贮媌娙，翠畹幽兰署小名。春圃芳华易销歇，天风吹散步虚声。

杀粉调铅绝妙词，珍珠密字写乌丝。世间何限沧桑感，历劫犹存宋椠诗。

私印分钤记项朱，吟魂休恨赏音孤。从今试问温京兆，省识瑶坛慧业无。

短幅书奁护锦囊，更闻好事沈东阳。摩挲合当新翻曲，多少才人奉瓣香。

民国收藏家徐世昌曾经称赞韵香此跋“书法如簪花美女，揽镜照春”[①]。其实如果对比韵香与之前曹、归二人书迹，似乎不难看出，确实是韵香之书更为洒落，更少闺阁之态。不过，且不管评语是否恰到好处，在诸名媛题跋中，唯有韵香的书法能得到评鉴，这已足以说明其功力了。

韵香的四首诗与曹贞秀所作体裁相同，是七言绝句。第一首写鱼玄机身世，先是将鱼玄机比作咸宜观里一株仙草，又以“幽兰署小名”一句轻轻带出她入道前还叫蕙兰时的情事，再借芳华消歇暗喻其身之香消玉殒，最后清灵收尾，使人觉玄机真如世外仙株一般。第二首转笔写宋本女郎诗，宋刻本之字体有杀粉调铅之妙、珍珠密致之美，如此不可方物的一卷书，

① 徐世昌：《晚晴簃诗汇》卷一百九十九，民国退耕堂刻本。

竟然历经沧桑，流传至今。第三首承接前首余绪，写流传故事，诗集中有项元汴、朱承爵钤印，皆明代大收藏家，鱼玄机再也无须哀叹自己没有知赏之人。而反观那位下令处死鱼玄机的温京兆，不知到底有没有一丝对女诗人才华的理解。第四首诗笔与曹贞秀有重合处，都有为现在的藏家助兴之意。“书麈护锦囊”写黄丕烈之珍重收藏，“好事沈东阳”指代沈恕翻刻《妇人集》之事（南朝文学家沈约曾任东阳太守，沈恕与之同姓，故比之）。最末一句，特别强调自己应作新声，以纪念这位令后世仰慕的女道诗人。

如果说曹贞秀题诗的出发点是对黄丕烈的理解，归懋仪之词是出于对师命的遵奉，那么韵香才真正称得上是鱼玄机的异代知音。而她这四首情思摇曳、韵致非凡的作品留在诗册中，其分量之重，正如潘奕儁诗中预言的那样：当宋麈韵事也由当下演变为历史，清微道人便成了和幼微道人一样的传奇。

四、袁刘梅真

刘姌，字梅真，安徽贵池人。她的父亲刘尚文，是一位盐商，在天津置有产业，还捐了个候补道的官职。袁世凯在直隶总督任上，与刘尚文订下了子女的婚事。在袁克文十七岁的时候，娶刘梅真为妻。刘梅真通晓诗词，熟习音律，在旁人眼中，她与袁克文乃佳人才子，很是般配。但是在生活中，她多半时间与婆婆沈氏住在一起，容忍着丈夫在风花雪月中流连。

图 56　袁刘梅真

图 57　倦绣室

图 58　侍儿文云掌记

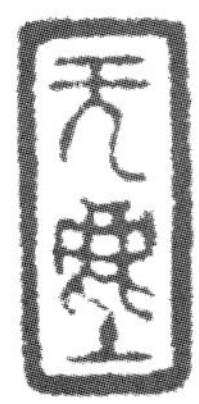
图 59　无尘

钤在《唐女郎鱼玄机诗》中的这方“袁刘梅真”的印，也向我们诉说着梅真感情世界的不完美，因为与她同在的还有“侍儿文云”“无尘”两位妾室。梅真虽然冠上了夫姓，可是即使在观赏一部古书的时候，这位丈夫也没有专情于她。袁克文甚至还在卷前题道：“忽获奇珍，欢喜踊跃，与无尘、文云展玩竟夕。册已片片离解，文云手自胶联，可无折损之虞矣。漫题二绝，正东方之既白。”与他同享欢喜踊跃的，不是妻子梅真，与他彻夜展玩书籍的，是他的两位爱妾。在袁克文及其同时代的男性观者看来，如此佳人环绕地观赏女郎诗册，是风流雅致，但是从女性的角度看去，却未必如此（图 56、57、58、59）。

不过，属于刘梅真的记忆，并没有于此止步。在黄丕烈的诸多秘本中，还有一件和鱼玄机诗集同样版本的《李丞相诗集》，是袁克文没有得到的，他曾借来原本，让妻子亲手影抄一部，影抄本今藏天津图书馆（彩图 8、9）。

此本卷首钤印八枚：“朱印子瞻”“项墨林鉴赏章”“子京父印”“项元汴印”“寒云主人”“克文之玺”“周暹”“八经阁”。卷尾钤印九枚：“子孙世昌”“墨林秘玩”“寄傲”“弢翁珍玩”“审定私印”“梅真景写宋本小印”“唯庚寅吾以降”“百宋书藏”“裁衣不值缎子价”。卷尾有袁克文题“甲子浴佛日同无隅师展读一过”，又有梅真题“己未二月梅真影写宋本”，末钤一“刘”字。

李建勋是南唐名相，他的诗很多写得隽永多情，梅真在影抄时必心口涵咏，有所领悟。“日高闲步下堂阶，细草春莎没绣鞋。折得玫瑰花一朵，凭君簪向凤凰钗。”诗句中显露出的如此闲适的日常，如今由她一笔一笔地描摹，未尝不是重温自己亲身拥有过的生活。因为这些散落在婚姻中的美好细节，她可以沉静地在笔画中认可那位南唐诗人的情思：“他皆携酒寻芳去，我独关门好静眠。”

梅真影抄成书后，袁克文邀师友题跋于后，并自记始末缘由：“李丞相诗集二卷，南宋临安书棚本，历藏叶氏进学斋、朱承爵、项子京、汪阆源诸家，今归铁琴铜剑楼，假得原本，属内子影写一过，苍茫斋主人摹钩诸藏印，时己未二月二十二日记于上海寓庐。寒云。”己未乃1919年，这一年，袁克文将自己的大部分藏书卖给了上海的一位银行家潘宗周，仅《唐女郎鱼玄机诗》一书就价值一千六百元。可供玩赏品鉴的物件正在渐渐离他而去，往日得意时那种招摇红袖的场景也不复出现在日益捉襟见肘的贵公子家中，陪伴他左右的是娴静的妻子，她依旧从容，在袁克文的指点下，抄写这部从别人家借来的书（彩图10）。

这部抄本在袁克文的藏书中显得别样珍贵，但是却不带一丝一点的张扬，尤其是和袁克文加诸《唐女郎鱼玄机诗》之上的那些惹眼的钤印、拥挤的题跋相比，描摹在这本书上的钤印显得那样细致妥帖，题跋也那样的舒朗深沉：

> 旧刻留残宋，新诗写晚唐。瑶编花作谱，锦字玉生香。鸾凤翩行墨，龙蛇护印章。请看工绣者，妙艺果谁长。章五题。

题诗者为步翔芬，字章五，曾经是袁世凯的秘书。袁世凯称帝后他寓居上海，袁克文将他视作“无著天亲”的弟兄。他诗后有袁克文跋曰：“右诗为杞步翔芬章五同客海上时所题，予为书之卷尾，忽忽七年，藏书鬻尽，今来津沽，于内子案头偶见此册，抚今追往，感慨系之，虽一鳞一羽，恋恋怅怅。甲子四月寒云。”1924年，袁克文回到天津，在妻子梅真的身边，在她的案头，看到这影抄本上有自己朋友当年留下的赞美之词。女子抄书，最传奇者莫过于唐代的吴彩鸾，相传她手抄《切韵》《玉篇》，有“吴彩鸾龙鳞楷韵”之事，步翔芬将梅真与彩鸾作比，亦是对友人琴瑟相和的美好姻缘的嘉许。

此外书中还有袁克文的师长方尔谦的题诗。方尔谦，字地山，是袁克文的家庭教师，后来又成为儿女亲家。题诗曰：“铁琴铜剑楼中物，照影流传未足多。赖此簪花增妩媚，归来堂上乐如何。大方。”袁克文次韵成诗：“于湖乐府玄机集，写本流传韵事多。两卷诗存李丞相，彩鸾风叶定如何？寒云。”又有：“八荒落落行吟壮，一室悠悠寄慨多。与子十年同负手，今宵不醉奈愁何？与大方师夜坐，述旧事叠前韵。洹上寒云作于沽上。”袁克文两次和诗，自有因由，他记道：“甲子初夏自都之津，时慈母携室人梅真及诸儿女寓止沽上，五载离违，倍觉欢怡，浴佛之夕，亲家方地山师策杖临存，辄相谈笑，与师互述旧事，桃花人面，依旧东风；根俱长成，花竟落去，慨观世变，已是沧桑几度矣。感念唏嘘，不知涕之何由而至也。时室人出厥册丐师题咏，予既和之，复纪是夕之会于尾。长男家嘏，妇根，次男家彰，三男家骝，三女思根咸侍于侧，浴佛后五日补书于日下。佩双印斋寒云。”（彩图 11）

原来他与妻子已经五载离违，原来他此时已有沧桑几度的唏嘘。所谓沧桑世变，不仅仅是藏书散尽，家业飘零，还有时代洪流裹挟中的浮沉人事，在袁克文这位世家子弟的眼中，自是别有一番况味。他只身归来，看到家中慈母尚在，妻子安好，儿女俱已长成，未尝不有一种欣慰与欢怡。而他与老师的夜饮述旧，又未尝不是大时代里那可遇而不可求的知己间微茫的倾诉。在袁克文涕泪潸然之时，妻子持书淡然而至，请方地山为之题咏，或许是为了免除此间略微尴尬的真情表露，使二人因此书而得以稍解沉郁。袁克文在跋语的最后特别记下了孩子们的名字，使得这部书无意之中获得了完整的家庭氛围。母亲、妻子、孩子、师长、朋友，同黄丕烈的鱼玄机诗集何其类似，这部影抄本也成就了又一个变动时代中藏书家的小小团圆。

有了这份完满的记忆，再看鱼玄机诗集中最末尾的那个独立角落略显笨拙的小楷题诗，终于可以理解梅真为何甘之如饴：

> 今古双廛百宋奇，就中尤爱女郎诗。坊南秘椠精严甚，况是千秋绝妙辞。

在这首诗中，梅真流露出对丈夫的崇敬仰慕之情。"今古双廛"，指的正是黄丕烈的"百宋一廛"和袁克文的"后百宋一廛"，黄丕烈对女郎诗的钟爱自不必说，袁克文这位自封的后继者也大有后来居上之势。在全书题跋的最后一页，袁克文不忘附庸前人风雅，似乎是要仿照铁夫、墨琴同观之例，也与自己的妻子共赏奇书、同留笔墨，但最终还是没有按捺住倜傥不羁的本性，做了一阕《风流子》来陪伴妻子。词中有"玉井摩挲，曹娥题玩，佩珊珍护，倦绣殷勤"，将自己的妻子与前面题跋的韵香道人、曹贞秀、归懋仪并称，隐隐有揄扬之意。虽然梅真的书迹和诗才远远逊色于清代这三位才媛，但是有这样一位"风流子"的护驾，她的题诗幸运地成了女郎诗册的压卷之作，再也没有后来者可以比肩了（彩图 12）。

五、仲眉之妻

今存《唐女郎鱼玄机诗》的影抄本有不少，细细翻阅就会发现，还有不少动人的故事，隐藏在这位薄命红颜的诗卷之后。国家图书馆藏有两种清代影抄本《唐女郎鱼玄机诗》，其中一本的卷首题跋，向我们展开陶毅和妻子的一段岁月。

陶毅（1889—？），字仲眉，江苏武进（今常州）人。曾任淮北六岸营销局文案，内务部佥事，兼充审查预算会委员，财政部佥事，全国烟酒事务处参事。1914 年 12 月，在北京政府任职的陶毅用十枚银币购买了这部影抄本《唐女郎鱼玄机诗》。他在书内叶作跋曰："内子手录鲁经课弱女读，笔意渊静，余谓大似影宋钞，笑而未信，今获是册，归即相赠，并以证前言之非戏。"这部书是陶毅专门买来赠送妻子的，起因是妻子在家手录经典教导女儿，他夸赞妻子的字渊静好看，像是影宋抄本一般，妻子觉得他说话言过其实，一笑置之。正巧，他在书肆遇到了这本鱼玄机诗，正是手抄本，所以买回去与妻子一同欣赏。这一年陶毅二十六岁，事业稳定，家庭和睦，夫妻感情甚笃。不幸的是，两年之后，陶毅的妻子去世了。大概这册《唐女郎鱼玄机诗》也不再被翻阅，两个人的一段好时光就这样随着岁月掩埋了起来，我们甚至来不及知道他妻子的芳名（彩图 13）。

陶毅在妻子去世后买下了一方叫作"生春红"的端砚，因为这方砚背后有一首悼亡诗，题写着一百多年前一位丈夫对妻子的追忆。生春红砚取意自苏轼诗"小窗书幌相妩媚，令君晓梦生春红"，乃清代著名端砚收藏家黄莘田故物。黄莘田室名"十研斋"，所藏名砚不胜枚举，但唯独这方"生春红"与众不同，是妻子与他一起买到并命名的，因此，在妻子去世后，他将悼念妻子的诗句镌刻在砚背。这则故事让陶毅悲思绵延，他找到了友人陈衡恪，希望这位画家能作图一幅记下此段情思。陈衡恪不仅作了一幅《春红洗砚图》，并为之题写了一首同病相怜的诗。

陈衡恪所作《为陶仲眉画春红洗砚图》曰："黄莘田之妻藏一砚，莘田取东坡诗意名之曰'生春红'。悼亡后作一诗镌砚背云：'端州共汝买归舟，翠羽明珠汝不收。只裹生春红一片，于今墨渖泪交流。'仲眉悼亡后二十余日适得此砚，感怀靡已，属为图以纪之。而予亦同此戚，触绪生悲，不觉言之凄咽也。诗曰：'客馆孤灯老鬓丝，凄凉同病似微之。不知多少铭花泪，化作春红洗砚池。'"[①]这是一段两个伤心人之间的交流和纪念，此中往事，一时也难以道尽。尤其是在浩渺的文献之外，已经很难窥探到陶毅之后的人生轨迹，他手中的女郎诗和生春红砚是在何时转手他人，也不得而知。还是来看看这一抄本玄机诗（彩图 14）。

这一抄本为《鱼玄机诗》《箧中集》《中朝故事》三种合抄，封面题签者署名"无咎张允亮"。张允亮（1889—1952），字庾楼，别号无咎，河北丰润人。光绪十四年（1888）进士，1911 年毕业于京师译字馆。其父是张人骏，曾任清末两江总督。其妻乃袁世凯的长女袁伯祯。张允亮曾任故宫博物院专门委员，国立北平图书馆、北京大学图书馆、北平古物陈列所编纂员，先后编成《国立北京大学图书馆善本书目》《故宫善本书目》《故宫书影》等书。在古籍收藏方面，他藏有宋版《李太白集》、《草堂诗笺》、元刻《杨仲宏集》，鉴藏印有"庾楼心赏""涢阳张氏兰荫堂珍藏书画记"等。

书中还有"骆驼书屋所藏闺闱丛珍""闺闱丛珍""崑山徐氏"，乃徐祖正之印。徐祖正（1895—1978），字耀辰，又作曜辰，江苏昆山人，北京大学日语教授。早年留学日本，是现代文学史上"创造社"的发起人之一。徐祖正也是一位藏书家，从他的钤印即可看出，他藏有一批闺阁才

① 陈衡客著，刘经富辑注：《陈衡恪诗文集》，江西人民出版社，2009 年。

图 60 生春红砚 台北“历史博物馆”藏

媛的诗集。并有《昆山徐氏藏妇女著作目录》存世。这册书正是由他在 1975 年捐赠国家图书馆，同时捐赠的书中还有一册《四部备要》版的鱼玄机诗。

至于生春红砚，也还有另外一段更为著名的故事。1925 年，近代著名报人林白水买下此砚，不仅自刻一枚小印叫作“生春红室”，还在自己主办的北京《社会日报》开办了一个副刊，取名《生春红》，报头三字，拓自此砚。而原砚后由林白水之女林慰君收藏，于 1979 年捐赠台北“历史博物馆”（图 60）。

六、秋瑾·步韵

若论“女郎们”对“女郎诗”的接受史，自然并不局限于鱼玄机诗集版本的流传。鱼玄机诗作在诗歌史上的影响，虽然远没有达到成为文学典范的艺术高度，但是鱼玄机诗作的成就在闺阁文学中也是后世诗人的关注点之一。尤其是在女性文学受到重视的明清时期，鱼玄机的诗歌更是拥有了近似于典范的影响力，诗坛上甚至出现了截取其句、追和其诗的作品。

要说截取鱼集之句成诗的，当然要数黄丕烈的兴趣最大，受他影响，题跋中亦有几人，也以此法成诗。这类集句作品本属游戏之作，盛行于明清时期，如清代黄之隽作有《香屑集》十八卷，完全是集唐人句为诗，其中还有不少是鱼玄机的诗句。但是追和其诗，则在某种程度上需要对诗人或者选取的诗歌本身具有某种情境或心境的认同感，从而也就脱离了戏玩的因素。如在朱彝尊所辑的《明诗综》里，就有一位叫作王彦泓的地方士子，曾步鱼玄机诗韵，作过一篇《追和唐女冠鱼玄机十二韵》。但比他更有影响力的，是另外一位在清末民初号为女侠的诗人——秋瑾。且读这首《偶有所感用鱼玄机步光威裒三女子韵》：

妆台喜见仙才两，客路飘蓬月又三。
明镜萧疏青翼鬓，闲窗宽褪碧罗衫。
十联佳句抚膺折，一卷新诗信手衔。
道韫清芬怜作女，木兰豪侠未终男。
高吟白雪谁能继，欲步阳春我自惭。
小院伫闻莺睍睆，旧巢留待燕呢喃。
爱翻声谱常抛绣，为买图书每脱簪。
身后微名豹雾隐，眼前事业蜮沙含。
交游薄俗情都倦，世路辛酸味久谙。
绿蚁拼将花下醉，黄庭闲向静中参。
不逢同调嗟何益，得遇知音死亦甘。
怅望故乡隔烟水，红牙休唱忆江南。

历史上步韵鱼玄机诗的女性诗人，秋瑾大概是绝无仅有的一个。其所选之诗也颇令人叹赏，她不选集中那些情思绵邈的绝句，也不选那些嘱对工整的律诗，而偏偏选择了篇末那唯一的一首“以一当三”的七言排律。似乎是在向人们表明，那些寄情于男子的喜乐哀愁都不合乎侠女的脾胃，她此刻在意的只是张扬自我的女性意识本身。这首诗当作于秋瑾东渡日本之前，这一时期，她的主要生活是随父亲任职而辗转迁徙。生于福建的她，曾在湖南、北京等地生活，在湖南期间还因父母做主有过一次婚姻。故而时常处于“客路”的诗人感觉自己如飘蓬一般，总有刚结识的、谈得来的闺中友人，相处不多时就要分别，这样的情形使诗人尝到了古代那些闺愁别绪的味道。但是，秋瑾终究与历史上千千万万的女子不同，她所处的风雨飘摇的时代和她所游历的饱经磨难的山河赋予了她更有力量的情绪。她没有沉醉在闺中联句、新诗在手的小小情趣中，她眼界高远，在谢道韫的才华和花木兰的豪侠之间似乎隐隐向往后者，小院和旧巢似乎都难以羁绊她阳春白雪的灵魂。虽然她的生活目前还只能像一般知识女性那样寄情于琴声书卷，但是她显然心中怀着像男子一样建立名声事业的理想。全诗的最后四联，是悲观的抒愤，也是决绝的咏叹，这首步韵鱼玄机的诗歌，还是带有一丝鱼玄机特有的豪纵：“不逢同调嗟何益？得遇知音死亦甘。”听上去多么像鱼玄机的声音，然而，却又比眼中只有爱情的鱼玄机多了一些内蕴。如果我们将这首诗嵌入到秋瑾和她所抗争的晚清社会，不妨再稍微回想一下鉴湖女侠三十二年生命中那些壮怀激烈的事迹，那么我们就能更好地理解这首借题发挥的“偶有所感”中，究竟暗含着多少飒爽蓬勃的英姿和情怀。

这一小节的文字不足以涵括所有值得书写的女郎们，她们的回响是各富才思而绵延不绝的。走笔至此，不禁想再赘言几句，向读者介绍当代女诗人翟永明的《鱼玄机赋》[①]。“当我埋首于一大堆卷宗里，想象公元868年，离我们多远，万水千山，还隔着一个又一个伟大的朝代”，“这些猜测和想象，都不能变为呈堂供证，只是一个业余考据者的分析”。这诞生于公元2005年意大利Civitella艺术中心的文字，向我们道出了时至今日女性

① 翟永明：《鱼玄机赋》，http://blog.sina.com.cn/s/blog_518b17d40102vsac.html（2015年11月19日检索）

诗人之间一触即发的灵犀。

第二节　无价宝的缥缃分身

黄丕烈视棚本《唐女郎鱼玄机诗》为“娱老之资”。仔细体味这个词，可以说字字珠玑。对于一位藏书家来说，一生过眼古籍无数，经史子集之中，何书可以作晚年自娱之用？我们先来看看清代著名的格言笔记《幽梦影》中是怎么说的：

> 读经宜冬，其神专也；读史宜夏，其时久也；读诸子宜秋，其致别也；读诸集宜春，其机畅也。

显然，对读书人而言，经史是学问之正道，需专心致志，花时间攻读，而诸子别集之作，读来别致，神思舒畅，自然要随意一些。黄丕烈的藏书中，重要者皆有名号为标记。如其最重要的名号“士礼居”，是因为嘉庆七年（1802）冬天购得宋严州刻本与宋景德官刻本《仪礼》，而《仪礼》又名《士礼》，因此颜其室名。又如其得虞山毛氏藏北宋本《陶渊明集》、南宋本汤汉注《陶靖节先生诗》，取号“陶陶室”。能令藏书家起室名、刻钤印的书，那就不仅仅是版本珍贵，而是具有郑重其事的意味。被当成“镇宅之宝”来对待的书，自然不能以玩赏心对之。所以能玩者，能娱者，必非经史类，即使是集部，也得是一册精巧别致的小书。而可玩者，可娱者，又使这本小书不能是人人可得而见者，这样可供玩赏的秘本是另一种意义上的珍宝。

再如《幽梦影》说："少年读书，如隙中窥月；中年读书，如庭中望月；老年读书，如台上玩月。"为老者，能以超然从容之心玩赏，又能免除所谓物议。人到老年，少了功名利禄的牵绊，更无须刻意表露正人君子克己复礼的崇高，反而敢以"娱"为理想。资，则更是意味深长。此书非仅是玩赏的资料，还有可能是生财的资本。黄丕烈将此书借出，刊刻新本，销量应该十分可观。宋本原版越是声价高涨，人人向往，那么复本自然也能应声而涨。我们可以试想，如果没有黄丕烈，这本小册子的页数会少一半，而它的价值，会不会一直徘徊在"五番钱"，更是不好说。

一、《四妇人集》及其翻刻

嘉庆十五年（1810），松江沈恕欲刻唐宋妇人诗四种为一集，向黄丕烈借棚本《唐女郎鱼玄机诗》、明万历本《薛涛诗》、影宋抄本《杨太后宫词》三书，第四种本欲刻朱淑真《断肠诗集》，然未寻得善本。其弟沈慈于嘉庆二十四年（1819）以元孙淑所撰《绿窗遗稿》代替，又附录元代《傅若金诗》一卷，遂成《四妇人集》。

其中的《唐女郎鱼玄机诗》从黄丕烈所藏之宋本翻刻而来，扉页题有"唐女郎鱼玄机诗、宋本重刊"字样，并翻刻钤印"丕烈所藏"白方。又附黄丕烈所作之《鱼集考异》，翻雕钤印"荛圃手校"朱方，以及嘉庆八年所作之跋文并钤印"荛翁"朱方。

全书行格字数与文字内容虽然与宋本几无差别，但钤印之翻刻并未忠实原书。卷首所雕钤印仅有四枚：白文长方"项墨林／鉴赏章"、朱方"子京／之印"、朱方"项元／汴印"、椭圆小朱文"小雅堂"。在黄丕烈持有宋本之时，此处尚有沈家四印、朱承爵之印，但此书未录。卷末翻雕了宋本原有之牌记“临安府棚北睦亲坊南陈宅书籍铺印”、沈案“戊戌四月得于项子协”之识与朱承爵题鉴。钤印则录朱文“审定／珍玩”、朱文长方“茶仙”、沈案五印、项元汴两印、朱承爵一印，亦非全录。又雕“嘉庆庚午云间古倪园沈氏从吴门士礼居黄氏借本翻行”，其后三印白方“黄／丕烈”、白文长方“百宋一廛”、朱文长方“惕甫经眼”则是从他处移来。见图示（图 61—64）：

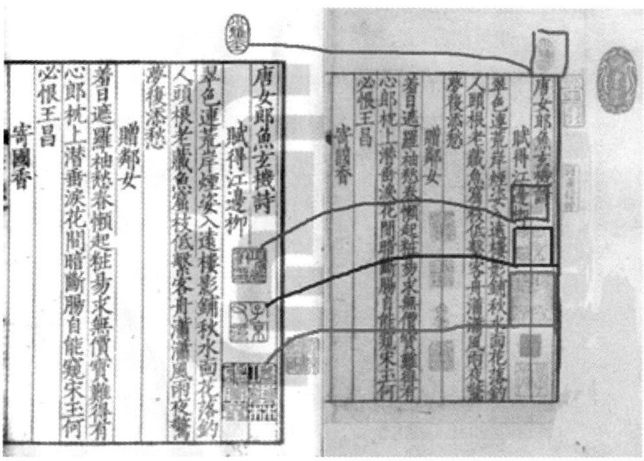

图 61　《四妇人集》翻刻《唐女郎鱼玄机诗》卷首及卷尾印章移动图示

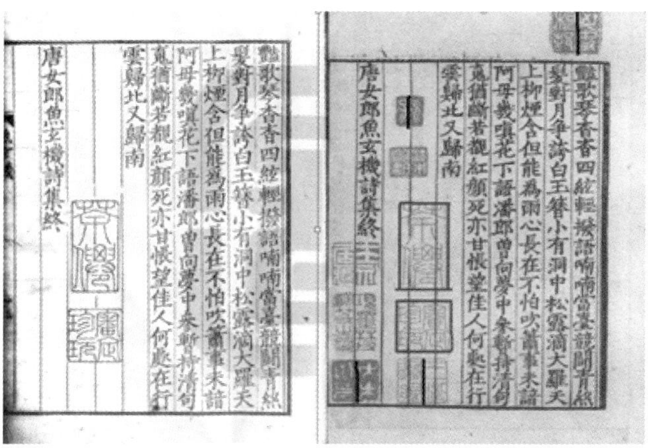

图 62　《四妇人集》翻刻《唐女郎鱼玄机诗》卷首及卷尾印章移动图示

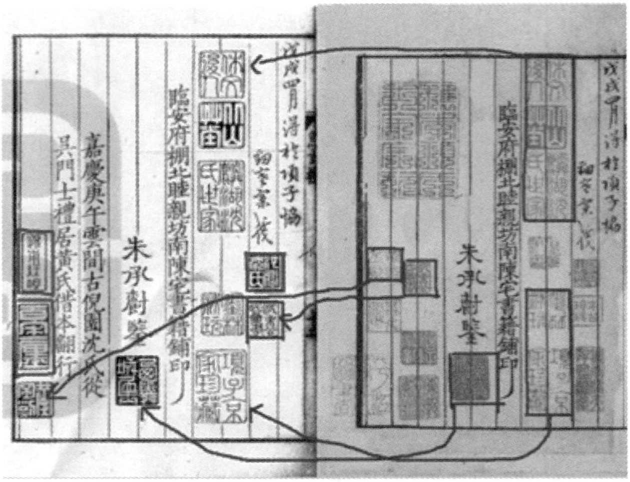

图 63 《四妇人集》翻刻《唐女郎鱼玄机诗》卷首及卷尾印章移动图示

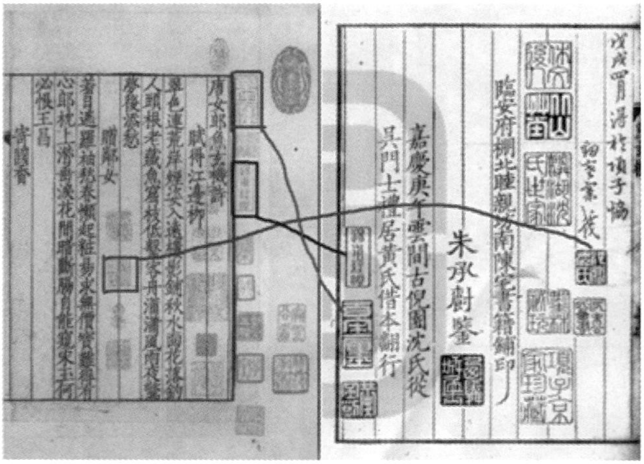

图 64 《四妇人集》翻刻《唐女郎鱼玄机诗》卷首及卷尾印章移动图示

《四妇人集》流传到民国时也属不易得之本。因此，1923 年，海宁陈氏慎初堂翻刻了《四妇人集》刻本。今国家图书馆藏有一册（彩图 15）。

此书翻雕《四妇人集》，卷首钤“徐乃昌马韵芬夫妇印”“慎初堂”“乃乾”、集末钤“蟫隐庐所得善本”。此版本《薛涛诗》正文卷端钤朱文长方“饮冰室藏”，是为梁启超藏书。

此外，徐乃昌还曾刊行过另一个版本的鱼诗，收入《随庵徐氏丛书》。是书为朱印本。钤印与书棚本不一致。卷末题“光绪乙巳南陵徐乃昌假泉唐丁氏善本书室藏宋本，属室人马韵芬景钩绣梓”。丁氏所藏为汪士锺影写书棚本，《善本书室藏书志》卷二十五著录，影写本今存南京图书馆。

《随庵徐氏丛书》刻于光绪三十四年（1908），共十种，《唐女郎鱼玄机诗》为第八种。卷首《随庵徐氏丛书总目》题作“唐女郎鱼玄机诗集一卷”，小字曰“宋睦亲坊陈解元书棚本”。徐乃昌自言乃根据丁丙善本书室藏宋本翻刻。卷首雕汪士钟诸印（三十五峰园主人、阆源父印、汪印士钟、八千卷楼所藏），卷末翻雕项元汴、沈寀、朱承爵印，对宋本原印取舍与《四妇人集》同，但未雕黄丕烈诸印。又镌牌记曰：“鄂省兰陵街陶子麟锓刊”“光绪乙巳南陵徐乃昌假泉唐丁氏善本书室藏宋本属室人马韵芬景锓绣梓”。正文十二叶后为黄丕烈所校《唐人绝句》《才调集》异文，与《四妇人集》本一致，后为黄丕烈题跋一则，与《四妇人集》不同，与《丽楼丛书》本附录之题记相同（彩图 16、17）。

1908 年，缪荃孙为《随庵徐氏丛书》作序：“昔顾涧滨先生慨宋元旧本日渐散佚，以为将与三代之竹册，六朝之油素，名可得而闻，形不可得而见，徒使后人咨嗟叹息，曾何有毫末之益于艺林哉？何如覆而墨之，勿失其真，是缩今日为宋元也，是后千百年为今日也，而寰宇同志更兴迭出，或得以相寻而无穷乎。国朝老辈于明覆宋元本绝宝爱之，与真宋元等，即国初乾嘉名刻，近人亦宝爱之，真识涧滨先生此意矣。南陵徐君积余，博学多闻，曾刻积学斋、许斋两丛书，广传国朝先辈不传之著作，艺林无不推重。近又得宋元本十种，覆而墨之，名曰随庵丛刻，字画行款一仍其旧，宋元面目开卷即是，前人题跋、收藏图书无不影摹，订讹释舛另刻札记，不敢径改本书，亦墨守涧滨校勘旧例。荃孙亦慨当世号称藏书家，有公其书于天下者，有私其书于一己者，前如纳兰容若之通志堂、黄荛圃之士礼居，近如黎莼斋之古逸丛书。举人间欲绝之迹，海内未见之本，传之艺苑，播之寰宇，俾又可绵延一二百年不致泯没，而且勘订讹讹，补缀遗逸，使后人读此一编，尽美尽善，无所遗憾。所为守先待后者，非耶。苟反是，而绨锦为衣，梼檀作室，以扃钥为保守，以钞校为多事，同志好友不得一观已，又无暇题跋校勘以传诸世，一旦兵火摧烧拉杂，不肖子孙称斤论银，售诸不解事者，甚至为外洋捆载以去，使古人一生精力辛苦成书，渺渺千百年，于兵燹劫夺之余，仅而获存，亦称至幸，奈何？徒知宝爱，不知流传，自非与古人深仇重怨，不应若尔，论语代薪，太元覆瓿，古今同慨。积余近刻此书，目之曰初集，知后必有续刻，且凡闻君之风者，使之有所效法，均以流传为主，庶中国之旧学得以永保，而涧滨先生之宗旨，常存天地间，则亦古今人所同幸者哉！光绪戊申正月二十八日江阴缪荃孙序。”

徐乃昌（1869—1943），字积余，晚号随庵老人，安徽南陵人，光绪十九年（1893）举人，民国后，以著述、收藏、校勘古籍为业。徐乃昌出身世家望族，伯父徐文达曾任两淮盐运使、福建按察使。徐乃昌收藏的珍本古籍皆悉心校阅并翻刻印行，于古籍保存和流传功不可没。除《随庵徐氏丛书》外，还刊行了《积学斋丛书》二十种、《怀幽杂俎》十二种、《小檀栾室汇刻闺秀词》十集一百家一百零七卷、《闺秀诗抄》十六卷、《南陵先哲遗书》五种等。

二、都门湘中两次影刻

《唐女郎鱼玄机诗》书棚本最末有一行小字，署名姚鹏图，内容是：“廿年前建霞以影刊本为赠，今得见祖刻，眼福不浅。”（图 65）

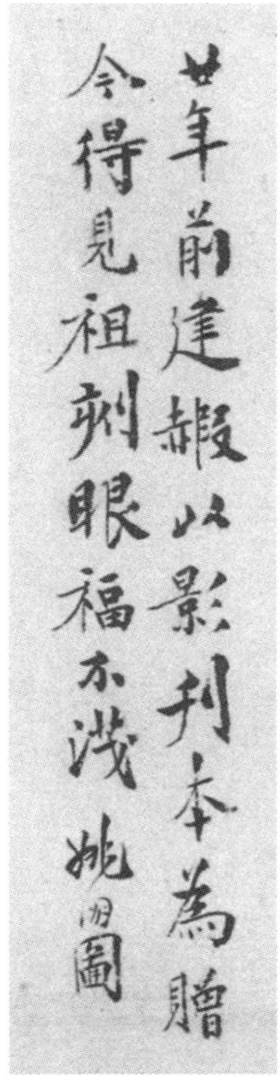

图 65　姚鹏图跋

姚鹏图，字古凤，号柳屏，江苏太仓人。光绪辛卯（1891）举人，官至山东邹县知县。姚鹏图是袁克文的友人，他应该是在袁克文处见到了原刻。跋中所言之建霞，即江标（1860—1899），一字蒹葭，号师鄦，一号萱圃，苏州人，光绪进士，曾协助湖南巡抚陈宝箴筹划新政，与谭嗣同、黄遵宪在长沙创办时务学堂。江标于版本目录学贡献甚大，他是叶昌炽的挚友，为其出资刊行了《藏书纪事诗》。同时，也是第一个研究黄丕烈藏书的文献专家，著有《黄荛圃年谱》《宋元行格表》，编有《士礼居藏书题跋记补遗》。

江标曾影刻过两次鱼玄机诗集。第一次是 1893 年影于都门（北京），时江标居京，经常参与文人结社，亦有藏书刻书之举，鱼玄机诗集乃其所刻《唐人五十家小集》之一，刻成之后分赠友人，以添风雅之助。国家图书馆藏光绪十九年（1893）江标《唐人五十家小集》刻本钤朱文长方“光绪癸巳景刻南宋／书棚本唐人小集之／一元和江标建霞记”（彩图 18）。

1894 年江标就任湖南学政，一年之后，他在湘中（长沙）第二次影刻了鱼集。今国家图书馆藏清光绪二十一年（1895）元和江标灵鹣阁《唐人五十家小集》本（书号：153738）可以看到其整体面貌。其中《唐女郎鱼玄机诗》卷首为篆书大字“唐女郎鱼玄机诗集”，署“南宋陈道人精刊”。封面题签“影宋本唐人小集”“辛亥孟秋”“朱家元题”。十五册。牌记有“苏州察院场振新书社经印”。此书第一册书末广告叶有：“本社创设十余年，发售各省局刻、家刊珍藏、木版精本书籍，早蒙海内外购阅，诸君称许，兹将本社自藏二十余种及石印二十余种目录载后以供文学大家采择焉。”其中《唐人小集》广告语为：“十六册，洋八元。本集为南宋书棚本，世间流行甚少，江建霞先生影刻于湘中，凡五十家，首列盛唐四杰（王勃、杨炯、卢照邻、骆宾王）专集，而殿以张司业。中如卢仝、曹邺、李丞相、权德舆诸名家，搜罗宏富，盖唐集中之巨观也。印刻之精，尤其余事，为研究三唐者不可不读之书。”

值得一提的是，国家图书馆所藏《唐人五十家小集》共有七种，其中一种曾为著名诗人徐志摩所有。此书每册卷首钤印两枚：朱文长方“松坡图书馆藏”、蓝紫色椭圆齿轮印“志摩遗书”。全书卷首有朱文长方“北京图书馆藏”。牌记“苏州振新书社观西督造书籍”（彩图 19）。

1897 年，江标在长沙见到宋本原书，售者坚持千金不易，江标无力购得，遂将各家题语抄录下来，当时书中题词，始陈云伯、终徐紫珊，共二十一家。江标将其中黄丕烈的题咏补入正在编订的《黄丕烈年谱》中，抄录的题咏本来准备刊行于鱼集之后，但是当时其兄江钧去世，又值离任长沙，行装促迫，刻书之事未能如愿。所幸当时江标有一门生名刘肇隅者临写了一个鱼集题咏的副本。1899 年，这卷题咏成为正式的附录出现在鱼玄机诗集之后，作为叶德辉所刻《观古堂汇刻书》的一种。这一年，也是江标去世的年份。

三、《丽楼丛书》增益附录

光绪三十三年（1907），叶德辉刊行了《丽楼丛书》，《唐女郎鱼玄机诗》为其中一种（图 66、67）。正文后有两个重要的附录，第一是叶德辉辑录的《鱼玄机事略》，从《太平广记》中采录，又以《三水小牍》《唐诗纪事》《南部新书》《北梦琐言》《唐才子传》有关记载辨别同异，再以《全唐诗话》校《唐诗纪事》所引鱼诗异文。第二是《题跋》八页，乃南宋书棚本中钤印释文及黄丕烈与友人唱和并装订于书棚本原书之后者，最早由江标整理，刘肇隅录副，叶德辉首次将之刊布于世。如果说江标是最早注意到宋本鱼集附含题跋的文献史料价值的学者，他首次将书中的钤印与手写文献释读出来，那么叶德辉则在这一学术史脉络上做了更有影响的工作，他首次将之刊行出来，作为鱼玄机诗集的正式附录。

国图所藏之本（书号：9025）。共八册。鱼玄机诗单独装订，为第八册。有封面。正文十二叶在前，后为叶德辉辑附录四叶，刘肇隅录题跋八叶，士礼居题跋记。第一册、第八册卷首卷端钤朱方“武昌柯／逢时收／藏图记”。书尾钤朱文长方“国立北平图／书馆珍藏”。第二、三、五册卷首钤朱文长方“北京图／书馆藏”。第四册卷首钤朱方“武昌柯／逢时收／藏图记”，朱文长方“北京图／书馆藏”。第六、七册卷首钤朱方“武昌柯／逢时收／藏图记”（彩图 20）。

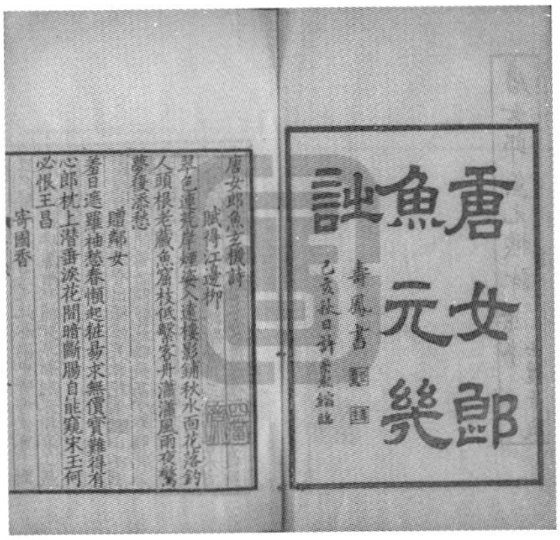

图 66　《唐女郎鱼玄机诗》
清光绪三十三年（1907）
叶德辉《丽楼丛书》本

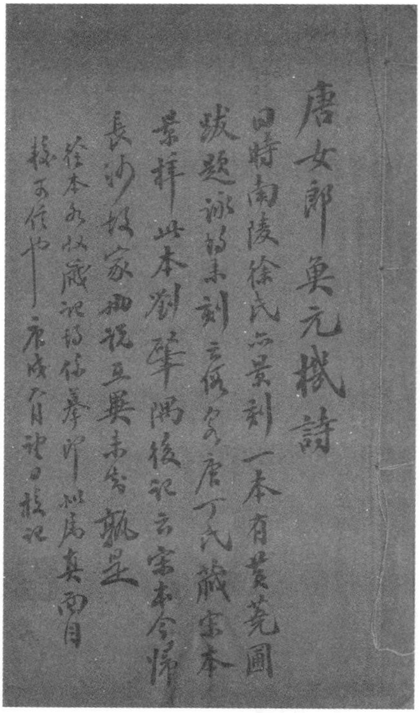

图 67　前书封面

国图另一藏本（书号：86217）。共一册。乃鱼玄机诗集单独装订。有封面。首为正文十四叶。次为刘肇隅录题跋八叶。士礼居题跋记一叶。叶德辉辑附录四叶。封面题：“唐女郎鱼元机诗。旧时南陵徐氏亦景刻一本，有黄荛圃跋，题咏均未刻，云假泉唐丁氏藏宋本景梓，此本刘肇隅后记云宋本今归长沙故家，两说互异，未知孰是。徐本各收藏记均系摹印，似属真面目，较可信也。庚戌六月望日校记。”（钤印白方“长州／童氏”。）全书卷首钤朱方“四当／斋”。

四、《四部备要》普及鱼诗

《四部备要》本鱼玄机诗集，卷首题“《四部备要》集部，上海中华书局据百宋一廛宋本校刊”。桐乡陆费逵总勘，杭县高时显辑校，杭县丁辅之监造。卷首有像，乃仿刻余集所作《唐女道士鱼元机小影》。此鱼玄机诗为仿宋体铅字排印，诗共十四叶。原书钤印未刻，但诗末牌记、劲寒窾识、朱承爵鉴均照刻。劲寒窾与其“戊戌四月得于项子协”均以小字细体印出。正文之后为《唐人绝句》《才调集》校记，共二叶，与《四妇人集》本黄丕烈《鱼集考异》有异。再为黄丕烈嘉庆八年跋，共二叶，亦与《四妇人集》异，与叶德辉本同。再后为题辞，共九叶。全书一册。封面题“唐女郎鱼玄机诗”。版式为九行十五字，四周单边，双鱼尾。版心镌“中华书局聚珍仿宋版印”。

国家图书馆藏本之一（书号：108111），为1938年3月23日张钧孙先生赠书。封面除题签外，尚以黑框印：“鱼元机诗为黄荛圃百宋一廛中秘籍，人间希有孤本，名流题咏，传为艺林佳话。湘潭叶氏曾为重雕，传本亦罕。近南陵徐氏又为覆刻，惜未录及题咏。兹本局据黄氏藏本并其题识精校刊入《四部备要》，先随样本印行，以贻爱读古书者。明窗净几，焚香展阅，校印精妙，当亦为士林所珍视也。”书后附有校印《四部备要》缘起、增辑《四部备要》缘起、辑校《四部备要》各书大意（一至五集）、《四部备要》总目、二集书目、三集书目、四集书目、五集书目、《四部备要》合购五集预约章程。尚有集韵卷之三、说文解字第一篇、尚书今古文注疏卷一、周易兼义上经乾传第一、晋书卷一、晦庵先生朱文公文集卷第六十一、日知录集释卷一、弘明集卷第一文字各一叶。最后为粉纸印“《四部备要》预约通知书”。其中预约章程第三曰：“本书五集分五年出书，丁卯年底出第一集，戊辰年底出第二集，己巳年底出第三集，庚午年底出第四集，辛未年底出第五集。”鱼玄机诗集在第三集书目中（彩图21）。

国家图书馆共藏有《四部备要》版本七种，其中版式、纸张、装订同上者有：82024，为1975年8月徐祖正先生捐赠，书中卷首鱼玄机像下钤有“闺闱丛珍”朱方、“昆山徐氏”白方；119714，正文卷首卷端钤“紫江朱氏存素堂所藏图书”，为朱启钤先生藏书。其余四种封面仅有书名，一为1952年7月18日庄去病先生赠书（107924）；一卷首钤朱方宽边大印“陈氏懋俭山房”（37489：1690）；剩余两种原藏者不详。由这些书籍实物可见当时《四部备要》对于知识分子的影响力。

1920年至1936年，随着《四部备要》的排印出版，当时几个名噪一时的刊物，如《女子月刊》《妇女杂志》均发表了介绍鱼玄机的文字。他们的作者有出版人、有大学教授，从这些文章的引用文献来看，作者都拥有《四部备要》本的鱼玄机诗集。这些作者显然以《四部备要》的刊行为契机，注意到了鱼玄机诗文的内容，并将之介绍给当时富有知识修养的新女性。

1928年，由上海商务印书馆发行的《妇女杂志》第十四卷第五号，刊登了储祎所作《女诗人鱼玄机》一文。储祎（1904—1988），江苏宜兴人。无锡第三师范毕业后任小学教员。后在上海北新书局任编辑。1930年，与友人合办东方书店，任经理，创办《时事课本》周刊，被不少中小学选为教材，最高印数达十万份。因出版的《学生小辞汇》销路极佳，又陆续出版了中小学辞典、儿童读物、实用书。抗战胜利后推广拉丁化新文字，出版《新文字月刊》。1956年，任上海新知识出版社编辑，后因性情耿直划为右派，远去青海。1970年返沪，后平反恢复名誉。

写《女诗人鱼玄机》时，储祎年仅二十四岁。他的文章有四个要点：第一，以瞿中溶歌行体长诗为线索，向读者介绍了鱼玄机的生平和诗歌创作，文笔抒情意味浓郁，较为均衡且面面俱到地将鱼玄机诗歌中豪放、多情以及女性主义的因素以诗歌赏析的形式串联起来。第二，较为深入地揭示了鱼玄机为何能以女道身份自由交际的社会文化背景。第三，将传奇故事中鱼玄机妒杀绿翘的事迹加以铺陈演绎。第四，将鱼玄机诗集中的作品分为悲情的、离情的、酬酢的、写景的四类。最后附列了参考书目六种：中华书局《四部备要》本《唐女郎鱼玄机诗》及《全唐诗》《唐诗纪事》《唐才子传》《李义山恋爱事迹考》《情史》。不难看出，此文既有一般刊物所要求的散文化、传奇化的可读性，又有一定的内容深度，具有研究论文的规范性，某种程度而言，此文可以算作是近代学科规范逐步确立以来，学者从研究角度对鱼玄机诗文进行评介的开山之作。

另一位重要作者是赵景深，于1936年10月，在《女子月刊》第四卷第十期发表了《唐代女诗人鱼玄机》。《女子月刊》1933年3月创刊，当年出版十期，之后每年出版一卷十二期，1937年停办。赵景深在1934年以前一直致力于世界文学的引介工作，早在南开中学就读时即翻译了安徒生童话，是最早将安徒生作品介绍到中国的译者。赵景深二十三岁时任教于上海大学，曾为《小说月报》长期撰写世界文坛消息。1934年之后，受郑振铎影响，赵景深的治学兴趣转向中国传统戏曲，开始更多关注宋元戏文、传奇、大鼓、弹词等。

赵景深作《唐代女诗人鱼玄机》一文时三十四岁，任复旦大学中文系教授，并在本年出版了《读曲随笔》《中国文学史新编》①。除去鱼玄机一文外，赵景深亦在刊物中介绍了薛涛诗文，可见这两篇作品与其本人正在进行的文学史的教学和写作工作息息相关。同时，赵景深所作的《唐代女诗人鱼玄机》一文与储祎文章最显著的不同点是具有更加鲜明的女性意识和女权主义思想，这种写作的倾向性和当时社会背景下女权主义的发展有关。我们可以从《女子月刊》的目录中看到作为一个专门的女性刊物其所容纳的主题包括古今中外的女性生活及其问题讨论。在这样明确的主题之下，赵景深对古代女诗人的介绍无疑是具有策略性的（图68、69）。

赵景深借用鱼玄机所作诗歌为读者讲述了一位中国古代女诗人悲剧性的感情经历。他将这段女子追寻爱情的故事分为三个层次：第一部分是鱼玄机给李亿做侍妾被弃，离开之前写下《寄李亿员外》（“易求无价宝，

① 见《赵景深年谱简编》，赵易林整理：《赵景深日记》，新星出版社，2014年。

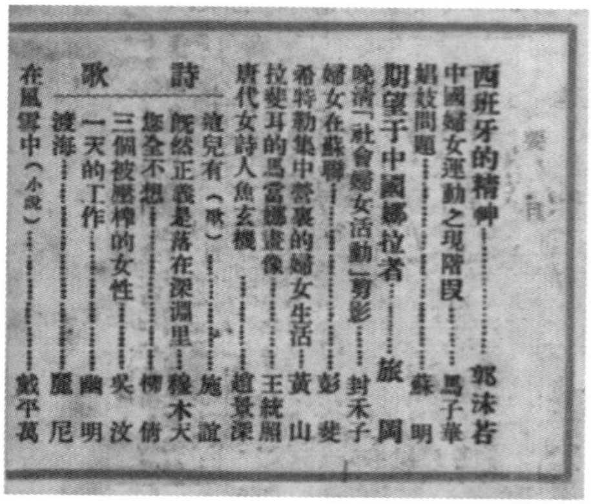

图 68 《女子月刊》第四卷第十期目录

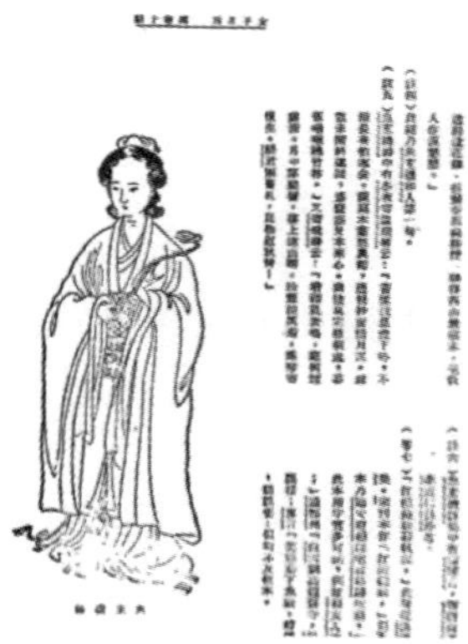

图 69 赵景深文章插图

难得有心郎”），这首诗表示诀别和新生活的开始，行文策略采用的是民国时期非常流行的“出走”主题。第二部分即讨论“出走之后怎么办”。作者巧妙地将“女道士”作为一种职业及生存手段融合唐代的社会背景介绍给现代的读者，又将鱼玄机与温庭筠、李郢的几首酬唱之作作为她追寻新感情的过渡。在此之后，她遇到的新的意中人——子安（按，李亿字子安，但是作者在文中将李亿与子安作为两个人来处理）。就此进入到文章的第三层次。在造访过子安所在的武昌之后，在写了许多情意绵邈的诗歌寄赠子安之后，她的一片深情竟然没有得到片言只语的回应，女诗人的感情终于趋于绝望，于是她歇斯底里杀死了自己的婢女。这样的结局简直是带有戏剧性的。在结尾作者说道：“像这样一代才华的艺人，竟活生生的给社会和旧礼教处死了！兴念及此，我们不禁为鱼玄机洒一掬同情之泪。”可以说全文完全紧扣着女性主义的题旨。虽然作者写此文所利用的文献有《全唐诗话》《北梦琐言》，又采用了鱼玄机诗集之外的轶事，但这基本上是一篇在文献基础上重新编排和演绎的故事，我们可以由此看出鱼玄机作为一个女性形象在民国期刊中的另外一种面貌。

第三节　无价宝的最后归宿

晚清时，《唐女郎鱼玄机诗》的影响力不再局限于江南地区。书棚本原书，道光二十二年壬寅（1842）归上海徐紫珊，咸丰时，转归长沙黄芳，后归长沙周海珊。

徐渭仁，字文台，号紫珊、子山、不寐居士，上海人。道光、咸丰年间人。善书法、精鉴别、家富收藏，时人称为“巨眼”。因得隋开皇《董美人墓志》，自号“隋轩”。他在鱼玄机诗集中题诗一首：

> 五十新诗传侧艳，十番故纸宝烟煤。掩书试问朱承爵，可是名姝换得来。（图 70）

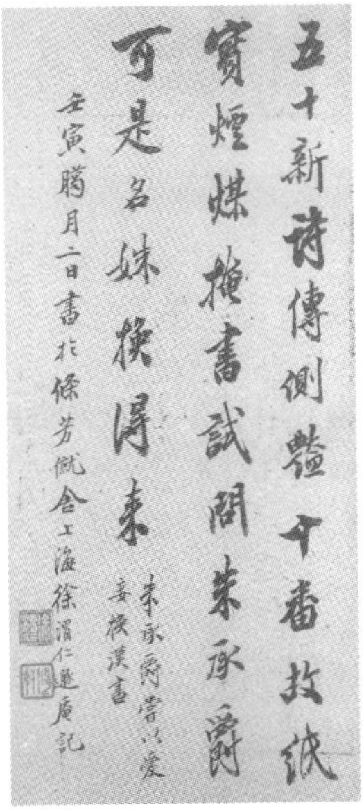

图 70　徐渭仁题诗

其用典虽有错误，然而论者称其诗作“近宋贤不屑屑以字句求工”，由此诗可见一斑。在鱼玄机诗集的题跋者中，徐渭仁应该是最后一位传统意义上的学人式收藏家，自他之后的藏者黄芳、周海珊皆为官员，书至其手时，再未于书中留下只言片语的赏鉴。

一、闲章“上第二子”

鱼玄机诗集收藏史上的最后一笔绚烂，应当归属于袁克文。这位富贵公子用于标识收藏权的闲章有三十九枚之多，其中出现在《唐女郎鱼玄机

图 71　上第二子

诗》上的钤印就有三十枚。自从这些大小方圆不一的钤印逐一占满了诗集卷首与卷末那仅存的空间后，似乎对于这本小册子的占有与炫耀也就此到达了一个再难企及的顶峰。而窥视这位青年挥金八百购一书的气魄，不妨从隐藏在诗集卷尾左边栏下方那枚颇不想引人注意的闲章“上第二子”（图 71）说起。

1916 年 3 月 22 日，袁世凯在称帝八十三天后宣布退位。在西南各省宣告独立、北洋军阀竞相倒戈、护国战争爆发的四面楚歌中，袁世凯的身体和他的地位一样摇摇欲坠。而他竟然因为不相信西医，在 6 月 6 日，丧生于一场本不会导致生命危险的结石感染，年仅五十七岁。袁世凯有十房妻妾，十七个儿子，十五个女儿，他们在长子袁克定的操办下，瓜分了袁世凯留下的数量庞大的遗产：诸侧室养老费银圆六万、黄金三十两；诸子分得现款八万银圆、黄金四十两、股票价值七万银圆；诸女得嫁妆费每人一万银圆。

袁克文，字豹岑，号寒云，1890 年出生在朝鲜，是袁世凯的次子。他的生母金氏，是袁世凯担任中国驻朝鲜通商大臣暨朝鲜总督时所娶。养母沈氏，是袁世凯的大姨太，因不能生育，遂将他抚养长大，宠溺有加。袁克文多才多艺，爱好广泛，他在方尔谦、李盛铎的指导下开始涉猎古籍收藏，其出手之阔、得书之速令人瞠目。几年之内，就收得了黄丕烈的大部分藏书，自号“后百宋一廛主人”（彩图 22）。

《唐女郎鱼玄机诗》中留有多处他的诗作，皆是呼应黄丕烈而作：

一角看山淡入微，鸳鸯曾绣五云衣。白头未许红颜到，绿鬓翻随碧血飞。

咏絮有才原不忝，妒花无意漫相讥。诗篇五十多哀怨，黛墨香毫预福机。

裁红染素比蔷薇，棚本精奇况更稀。香辟蠹鱼珍锦帙，装联蝴蝶秘书帏。

一廛曾属长洲苑，千里今归燕子矶。神物护持随处处，琳琅坐觉遣尘机。（图 72）

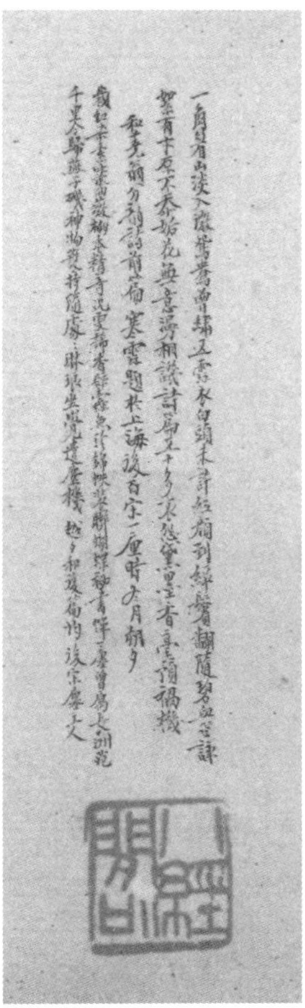

图 72　袁克文题跋

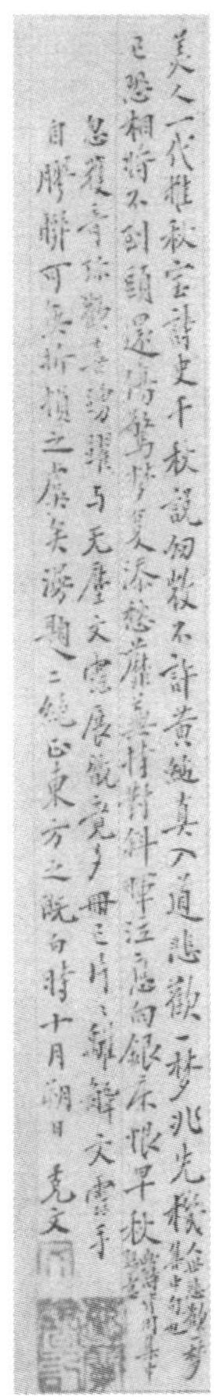

图 73　袁克文题跋

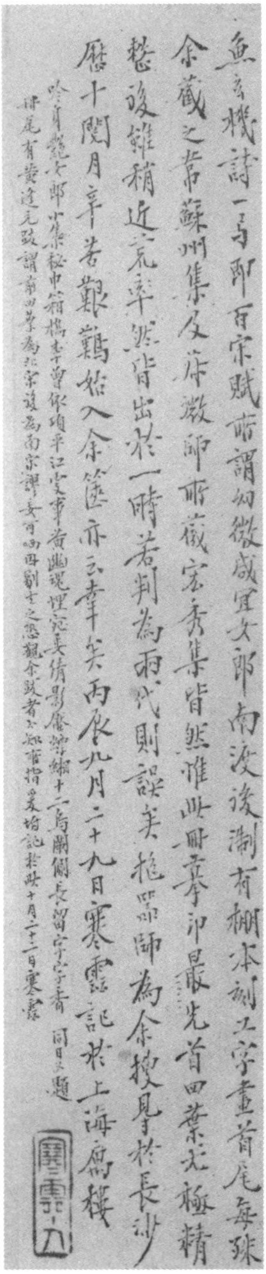
魚玄機詩一卷即百宋賦所謂幼微咸宜女郎南渡後浙有棚本刻工字畫首尾每殊
余藏之韋蘇州集及蕘徵師所藏宏秀集皆然惟此册印最先首四葉尤極精
整後雖稍遜亦卒然皆出於一時若判為兩代則誤矣抱器師為余授學於長沙
歷十閱月辛苦艱鶴始入余篋亦云幸矣丙辰九月二十九日寒雲記於上海寓樓

图 74 袁克文题跋

美人一代惟秋室，诗史千秋说幼微。不许黄绝真入道，悲欢一梦兆先机。

只恐相将不到头，还伤惊梦复添愁。蘼芜持对斜晖泣，应向银床恨早秋。（图 73）

其诗第一咏鱼玄机身世，第二咏鱼玄机诗作，第三咏宋版鱼玄机诗集，第四则咏此书之藏家，藏家只提黄丕烈与自己，旁若无人。另外两首是为书前余集画作而题，并有小注云：“忽获奇珍，欢喜踊跃，与无尘、文云展玩竟夕，册之片片虽解，文云手自胶联，可无折损之虞矣。漫题二绝，正东方之既白。”此注可见其得书时之欣喜，竟然为赏此书彻夜未眠。无尘、文云为其侍妾，在书中钤有自己的印章，袁克文应该是有意在书中营造自己红袖添香、佳人环绕的赏书情境，翩翩公子与身边女郎同赏一部女郎诗，这是黄丕烈时代的老学究们没有做过的事情，而在他这里，却毫不避讳地写在了书中。

作诗之外，在版本分析方面，袁克文也仿照古代藏书家那样发表了一些看法：

《鱼玄机诗》一卷，即《百宋赋》所谓幼微咸宜女郎，南渡后浙有棚本，刻工字画首尾每殊，余藏之《韦苏州集》及荛微师所藏《宏秀集》皆然，惟此册摹刊最先。首四叶尤极精整，后虽稍近荒率，然皆出于一时，若判为两代，则误矣。抱器师为余搜见于长沙，历十阅月，辛苦艰难，始入余箧，亦云幸矣。丙辰九月二十九日寒云记于上海寓楼。

吟身艳女郎，小集秘巾箱。檇李曾依项，平江处事黄。幽魂埋宛委，倩影压缥缃。十二乌阑侧，长留字字香。同日题。

册尾有黄逢元跋，谓前四叶为北宋，后为南宋，谬妄可哂，因剔去之，恐观余跋者不知所指，爰均记于此。十月二十二日寒云。（图 74）

此跋一见其眼界识力，分析了鱼玄机诗集十二页中前四页与后八页笔迹差异的问题，认为虽然前四页更为精整，但是不像前辈学者中有人认为的那样出于两个时代，而是出于一时的不同刻工。二见其年轻气盛，即他做出了这一判断之后，即将书中黄逢元的跋语剔除掉了，没有给后人留下分析辨别的机会。当然，此书是他的私家所藏，他自有这样处置的权利，但恐怕没有哪位藏书家会像他这样随意更改剔除书中已有的题跋。

另有一篇颇为生活化的跋语，隐藏在此书的夹页中，这是袁克文特意记载的一次亲戚失和的经历：

兹岁初夏，从道如姊北游，比至都下，而姊遽仙逝。适近畿灾，水阻不获南，寓津兼旬，客囊忽罄，乃持箧中所携《鱼女郎诗》及两《周官》，皆宋刊之尤，质于吾戚

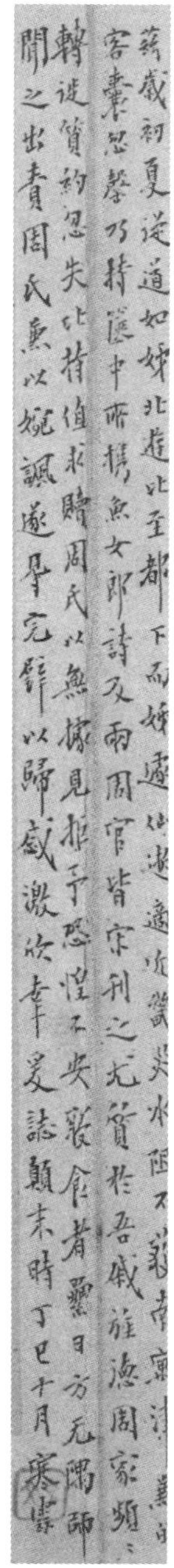

图 75　袁克文题跋

旌德周家。频频转徙，质约忽失，比持值求赎，周氏以无据见拒，予恐惶不安寝食者累日。方无隅师闻之，出责周氏，兼以婉讽，遂得完璧以归。感激欣幸，爰志颠末，时丁巳十月。寒云。（图 75）

此文所言之周氏，即周叔弢之四弟周明梆（字季木）。1917 年初夏，袁克文客居天津，将得到仅仅几个月的《唐女郎鱼玄机诗》及两部宋本《礼记》抵押，换钱为生。后有钱赎回时，收据丢失了，袁克文觉得都是亲戚，没有收据也可以将书赎回来，但是周明梆亦喜好收藏，于是以此为借口不归还图书。最终由袁克文的老师方尔谦出面调停，书才顺利归还袁克文手中。

此间值得一提的是，周叔弢在袁克文质书期间，出资请日本山本照相馆摄制了《唐女郎鱼玄机诗》的书影，然后将底片寄到日本京都小林写真制版所精印了一些鱼玄机诗集的复制本，数量不多，主要用以分送友人。今国家图书馆藏有一种（书号：82022）。此影印本开幅大于原刻，其中有袁克文诸印章，但卷首无栏右侧“赐书堂”“寒云心赏”“双莲花庵”三印，卷末无“匈奴相邦”“周遇吉印”，全书末亦无姚鹏图跋语。可见这些钤印及跋语的时间皆在 1917 年末袁克文重新得到《唐女郎鱼玄机诗》之后。

袁克文作为“后百宋一廛主人”的风光时日是十分短暂的，《辛亥以来藏书纪事诗》云：

一时俊物走权家，容易归他又叛他。开卷赫然皇二子，世间何事不昙花。

1931年3月22日，袁克文在天津病逝，他的青帮同道和青楼相好都来送葬，让世人叹为观止，直与柳三变并论。袁克文有四子三女，他们的人生道路与父亲迥然有别。1973年，享誉华人世界的物理学家袁家骝、吴健雄夫妇访华，为了接待好他们，周恩来批示天津有关部门，突击为袁家人落实政策。会见中，周总理微笑着对袁家骝说："你们袁家人一代比一代进步了。"袁家骝，是袁克文的第三子。

二、叶德辉的讽刺

叶德辉是湖南有名的大学者，在经学上颇有成就，于版本目录学亦十分精通，他是近代第一位系统整理藏书史料的人，所撰《书林清话》在中国图书史上影响很大。他在学术上的声名远传日本，是清末来华访问的日本学者一定会求见的人之一。大概是因为学识过人，所以叶德辉说话不怎么客气，被他骂过的人很多，其中包括主张"今文经学"的康有为、梁启超。据说他的死也与骂人有关：他写对联嘲弄湖南农学会是"一班杂种""满堂牲畜"，在1927年大革命的高潮中，激怒了当地民众，被处死。所以叶德辉虽然在政治上很保守，支持袁世凯复辟帝制，但在文化上却具有十足的优越感，对袁世凯有个自号"后百宋一廛主人"的儿子很不屑。他听说袁克文八百金购得鱼玄机诗集，颇为气愤，写了一首诗加以讽刺：

> 陶轩宋甲胜麻沙，刻画无盐到我家。
> 闻道才人嫁厮养，请君重谱凤随鸦。

这首诗写的有些粗鄙，因为在叶德辉眼中，袁克文只是个纨绔子弟，不过就是在这一两年中忽然兴之所至购买古籍，而他能将世间奇珍秘本迅速聚拢占有，也不过是因为继承了家产可以供他一掷千金地挥霍罢了。这一册凝聚了几代收藏鉴赏大家钤印手跋的女郎诗，现在竟然落到一个没有常性的花花公子手里，难道不是所嫁非人吗？

在叶德辉的《丽楼丛书》将鱼集题跋刊行公布以前，所有的鉴赏语言都是私人性质的。他们要么是黄丕烈的亲戚，到家中观赏这部书，并在书后题诗；要么是黄丕烈的书友，受到邀请，参加诗社聚会，以此书为题赋诗助兴；或者与黄丕烈有书信往来，讨论一些关于此书衍生出的学术问题；或者是受黄丕烈所托，为此书配一幅仕女图。而在黄丕烈身后，购得此书的官员，无心成为继踵前贤的收藏名家，不但自己在鉴赏层面无多造诣，或钤一印，或题一款，经手过眼而已，即使有机缘获观者，亦不敢造次，以蝇头小字题名于留白处。

这样说来袁克文倒是做到了"舍我其谁"，不仅将自己的三十枚闲章盖满了全书，还让小妾动手粘补散页，又接连写诗作跋，直将书后跋识页面空白添满方罢。更惊人的是，他因自信对版本的判断，还将一处前人所留跋语从书中剔除！在某种程度而言，袁克文可以说是一位年轻不凡，富有眼界识力的新人，他只用短短几年就能精通版本目录之道，无论从对珍本书籍的规模占有，还是对它们的鉴赏考据，都做到与前代的藏书家一样考究。他自称"后百宋一廛"，有些人认为狂妄自大，有些人则认为天纵英才。比如他的表弟张伯驹就针对叶德辉的讽刺诗作了回应："宓妃留枕待陈王，公子挥金喜若狂。杂剧谱成无价宝，千年真见凤随凰。"陈王指曹植，他的名篇《洛神赋》据李善的注释说，女主角洛神宓妃是影射曹丕之妻甄氏，她与曹植互相爱慕却无法结为夫妇。曹植是曹操第二子，与袁克文在袁家的排行一样，袁世凯当政时，很多趋炎附势者对袁克文以思王

图 76　寒云如意

相称，暗喻他才华横溢。但是袁世凯势败之后，还真心这样认为的，就只有近亲至交了。张伯驹觉得，袁克文得到鱼玄机诗，简直就是才子佳人的绝配，世间千载也难见到如此称心如意的事情。正如袁克文的一枚钤印：寒云如意（图 76）。

民国的世家公子们，生于大富贵之中，眼中哪里有那些斤斤于价钱的所谓藏家。一掷千金在他们而言根本就是不需要计算的，他们对世间珍宝的占有和玩赏，甚至也可以不带任何功利色彩，因为他们不需要功利。被别人称为“鸦”，他们大概会感到荒谬绝伦，在张伯驹眼里，如果袁克文都是“寒鸦”，那么大概世上就没有人称得上“凤凰”了吧。

不过现在来看，袁克文也只是将这种私人珍藏式的鉴赏形态发挥到了极致，至于此书未来何人所有，他不介怀。况且藏书只是他一生诸多爱好的一件，《鱼玄机诗》只是他生平有过的诸多秘本之一，在真的失意潦倒，能以书换钱的时候，他是毫不挂念这些身外之物的。清代洪亮吉将藏书家分为五种：考订、校雠、收藏、鉴赏、掠贩。而能真正自成一家，在学术史上有一席之地的，需对某一领域有由衷之热爱、精深之研究、独到之见解、卓越之贡献。袁克文大概是无意为此的，而叶德辉则名副其实。要知道，《唐女郎鱼玄机诗》不过是《丽楼丛书》的一种，而刊刻《丽楼丛书》也只是叶德辉编著事业的百分之一，但是他将此书的递藏源流之于学术史、文献史的价值充分地挖掘并展现了出来，通过自己刊刻的图书，使这部此前一直传藏于私人之手的秘本得以化身千百，让更多的人感受到它的历史厚度。从《丽楼丛书》中的鱼集和两个附录，足以窥见叶德辉的学术功底和学术眼光。

三、吴梅受命谱曲

叶德辉讽刺袁克文的诗最初发表在1917年的《小说月报》，当时苏州地区的文人们虽然暂时失去了目睹宋版《唐女郎鱼玄机诗》的可能，却仍然拥有《咸宜女郎诗册》的品鉴机会，于是，后者成为他们承续前辈藏家流风余韵的慰藉。

吴梅（1884—1939），字瞿安，号霜厓，近代著名的曲学大师，出生在人文荟萃的苏州。吴梅有一位表叔叫祝秉纲，是明代书画家祝允明的后裔，才学品识兼具，曾发起成立苏学会，并帮章太炎刊印出版了反清著作《訄书》。祝秉纲平时热衷参与地方事务，在当地颇有声望，他居住在苏州城东的悬桥巷。这个巷子从明代以来就是文人雅士聚集之地，也被人称为“员峤巷”，意谓东海仙山，理想之境。此地的掌故不胜枚举，文伯仁的《员峤书屋图》、徐波的圆峤仙馆，还有晚明复社诸子在此地结社唱和的隐逸岁月，无不使这条小巷氤氲着风神独具的笔墨书香。但是对于祝秉纲来说，这其中最能触及他好古之心的，还是清代乾嘉时期黄丕烈在此地筑“百宋一廛”时的盛景。

1915年的夏天，祝秉纲携《玄机诗思图》造访吴梅，谓之曰:“诗文杂体，无美不备，君盍谱一散套乎？”意思是说，这幅仕女图，在嘉道年间已经拥有了形式纷呈的题跋、律诗绝句、小令慢词，乃至题识观款，可谓不胜风雅，而恰恰有一种体裁，是图中所缺失的，也正是吴梅所擅长的——散曲。不得不说，祝秉纲是花了心思去玩味这幅图的，在鉴赏的层面，他想另辟蹊径，不落窠臼。另一方面，他应该对这幅图极为宝爱，因为黄丕烈与得书相关的书画作品传世极少，比起“百宋”的藏书名头来说，某种程度上更显珍贵。能得到这幅《玄机诗思图》，也就无怪乎人会“情动于中而形于言”，想使无声之诗变为有声之画了。这番雅兴只能为知己者道，于是乎，这个好题目便到了吴梅手中。1916 年除夕，吴梅为《玄机诗思图》创作了杂剧《无价宝传奇》。1917 年，该作品连载于《小说月报》第八卷第七号与第八号两期（彩图 23）。

这一年吴梅三十四岁，在上海民立中学任教。他为《小说月报》撰写的《顾曲麈谈》，刚在上一年度由商务印书馆出版单行本，行销数十万册。时任北京大学校长的蔡元培在旧书肆中购得此书，大为激赏，北大文科的主持者陈独秀亦出面礼聘，是年秋，吴梅开始在北京大学国文系教授词曲和近代文学史两门课程。顾秉纲属意吴梅，可不仅仅因为他们是亲戚同乡，而是赏识他在曲学方面的过人才华。要知道嘉庆年间能被黄丕烈请来鉴赏鱼集的人绝非等闲，不仅《玄机诗思图》的作者周笠是仕女画的行家里手，题诗题款者也皆是当地才俊。所以当顾秉纲决意谱一新曲，接续这段乾嘉时期艺林佳话的时候，刚刚在学界获得肯定的吴梅自然成为不二之选。

果然，《无价宝传奇》发表后，在苏州的学者、藏书家圈子当中立刻产生了广泛影响，至《小说月报》刊载时，前附孙德谦序、吴梅自序、曹元忠题词、王德森、叶德辉题诗。

孙德谦（1869—1935），字受之，一字益庵，号龙鼎山人，晚号隘堪居士，吴县人。曾任江苏通志局纂修，辛亥革命后致力于声韵、训诂、经史之学，后历任东吴大学、大夏大学、交通大学、国立政治大学教授。著作有《太史公书义法》《汉书艺文志举例》《刘向校雠学纂微》《六朝丽指》《诸子通考》等。其为吴梅所作之序成于 1917 年初，言辞之中，对这段乡邦掌故颇为看重，称黄丕烈藏书中有品题者乃“一登龙门，声价十倍”。不过，孙德谦乃受吴梅之邀写此序，并未见到祝秉纲所藏之图，因此只从吴梅追芳昔娱，继踵前贤，另作新声的角度肯定此剧的价值所在。

吴梅自序作于1916年除夕。序中称自己在作此剧之前，阅读了《三水小牍》《直斋书录解题》等文献资料，从鱼玄机杀绿翘事认定其为无情之人，本不值得一写："妇女从释入道，有司不禁，乱礼法败风俗之尤者。意其人则刚戾不情，无足费吾笔墨。"并称自己"愿为之填词者，盖为荛翁也"，以及"余不能佞宋，而独佞黄"，表明此剧之作，完全是为黄丕烈藏书故事作传。虽然吴梅这篇作品具有应酬、消遣的成分，但是他的创造力却得到了充分发挥，自称："度岁无资，借填词为逐贫之赋，为计良得耳，因呼酒痛饮，浩歌达旦。"作成之后，其妻笑曰："似此极没要紧事，也值得费几多心力。"吴梅答曰："此词亦无价宝也。"

曹元忠（1865—1923），字夔一，号君直，晚号凌波居士，吴县人。光绪二十年（1894）举人，曾任内阁大库学部图书馆纂修、礼学馆纂修，校阅内阁大库书籍，后捐内阁中书，历官内阁侍读、资政院议员等。曹元忠民国后潜心古文经学研究，收藏有大量乡邦文献，是苏州地区著名的藏书家、校勘学家，因此对鱼玄机诗集在吴中地区的多次刊刻都非常熟悉。他为吴梅此剧填《浣溪沙》三首，文字全用鱼玄机诗句串联而成。

王德森（1856—1943），字严士，号鞠坪，又号岁寒生，晚号岁寒老人，江苏昆山人。幼习儒，补廪膳生，肆志诗文，精研医术，是当时著名的医家。著作有《保赤要言》《市隐庐医学杂著》《岁寒诗稿》等。其所题者，乃四首七言绝句：

韵事争传士礼居，乾嘉盛世富藏书。一廛贵抵连城宝，妙手丹青画不如。

断肠名集不延年，闺阁多才总可怜。一卷诗留千古恨，女娲无石补情天。

吴郎法曲擅昆生，自谱传奇入笛清。倩女离魂招不得，悲欢难写短长声。

我住悬桥东复东，酒垆何处觅黄公。风流歇绝书星散，度入才人歌咏中。

叶德辉所题七言绝句六首，其六即为讽刺袁克文得书者，后加注释云："宋本鱼玄机女郎诗先藏长沙黄荷汀观察所，后归吾友周海珊观察，余曾影写刻之。今为一纨绔子以八百番饼购去。"可见其对女郎诗之归宿颇为不平，而对比其对学者吴梅的态度，则全然有别："丁歌甲舞睡昆仑，都是君家泪渍痕。偏为情场作翻案，香魂不吊吊诗魂。""妙绝文章杂白科，青山红袖墨香多。吴侬按拍休讹记，不是弘农得宝歌。"

吴梅是古典传统的坚决追随者，在那个新文学盛行的时代，甚至显得颇为孤芳自赏。他最终将《小说月报》上的《无价宝传奇》与其他两个剧作合刊刻印，也就是《霜厓三剧》。作为曲作家的吴梅坦言，三部剧中他最不看重的就是《无价宝传奇》，他将之作为完全的案头之作，完全是为了应付友人的邀约，敷衍一段艺坛佳话。其自序云："此三剧中，《惆怅》五折，用力稍勤；《湘真》则润色少作，'宋廛觞咏'不过陈藏家故实，所谓案头之书而已。"但是《无价宝传奇》在收入《霜厓三剧》刊行时，除以上序跋外，又曾入以下诸家品题：吴县朱锡梁《集鱼集句》四首、淳安邵瑞彭七绝两首、顺德罗惇融七绝两首、归安朱祖谋《菩萨蛮》（集鱼玄机诗）、江宁陈世宜《夜飞鹊》、番禺许之衡七绝三首。可见此剧在当时的收藏圈中乃是一件实实在在的盛事佳话，某种程度上比其他另外两部作品影响更为广远。

当吴梅受命创作《无价宝传奇》的时候，棚本《唐女郎鱼玄机诗》已经是收藏界公认的珍宝，一般学者要想得以获见鱼集，只能通过光绪末年江标、叶德辉、徐乃昌的影刻本，稍有根底的学人，还可能拥有一部嘉庆年间沈氏古倪园的《四妇人集》刻本，但是，要想见到真本一面，就远非常人所能企及了。从吴梅亲自抄写的《瞿安书目》中可以看出，作为一名藏书家，他对目录学十分重视，收有不少藏书家著作，对黄丕烈尤其看重，还藏有其年谱。而且吴梅对女性诗文也并不排斥，他有一部《名媛尺牍》，还特加小注“极名贵”。那么果真如他自己所言，对鱼玄机其人其作并无丝毫兴趣吗？从其藏书来看亦并非如此。黄丕烈之后，鱼玄机诗集至少已被翻刻过四次，其中最古的版本就是《四妇人集》，在民国初年，此版也已经很少流传，然而吴梅就藏有一部《唐宋四妇人集》。（此书乃其1928年以银价二十元购得，今藏国家图书馆，书号：104121。有钤印“瞿安”“霜厓秘笈”。）此外，他还藏有光绪二十一年（1895）刊行的《唐人五十家小集》，这部集子中也有鱼玄机诗集。

当然，藏书家除了依据内容价值而买书之外，还会看重书籍的版本和收藏价值，而吴梅也肯定没有用过于严苛的态度来对待这位女诗人，更有可能的是，他对鱼玄机的不以为然是他读书之后的体会。但不管怎么说，《无价宝传奇》没有他自谦的那样不足道，否则他不会邀请那么多同仁为其作品写序及题诗。而这部剧也并没有停留在“案头”，成为纯粹的文人消遣之作，而是真实地在舞台上演出了，吴梅和友人一起为《无价宝传奇》谱了曲。在他五十岁生日那天，友人又特地演出了一次。吴梅为了表示感谢，还特地赋《南吕 · 懒画眉》二首，小注曰“癸酉七夕，海上同人合奏拙作《霜崖三剧》，衣冠雅集，洋洋盈耳矣，酬此奉谢”，其二为“艺海孤舟几风波，此夕双星恰渡河，愿大千分得巧缘多。整顿的词场妥，重把乾嘉韵事摩”。可以看出他对自己以乡邦后学的身份接续这段书林佳话还是非常自得的。

四、“宝礼堂”归去来

1919 年，仅仅是继承了巨额遗产的三年之后，袁克文已经感到入不敷出，将多半藏书出售给上海银行家潘宗周。潘宗周，字明训，广东南海人，祖上是茶叶商人，自小受过良好的教育。潘宗周 1919 年到上海，曾任上海工部局总办。他对古籍收藏情有独钟，从袁克文处买到宋版《礼记正义》，名其藏书室曰“宝礼堂”。同时，他也成为宋本《唐女郎鱼玄机诗》最后一位私人收藏家（彩图 24）。

1919 年 10 月 18 日，潘宗周约张元济于大观楼晚餐，席间出示宋本书多种，并询及影印旧书办法[①]。这时潘宗周已经是《唐女郎鱼玄机诗》以及诸多藏家可望而不可即的名本的所有者，他也想仿照周叔弢那样，将贵重藏书影刻，用以分赠友人。二十年后，潘宗周去世，“宝礼堂”藏书由其子潘世滋继承。潘世滋生于 1906 年，1933 年毕业于上海圣约翰大学，后获剑桥大学硕士学位，1939 年回国，任圣约翰大学教授。1941 年太平洋战争爆发，上海沦陷，潘世滋为保存藏书，向英国机构求援，辗转将藏书运往香港汇丰银行保险库中保存。

1951 年 5 月，时任上海圣约翰大学校务委员会副主任的潘世滋致信时任国家文物局局长郑振铎，表示愿意将“宝礼堂”藏书捐献国家。收到

① 张树年主编：《张元济年谱》，商务印书馆 1991 年，178 页。

潘世滋的来信，郑振铎的思绪回到了1937年的上海。淞沪会战正酣，他的藏书在战事中已损失过半。于瞬息不停的炮火之中，他痛心写下：“东北角终日夜火光熊熊，烬余燋纸，遍天空飞舞若墨蝶，数十百片随风堕庭前，拾之犹微温，隐隐有字迹，此皆先民之文献也，余所藏竟亦同此蝶化矣。然处此凄厉之修罗场，直不知人间何世，亦未省何时更将有何变故突生。”面对侵略战争，在沦陷的上海，文献的搜集也变得富于更广泛的现实意义，郑振铎担忧“大劫之后，文献凌替”，意识到如果中国的学者不留意访求，将必有越俎代谋者。他郑重地宣称：“史在他邦，文归海外，奇耻大辱，百世莫涤。”并由此开始了抢救和保存文献的事业。

此时的郑振铎主持新中国文物局的工作，他一直对香港的局势密切关注。在1949年前夕，香港市面上有大量的珍贵文物出售，其中也包括善本古籍。国家文物局为此成立了“香港秘密收购小组”，努力挽救即将流向海外的文化瑰宝。看到潘世滋的来信，郑振铎又一次欣慰地感到他的事业不乏志同道合的支持者。他所耳闻的“宝礼堂”藏书，有宋本一百一十部，堪称国宝，然而危机暗伏，据说已有美国人出价五十万美元收购，这让郑振铎非常揪心。于是他立即将此事汇报周恩来。周总理非常重视，旋即指示着手办理藏书回归大陆事宜。此事交由著名文物专家徐森玉先生的长子徐伯郊，他在香港从事银行工作，熟识各界名流，又有深厚的家学渊源，富有鉴赏力，此前刚受到委托成为代表国家秘密收购文物的执行人。通过徐伯郊的斡旋交涉，潘世滋得以亲赴香港取书。

1952年9月，“宝礼堂”藏书从香港汇丰银行取出，运往上海。1953年4月17日，宋刻本《唐女郎鱼玄机诗》由社会文化事业管理局移交北京图书馆，登陆号码“40735”。如今，这部书在国家图书馆的索书号是 8713。2008 年 3 月，宋刻本《唐女郎鱼玄机诗》入选第一批《国家珍贵古籍名录》，名录号 01070。这便是“无价宝”最后的归宿（彩图 25、26）。

结语　从私人之藏到无尽之藏

1949 年之后，因为各不相同的家庭因素和大抵相同的历史原因，许多收藏家向国家捐献了自己的藏书。一家之私成为取之不禁、用之不竭的天下公器，姑且说是社会变革的车轮轰隆隆碾过去之后的一声回响吧。然而，对于生活在现代社会的我们来说，则是意外获得了从前那个时代可遇而不可求的经眼、观赏的契机。今天，我们欣赏这部小册子，如同欣赏江上之清风与山间之明月，可以不带丝毫的功利之心，而它也只是天地间无数珍宝中的一个，在每一位注视它的人眼中发出光芒。

参考文献

著作

1.（唐）鱼玄机：《唐女郎鱼玄机诗》，宋临安府陈宅书籍铺刻本，国家图书馆藏。

2.（唐）鱼玄机：《唐女郎鱼玄机诗》，清影抄本，国家图书馆藏。

3.（唐）鱼玄机：《唐女郎鱼玄机诗》，中华书局《四部备要》铅印本，国家图书馆藏。

4.（唐）鱼玄机：《唐女郎鱼玄机诗》，叶德辉刻《郎园全书》本，国家图书馆藏。

5.（五代）皇甫枚：《三水小牍》，中华书局，1958 年。

6.（五代）孙光宪：《北梦琐言》，上海古籍出版社，1981 年。

7.（宋）晁载之：《续谈助》，中华书局，1985 年。

8.（宋）李昉等：《太平广记》，崇文书局，2012 年。

9.（宋）李昉等：《文苑英华》，《景印文渊阁四库全书》第 1337 册，台湾商务印书馆股份有限公司，2008 年。

10.（宋）钱易著；梁太济笺证：《南部新书溯源笺证》，中西书局，2013 年。

11.（宋）计有功：《唐诗纪事》，上海古籍出版社，1987 年。

12.（宋）尤袤：《全唐诗话》，中华书局，1985 年。

13.（宋）陈振孙：《直斋书录解题》，上海古籍出版社，1987 年。

14.（元）方回选评；李庆甲集评校点：《瀛奎律髓汇评》，上海古籍出版社，2005 年。

15.（元）辛文房撰；傅璇琮编：《唐才子传校笺》，中华书局，1995 年。

16.（元）虞集：《伯生诗续编》，元至元六年（1340）刘氏日新堂刻本，国家图书馆藏。

17.（明）陈耀文：《天中记》，广陵书社，2007 年。

18.（明）邓庆寀：《荔枝谱》，清顺治三年（1646）刻本。

19.（明）薛凤翔著；李冬生点注：《牡丹史》，安徽人民出版社，1983 年。

20.（明）高儒：《百川书志》，上海古籍出版社，2005 年。

21.（明）胡应麟：《诗薮》，上海古籍出版社，1979 年。

22.（明）胡震亨：《唐音癸签》，上海古籍出版社，1981 年。

23.（明）陆时雍：《唐诗镜》，《景印文渊阁四库全书》第 1411 册，台湾商务印书馆有限公司，2008 年。

24.（明）凌濛初著；冷时峻校点：《拍案惊奇》，上海古籍出版社，2012 年。

25.（明）吕天成撰；吴书萌校注：《曲品校注》，中华书局，2006 年。

26.（明）毛晋：《六十种曲》，明末虞山毛氏汲古阁刻本。

27.（明）周清原：《西湖二集》，华夏出版社，2013 年。

28.（明）孙能传：《剡溪漫笔》，江苏广陵古籍刻印社，1990 年。

29.（明）田艺蘅撰；朱碧莲点校：《留青日札》，浙江古籍出版社，

2012 年。

30.（明）袁宏道著；钱伯城笺校：《袁宏道集笺校》，上海古籍出版社，2008 年。

31.《唐百家诗》，明嘉靖十九年（1540）刻本，国家图书馆藏。

32.（清）沈恕编：《四妇人集》，清嘉庆十五年（1810）沈氏古倪园刻本，国家图书馆藏。

33.（清）沈恕编：《四妇人集》，民国十二年（1923）海宁陈氏慎初堂刻本，国家图书馆藏。

34.（清）江标辑：《唐人五十家小集》，清光绪二十一年（1895）元和江氏灵鹣阁刻本，国家图书馆藏。

35.（清）朱彝尊辑：《明诗综》，中华书局，2007 年。

36.（清）蔡钧辑：《诗法指南》，《续修四库全书》第 1702 册，上海古籍出版社，2002 年。

37.（清）黄之隽：《香屑集》，《景印文渊阁四库全书》第 1327 册，台湾商务印书馆股份有限公司，2008 年。

38.（清）曹寅等辑：《全唐诗》，中华书局，1960 年。

39.（清）黄丕烈著；潘祖荫辑；周少川点校：《士礼居藏书题跋记》，书目文献出版社，1989 年。

40. 敷文社编：《最近官绅履历汇录》，《近代中国史料丛刊》第 45 辑第 450 册，文海出版社有限公司，1966 年。

41. 叶德辉辑：《观古堂汇刻书》，清光绪二十八年（1902）本，国家图书馆藏。

42. 徐乃昌辑：《随庵徐氏丛书》，清光绪三十四年（1908）刻本，国家图书馆藏。

43. 吴梅：《霜厓三剧》，民国二十二年（1933）刻本，国家图书馆藏。

44. 吴梅：《瞿安书目》，手稿，国家图书馆藏。

45. 林白水主编：《生春红》，北京社会日报社，国家图书馆藏。

46. 陈文华：《唐女诗人集三种》，上海古籍出版社，1984 年。

47. 彭志宪、张燚著：《鱼玄机诗编年译注》，新疆大学出版社，1994 年。

48. 姚伯岳著：《黄丕烈评传》，南京大学出版社，1998 年。

49. 吴梅著：《吴梅全集》，河北教育出版社，2002 年。

50. 张人凤编：《张元济古籍书目序跋汇编》，商务印书馆，2003 年。

51. 陈衡恪著；刘经富辑注：《陈衡恪诗文集》，江西人民出版社，2009 年。

52. 叶德辉著：《书林清话》，上海古籍出版社，2012 年。

53. 封治国著：《与古同游——项元汴书画鉴藏研究》，中国美术学院出版社，2013 年。

文章

1. 吴梅：《无价宝传奇》，《小说月报》，第八卷第七号。

2. 储祎：《女诗人鱼玄机》，《妇女杂志》，第十四卷第五号。

3. 赵景深：《唐代女诗人鱼玄机》，《女子月刊》第四卷第十期。

4. 张乘健：《感怀鱼玄机》，《文学遗产》，1989 年第 4 期。

5. 曹之：《陈宅书籍铺考略》，《图书情报论坛》，1998 年第 3 期。

6. 李致忠：《鱼玄机及其诗集》，《北京图书馆馆刊》，1999 年。

7. 宋路霞：《潘氏宝礼堂宋版书的命运》，《世纪》，2007 年第 2 期。

8. 黄永年：《关于唐女郎鱼玄机诗》，《黄永年古籍序跋论述集》，中华书局，2007 年。

9. 陈红彦：《宋刻本唐女郎鱼玄机诗集》，《人民日报 · 海外版》，2009 年 3 月 23 日 08 版。

10. 高士振：《建国初期的国宝秘密大营救》，《四川统一战线》，2009 年第 8 期。

11. 丁延峰、李波：《袁克文与宋陈氏书棚本〈唐女郎鱼玄机诗〉》，《古典文学知识》，2009 年第 3 期。

12. 张雄：《袁世凯后人：大总统之孙》，《南都周刊》，2011 年 6 月 10 日。

13. 贺越明：《“宝礼堂”后人》，《东方早报》，2011 年 11 月 26 日。

14. 丁延峰：《唐女郎鱼玄机诗版本源流考》，《中华文史论丛》，2012 年第 1 期。

15. 封治国：《宋版唐女郎鱼玄机诗递藏史上的一个环节》，《新美术》，2012 年第 2 期。

16. 张秀玉：《南宋书棚本唐女郎鱼玄机诗流传考述》，《图书馆界》，2012 年第 3 期。

17. 钱婉约：《千秋诗魂一卷幽》，《梅樱短笺》，中华书局，2012 年。

18. 沈津：《“书中自有颜如玉”——也说女子抄书》，《书海扬舲录》，广西师范大学出版社，2016 年。

19. 王菡：《〈唐女郎鱼玄机诗〉历次影刻、仿刻与影印》，《魏榆隽永集》，中华书局，2018 年。

附录　唐女郎鱼玄机诗四十九首赏析

一、赋得江边柳

翠色连荒岸，烟姿入远楼。
影铺秋水面，花落钓人头。
根老藏鱼窟，枝低系客舟。
潇潇风雨夜，惊梦复添愁。

【赏析】

凡应制之作，宴饮集会所成之诗，题前多冠以“赋得”二字，即景赋诗者也往往以“赋得”为题。诗人是在一次宴会中与在座者分别以“江边柳”构思，还是自己有所隐喻，借景生情，不得而知，但古诗中的“柳”往往有惜别、怀念远人之意，这是诗思展现的前提。诗的起句写岸边绵延的柳色，这应该是南方的秋天，垂柳葱郁朦胧。而后将景致聚焦为一位静态的钓鱼者，他颇有王维《鸟鸣涧》中“人闲花落”的意态，与秋水、树影融成一片。这两联的意境颇受后人称赏，明代黄周星评曰：“翠色两句，情景俱绝”；钟惺评曰：“影铺两句俱妙在神气静，语气朗。”诗人在第三联同读者玩起了修辞游戏，有意将自己的姓氏与鱼窟这一意象联系起来。似乎诗人想象的读者就是这位“钓人”，不希望他钓到鱼后兴尽而去。古人以攀折春柳喻相思，而诗人则以秋天柳枝低垂暗怀挽留心上人的愿望。但是，这个愿望落空了，只剩下诗人独自在凄清的雨夜，自梦中辗转醒来，平添几许哀愁。

二、赠邻女

羞日遮罗袖，愁春懒起妆。
易求无价宝，难得有心郎。
枕上潜垂泪，花间暗断肠。
自能窥宋玉，何必恨王昌。

【赏析】

据现存最早记载鱼玄机生平事迹的《三水小牍》所言，这首诗是咸通戊子春正月（868）诗人狱中所作，是一首绝笔诗。诗人因感情问题而猜忌自己的婢女，将她笞打致死。伏法之后，狱中传出“易求无价宝，难得有心郎”一联。因为后世史料笔记作品对这一故事的广泛转载，这句诗成为诗人现存五十首作品中流传最广的一句。在唐代的诗歌选集《才调集》中，这首诗又题作“寄李亿员外”。《北梦琐言》对此有更详细的文献记载，其中说诗人本是李亿的侍妾，因爱衰隶咸宜观为女道，这句诗正是怨恨李公对自己没有真心。但是通览全诗，诗人想要传达的不是悲观地怨，而是假借与邻女对话，抒发一种豁然开朗。失恋之后避人不见、无心妆扮、垂泪断肠都是没有必要的，因为你失去的人对你本就不在意，而这世上的美男子，除了王昌之外，还有宋玉哪！这本和男性之间揶揄天涯何处无芳草一个声调，但出于女子之口，却令后世的男性读者咋舌。所以“赠邻女”这个诗题更符合生活的真实，因为女性之间更懂得彼此。有趣的是结句的用典，王昌和宋玉虽都是美男子的代称，但王昌是魏晋时的世家子弟，人所共知的只有他的姿仪俊美，宋玉则以辞赋名家，不仅仅美貌而已。或许在诗人看来，“宋玉”才是更好的意中人吧！

三、寄国香

旦夕醉吟身，相思又此春。
雨中寄书使，窗下断肠人。
山卷珠帘看，愁随芳草新。
别来清宴上，几度落梁尘。

【赏析】

梁尘，指房梁上的尘土。刘向《别录》有："汉兴以来，善歌者鲁人虞公，发声清哀，盖动梁尘。"歌者声音清奇，回响不绝，连梁尘亦为之颤动。这首诗是写给一位叫国香的女子，她有美妙的歌喉，所以诗的最后一句，遐想她在宴会中清歌一曲，梁尘飞落。正是因为诗人有过这样难忘的经历，所以才在分别后想念她。但是在善唱的人跟前，善为诗者如何运用自己的语言天赋呢？历代的诗评家中只有钟惺看到了这一妙处，他说："雨中""窗下"都是平常的字眼，但是一经聪明的人运用，就是那么婉转骀荡。

四、寄题炼师

霞彩剪为衣，添香出绣帏。
芙蓉花叶□，山水帔□稀。
驻履闻莺语，开笼放鹤飞。
高堂春睡觉，暮雨正霏霏。

【赏析】

炼师，原指德高思精的道士，后作一般道士的敬称。这首诗写的是女道士的日常生活，但是刻意塑造出一个玄虚缥缈、羽化升仙的形象：云霞为衣，芙蓉为冠，山水为帔。款款从绣帏走出的女道，侍弄香炉，侧耳闻莺，开笼放鹤，或者在暮雨无聊时，高卧家中。其实这种生活情境，与文人闲居并无二致，也就是说，入道的女性比之一般深闺女子，毕竟多了几分自由。

五、寄刘尚书

八座镇雄军，歌谣满路新。
汾川三月雨，晋水百花春。
图圄长空锁，干戈久覆尘。
儒僧观子夜，羁客醉红茵。
笔砚行随手，诗书坐绕身。
小才多顾盼，得作食鱼人。

【赏析】

这是一首措辞得体的应酬之作，全篇主旨是赞美刘尚书并感谢他的照顾。八座，指古代中央政府八种高级官员，隋唐时以六尚书、左右仆射为“八座”。这位刘尚书外任山西，在他的治理下，境内风调雨顺，政治清平，干戈不兴，以至于他可以偃武修文，与门客宴饮酬唱。而在这样的诗酒往返中，作者本人也成了备受礼遇的座上宾。诗人居住的咸宜观在长安城，那里有不少以修道为名的皇亲贵胄，也常有名公士子造访。据《旧唐书》载，咸通四年（863），礼部尚书刘潼任太原尹，并充河东节度观察处置等使。他或许就是为诗人提供了庇护的刘尚书。

六、浣纱庙

吴越相谋计策多，浣纱神女□相和。
一双笑靥才回面，十万精兵尽倒戈。

范蠡功成身隐遁，伍胥谏死国消磨。
只今诸暨长江畔，空有青山号苎萝。

【赏析】

这是一首咏史诗。据《会稽志》载，诸暨县南五里有山名苎萝山。吴越相争的时代，山中曾有一位美人名唤西施，她被范蠡选中赠予吴王夫差，王心大悦，给了越国存活的机会。而后越王勾践卧薪尝胆，终于灭吴。这是一段家喻户晓的历史故事。不过，诗人还是加入了几分浪漫的想象："一双笑靥才回面，十万精兵尽倒戈"，仿佛西施是两国交兵时决定胜负的砝码。正如《长恨歌》中"回头一笑百媚生，六宫粉黛无颜色"，杨玉环也被认为是安史之乱的"祸水"。赫然出现在史书上的女子，往往被赋予了太多传奇色彩。此诗之外，花蕊夫人有"十四万人齐解甲，更无一个是男儿"之句，写后蜀灭亡时的感受。宏大的历史场景以闺闱口吻道出，语调也有几分相似。

七、卖残牡丹

临风兴叹落花频，芳意潜消又一春。
应为价高人不问，却缘香甚蝶难亲。
红英只称生宫里，翠叶那堪染露尘。
及至移根上林苑，王孙方恨买无因。

【赏析】

上林苑乃汉武帝铺张建筑之所，王孙乃淮南小山《招隐士》所言之贵族子弟，牡丹在唐代被喻为国色。而一个"残"字，却将诗意引向不一般的境地，似有托物言志、以之自比之意。这从牡丹之所以零落风泥、无人问津，是因为它本来就不属于尘世，也非常人所能负担。天香国色，黯然度过了又一个春天，却没有打算俯身就俗。她兀自绽放，不容亲近。

八、酬李学士寄簟

珍簟新铺翡翠楼，泓澄玉水记方流。
唯应云扇情相似，同向银床恨早秋。

【赏析】

寄簟之人的一片心意是希望诗人能安然度过眼前的炎炎夏日，但是诗人多情且又多心。想到这件泓澄如玉、清凉如水的珍簟，正如云扇一般，乃时令应季、不得长久之物，秋天一到，它们就面临被冷落、遗忘的命运，这令她怀疑送礼者的真心。聪慧奥思如她，生怕自己会一语成谶，预言出这段感情的最终结局。然而无奈的是，千古之下，扇与簟，最终成为女性因色衰而见弃的经典意象。

九、情书寄李子安补阙

饮冰食蘖志无功，晋水壶关在梦中。
秦镜欲分愁堕鹊，舜琴将弄怨飞鸿。
井边桐叶鸣秋雨，窗下银灯暗晓风。
书信茫茫何处问，持竿尽日碧江空。

【赏析】

这首七律写得谦恭而稚拙，完全看不到日后鱼玄机那种游刃有余、戏谑调笑的影子。因为这时的她，还是一位年轻的侍妾，她的丈夫叫李亿，字子安。她在开篇就表明自己正“饮冰食蘖”，过着清苦的生活为丈夫守节，然而她的坚持是徒劳无功的。丈夫所在的山西之地，对她来说像在梦中一样遥不可及。秦镜欲分、舜琴将弄，都是要分离的征兆，但是除了愁和怨，一点办法也没有。她独自一人的生活里，只有井边梧桐与窗下银灯，陪伴她一起感受着夜间的凄风苦雨，在白日的漫漫时光中，她专一地坐守江边，希望“鱼能传书”的好运让自己收到丈夫的书信，可惜亦是枉然。不知道这封“情书”是否能够寄达，又不知她是在经历了多少次这样的失望之后才选择了日后放纵的生活。

十、闺怨

蘼芜盈手泣斜晖，闻道邻家夫婿归。
别日南鸿才北去，今朝北雁又南飞。
春来秋去相思在，秋去春来信息稀。
扃闭朱门人不到，砧声何事透罗帏。

【赏析】

蘼芜，其茎叶靡弱而繁芜，是一种柔软无力的香草，古人认为它有得子的功效，故采撷风干作为香料之用，但它在诗文中的暗示则是消极的，往往意味着夫妻分离，女子被遗弃。古乐府有“上山采蘼芜，下山逢故夫”之句，心中的美好期盼与现实中的不幸境遇尴尬相逢，好不凄凉。本诗的第一句也隐含了这种戏剧性的对比，这边厢正在斜阳中手捧蘼芜自伤自怜，那边厢却闻得别人家夫妻团圆的消息，这份本来与己无关的欢乐，仿佛更坐实了自己被遗弃的命运。接下来的两句将这种颓唐情绪抒发无余，春秋寒暑往复相迭，盼归的人相思仍在，离开的人却音讯日少。最末是一个有些赌气的结尾：本来我这人所不到、深门闭户的幽居所在，为什么偏偏会听到那凝结了千古之下无数悲情怨结的捣衣之声？

十一、春情寄子安

山路欹斜石磴危，不愁行苦苦相思。
冰销远涧怜清韵，雪远寒峰想玉姿。
莫听凡歌春病酒，休招闲客夜贪棋。

如松匪石盟长在，比翼连襟会肯迟。

虽恨独行冬尽日，终期相见月圆时。

别君何物堪持赠，泪落晴光一首诗。

【赏析】

题写春情，诗中却句句冬景，以比喻坚贞之心。鱼玄机写给李亿的诗，每一首都是这样，饱含着对对方的承诺。不知道李亿临别之前是否留下过同等分量的许诺，让鱼玄机能够如此坚信他们之间的感情会如冬松匪石一般长久，而他们的团聚之日亦有到来的一天。在她美好的记忆中，远行的丈夫不畏山路、不愁行苦，在冰销雪远之中，容姿清癯，惹人思念。她像凡常的妻子一样，劝他在客居之地珍重自己，莫听凡歌、莫饮春酒、休招闲客、休贪夜棋。然而正如明代钟惺评论的那样："如此持赠，恐不堪人领取也！"没有哪个男子，能够像她暗自希望的那般，专心专意地期待着远行的结束。

十二、打毬作

坚圆净滑一星流，月杖争敲未拟休。

无滞碍时从拨弄，有遮栏处任钩留。

不辞宛转长随手，却恐相将不到头。

毕竟入门应始了，愿君争取最前筹。

【赏析】

打毬，即蹴鞠，一种马上游戏，起源于波斯。唐太宗时传入中国，初为军中练武的游戏。开元、天宝年间，唐玄宗以观打毬为乐。打毬时，各自乘马，持鞠杖，杖长数尺，其端如偃月。分两队，争击一毬，毬场南立双桓，置板，下开一孔为门，先击入者曰"头筹"。在唐代，女子打毬也有记载，多为步打，如王建《宫词》中即有"殿前铺设两边楼，寒食宫人步打毬"之句。鱼玄机此诗，除以流转的词汇描写打毬的动作，亦含有微妙的双关。“不辞宛转长随手，却恐相将不到头”，既是说带毬而走的难度，又在说感情世界里不能从一而终的惶恐。

十三、暮春有感寄友人

莺语惊残梦，轻妆改泪容。
竹阴初月薄，江静晚烟浓。
湿嘴衔泥燕，香须采蕊蜂。
独怜无限思，吟罢亚枝松。

【赏析】

这是一首凄清的五言律诗，对仗的工稳、辞藻的流丽，无不体现出作者情绪的冷静。仿佛已经消却了春日里的浓情蜜意，好梦只剩残境，妆容已被泪消，在已是既成事实的孤寂之中，感受着周围景物的静谧气氛：不仅觉察到竹阴中的月光清薄冷涩，江边的暮霭重雾弥漫，作者感觉的触角甚至细微到衔泥的燕子已经沾湿的喙和花间的蜜蜂已着染了蜜香的须，这无限延续伸展的感观和诗兴，皆是因为感情的无所寄托。吟咏之后独倚松枝，希望自己的思绪，友人能够完全地体会。

十四、冬夜寄温飞卿

苦思搜诗灯下吟，不眠长夜怕寒衾。
满庭木叶愁风起，透幌纱窗惜月沉。
疏散未闲终遂愿，盛衰空见本来心。
幽栖莫定梧桐处，暮雀啾啾空绕林。

【赏析】

温庭筠是鱼玄机非常敬重和仰慕的诗人。为了这首诗，才思绵延如她，竟然苦思沉吟起来，在寒冬的长夜里，对自己的诗句百般斟酌推敲，甚至殊为难得地选择了引经据典。《九歌·湘夫人》有“袅袅兮秋风，洞庭波兮木叶下”，被鱼玄机拿来装饰自己庭院中的落叶姿态，这使得她窗纱外的月光也沾染上绵邈的愁绪。接下来，她写下气象更为宏大的一联，谈起了本来的志向与人世的盛衰，表明自己本有萧散度日之愿，惜于未能实现。而那“非梧桐不止，非练实不食，非醴泉不饮”的高蹈遁世之心也一直没有找到现实的依托，反而不得不忍受聒噪的凡间鸟雀啾啾不休。鱼玄机在这首诗中着力展现自己精神世界中最崇高的一面，她希望得到回音。

十五、酬李郢夏日钓鱼回见示

住处虽同巷，经年不一过。
清词劝旧女，香桂折新柯。
道性欺冰雪，禅心笑绮罗。
迹登霄汉上，无路接烟波。

【赏析】

李郢，字楚望，长安人，大中十年（856）进士，官至侍御史，有诗歌一卷传世。他与鱼玄机曾同住一巷，并有诗歌往还。这首诗的题目告诉我们，二人的正式交往开始于一个夏日，李郢以“钓鱼归来”为由，写了一首诗寄赠鱼玄机，不知道这首“钓鱼”诗有没有透露另外的意义，但是鱼玄机显然心领神会。这首回应之作，写得颇为矜持得体：我们住处很近，但是此前从没有过任何交集。如今您寄赠诗歌，或许是因为有科举及第的新消息，不介意与我分享这一喜讯。不过我已经是方外之人，以修道为业，再生红尘绮罗之心易于为人所笑。况且您即将任职朝中，前途不可限量，届时我更与您有霄壤之别，恐怕您也不会再有与我交接之心了。

十六、次韵西邻新居兼乞酒

一首诗来百度吟，新情字字又声金。
西看已有登垣意，远望能无化石心。
河汉期赊空极目，潇湘梦断罢调琴。
况逢寒节添乡思，叔夜佳醪莫独斟。

【赏析】

诗人的新邻居投诗一首，表明交好之意，鱼玄机则大胆回应：您的这首诗我反复吟诵，其辞藻音韵之美真能作金石之声。您应该是一位正人君子，即使我如同宋玉笔下的东家子那样，有绝世之美貌，又有登墙窥探之心，应该也不会使您动心吧。（宋玉《登徒子好色赋》有：“此女登墙窥臣三年，至今未许也。”）但是您应该不了解我的想法，独身而居的我早已经渐渐消却了望夫化石之心，因为那已经是一段没有希望的感情，他与我河汉渺茫，潇湘梦断，相会无期。因此，在这样一个令人倍添思情的节日里，您那里若有美酒，何妨邀我共饮一杯？

十七、和友人次韵

何事能销旅馆愁，红笺开处见银钩。
蓬山雨洒千峰小，嶰谷风吹万叶秋。
字字朝看轻碧玉，篇篇夜诵在衾裯。
欲将香匣收藏却，且惜时吟在手头。

【赏析】

友人是谁？不得而知。但是能让女诗人亦步亦趋，不仅次韵唱和，而且倾尽诗才去赞美的，应是极为重要的朋友。明代钟惺评此诗曰：“怜惜爱护，宛转入情，如此到家，觉他人赏鉴皆浮浅粗俗，辱没得多也。”说的是如果有谁的作品能获得这样动情、精妙的赞美（红笺银钩指友人所用纸张和所书字迹，蓬莱仙山之雨、昆仑北谷之风形容读友人诗的感受，旅馆愁、千峰小、万叶秋则是陶醉于诗歌营造的意境之中），这样珍重、爱惜的持护（字字篇篇，朝看夜诵，香匣收藏），便是到达品鉴的极致，其他任何人所写，都再无法入眼了。

十八、和新及第悼亡诗二首

仙籍人间不久留，片时已过十经秋。
鸳鸯帐下香犹暖，鹦鹉笼中语未休。
朝露缀花如脸恨，晚风欹柳似眉愁。
彩云一去无消息，潘岳多情欲白头。

【赏析】

这首诗将及第的意义隐含在“仙籍”之中，借“山中方一日，世上已千年”的意境烘托出科场得意与悼亡之悲的双重主题。“香犹暖”“语未休”指去世不久，“如脸”“似眉”指睹物思人、触景伤怀，正如《长恨歌》中“芙蓉如面柳如眉，对此如何不泪垂”之意。悼亡诗，晋代潘岳极擅此体，故鱼玄机在诗中以“潘岳多情”比喻所应和之人。

十九、其二

一枝月桂和烟秀，万树江桃带雨红。
且醉樽前休怅望，古来悲乐与今同。

【赏析】

这首七绝比前面一首七律的意义直白，有教人“今朝有酒今朝醉”的放怀之意。

“一枝月桂”固然姿态曼妙引人垂怜，而还有“万树江桃”之美不可不看。明代黄周星评此诗曰：“新及第而悼亡，诚所谓一喜一悲也。然喜处故不必说。”

二十、游崇真观南楼睹新及第题名处

云峰满目放春晴，历历银钩指下生。

自恨罗衣掩诗句，举头空羡榜中名。

【赏析】

唐人中进士后，有“曲江流饮”“雁塔题名”之说，皇帝赐宴新科进士于皇家庭苑曲江之畔，其间有曲水流觞，人各赋诗，之后至大雁塔，人亦题名赋诗于塔内。据宋敏求《长安志》载：“崇真观在长安朱雀街东新昌坊内，本李齐古宅，开元初立。”在鱼玄机生活的时代，这里似乎也成为一个可供进士题名赋诗的所在。春日发榜之后，女诗人来到这里，观看新科进士所题之诗，那些劲节有力的书法字迹在她看来并非那么遥不可及，她若不是女儿之身，也定可以诗赋之才获取和他们一样的功名。

二十一、愁思二首

落叶纷纷暮雨和，朱丝独抚自清歌。

放情休恨无心友，养性空抛苦海波。

长者车音门外有，道家书卷枕前多。

布衣终作云霄客，绿水青山时一过。

【赏析】

这首诗愁中含怨：窗外雨声沥沥，有落叶为之唱和，室内独抚琴弦，却只能自吟清歌。既然选择了放纵自己的感情就无须怨恨那些没有真心的友人，正如佛家之无穷苦境需要切身修行渐渐领悟。虽然时有达官贵胄造访，但是与之交接还不如流连于道家书卷，涵养身心。曾经的平民布衣也会有跻身云霄仕途显达的一天，但于我而言，那时已经是青山绿水，时过境迁了。

二十二、其二

自叹多情是足愁，况当风月满庭秋。
洞房偏与更声近，夜夜灯前欲白头。

【赏析】

古时女子多居住深邃之室，曰洞房。于秋风起时生愁思，夜夜灯前，可谓“足愁”，愁因何而起？惟多情之故。

二十三、江行

大江横抱武昌斜，鹦鹉洲前万户家。
画舸春眠朝未足，梦为蝴蝶也寻花。

二十四、其二

烟花已入鸬鹚巷，画舸犹题鹦鹉洲。
醉卧醒吟都不觉，今朝惊在汉江头。

【赏析】

在中国古代诗歌史上，有许多江上赋诗的经典场景，而若论女性抒写的游历长江的诗篇，这两首七言绝句恐怕写出了前无古人的境界。武昌城、鹦鹉洲、鸬鹚巷、汉江头，不仅仅是真实的地理坐标，也因不少警句名篇而成为天然的诗意符号。如鹦鹉洲即以汉末祢衡《鹦鹉赋》知名，唐代崔颢、孟浩然、李白皆有佳句流传。鱼玄机诗中“梦为蝴蝶也寻花”一句，采《齐物论》庄周梦蝶之境，又带有杜甫“江畔独步寻花”的轻松快意，浑然天成地呈现出摇曳多姿、顾盼生辉的女性风情，用典于无形，受到后世评论家不断地击节赞赏。

女诗人在横渡长江的游船上醒时歌吟、醉来睡卧，飘飘悠悠之间，不觉已从汉江口到了武昌城，又从武昌城绕过了鹦鹉洲，接着重新又绕回了汉江口。这样微醺恣意的旅行，恐怕大大出乎古代读者的意料，无怪乎明人黄周星评之曰“妖冶之尤”。然而今天看去，却自有一番酣畅淋漓的意境。

二十五、闻李端公垂钓回寄赠

无限荷香染暑衣，阮郎何处弄船归。

自惭不及鸳鸯侣，犹得双双近钓矶。

【赏析】

李端公就是鱼玄机的邻居李郢。《唐国史补》有“御史曰端公”，李郢官侍御史，故称。他又在一个夏日垂钓归来，鱼玄机得知后写诗寄赠他，可见此时二人已经比较熟悉，鱼玄机甚至成了主动的一方。她写了一首语气调侃的七言绝句，用汉代阮肇入天台山采药，遇仙女邀至家中并招为婿的故事比喻李郢的这次出行，戏谑他的衣服上沾染了无限的花香，一定是在垂钓时有佳人陪伴。她的“自惭”中稍稍带有一点羡慕，比翼成双也是她对生活的期盼，然而这么直白地流露出来，比起之前“禅心笑绮罗”的她，虽然真实了许多，却也不禁令人怜悯。

二十六、题任处士创资福寺

幽人创奇境，游客驻行程。

粉壁空留字，莲宫未有名。

凿池泉自出，开径草重生。
百尺金轮阁，当川豁眼明。

【赏析】

“处士”本指有才德而隐居不仕的人，后亦泛指未做过官的人。资福寺的创立者，也许是鱼玄机的一位友人，又或者她也只是一个被奇境吸引、停住了脚步的游人。崭新的寺庙还没有人题过诗句，故称“粉壁”，甚至佛宫前连名字都没有取好。然而此处景色既美又有灵气，泉能自出、草能重生，不禁使人觉得这座佛寺是受到庇佑的圣境。

二十七、题隐雾亭

春花秋月入诗篇，白日清宵是散仙。
空卷珠帘不曾下，长移一榻对山眠。

【赏析】

散仙，在道教中指未授仙职的仙人，而在俗世中，又比喻放旷不羁、自由闲散的人。诗人游走于两种身份之间，享受着雅致的闲居生活，白日与清宵，春花与秋月，都供她从容玩味。而她的珠帘长卷，对山而眠，则有一种活泼的情致在，令人想起李白与明月“对影成三人”，与敬亭山“相看两不厌”，那许多由物我对照而生发出的美好诗境，都源于诗人天性的率真与烂漫。

二十八、重阳阻雨

满庭黄菊篱边拆，两朵芙蓉镜里开。
落帽台前风雨阻，不知何处醉金杯？

【赏析】

芙蓉比喻女子脸庞。镜中所见，乃醉酒时两腮艳如芙蓉。落帽台在湖北江陵县西北龙山。《晋书·孟嘉传》：“九月九日，（桓）温燕龙山，寮佐毕集，时佐吏并着戎服。有风至，吹嘉帽堕落，嘉不之觉。温使左右勿言，欲观其举止，嘉良久如厕，温令取还之，命孙盛作文嘲嘉，着嘉坐处，嘉还见，即答之，其文甚美，四坐嗟叹。”落帽台以此事筑，重阳亦称“落帽之辰”。

二十九、早秋

嫩菊含新彩，远山闲夕烟。
凉风惊绿树，清韵入朱弦。
思妇机中锦，征人塞外天。
雁飞鱼在水，书信若为传。

【赏析】

早秋时节，菊花且嫩，颜色如新，远山含烟，风稍有凉意，树木尚茏葱，连琴弦亦染上了这清朗气候所带来的韵味。然而秋天，亦是思念良人的时节。古有窦滔妻苏蕙以五色丝织成回文诗图，她在思念自己远徙流沙的丈夫（见《晋书·列女传·窦滔妻苏氏》）。而今大雁南飞，鱼游在水，它们所能传递的又是诗人此刻对谁的思念？

三十、感怀寄人

恨寄朱弦上，含情意不任。
早知云雨会，未起蕙兰心。
灼灼桃兼李，无妨国士寻。
苍苍松与桂，仍羡世人□。

月色苔阶净，歌声竹院深。
门前红叶地，不扫待知音。

【赏析】

这首诗意在表明自己寄情于红尘，未尝与世隔绝之心，“无妨国士寻”与“不扫待知音”都是直接点明此意。明代钟惺评此诗曰：“如此艳冶，若无此寄托，便非才色妇人自待矣。看其句句自矜自怨，其胸中着想，亦有永怀知音之感。此诗咏叹深婉，故高秀而轻达，若‘易求无价宝，难得有心郎’，则一直说出矣。”

三十一、期友人阻雨不至

雁鱼空有信，鸡黍恨无期。
闭户方笼月，褰帘已散丝。
近泉鸣砌畔，远浪涨江湄。
乡思悲秋客，愁吟五字诗。

【赏析】

诗歌史上以“友人阻雨不至”为题的名篇很多，这类诗所抒发的共同主题是等待，然而等待时的心境则各有不同。例如宋人诗：“黄梅时节家家雨，青草池塘处处蛙。有约不来过夜半，闲敲棋子落灯花。”作者的等待隐藏在闲适散淡地打发时间的不经意之中。而鱼玄机此诗则充满了女性特有的细腻感受：一开始，雨下得并不大，但是她已经意识到友人来不了了，之前书信相约了这个日子，但是鸡黍虽备，共享一餐的期盼却已经落空了，于是她关门闭户，回到自己的独居生活里。她对这场阻碍了友人前来赴约的雨格外留心，先是掀起帘子看到窗外细雨已成散丝，再是听到近处的泉声因为雨水的缘故比往常更加响亮，由此联想到江边上涨的浪潮乃至由秋雨而生思乡之情的游子，这些感受汇聚在一起让她写下了这首诗。这不禁让人联想到《红楼梦》中林黛玉写下《秋窗风雨夕》的过程，不也正是“友人阻雨不至”而后所作吗？

三十二、访赵炼师不遇

何处同仙侣，青衣独在家。
暖炉留煮药，邻院为煎茶。
画壁灯光暗，幡竿日影斜。
殷勤重回首，墙外数枝花。

【赏析】

“访友人不遇”亦是诗中常见的主题，尤其是造访方外人士，更容易营造所访之人出尘脱俗的境界，如贾岛《寻隐者不遇》：“松下问童子，言师采药去。只在此山中，云深不知处。”所访之人全无踪迹，神秘莫测。鱼玄机亦是访方外之人，但是她已至其家门，于是读者借由她的观察，得以窥知一位炼师温润静谧的日常：青衣小童侍奉，药与茶为伴，诗书为消遣。鱼玄机到访的时候，炼师的炉子里正煮着药，为了气味之间不受影响，煎茶则另辟一院，这一场景让鱼玄机觉得她仿佛马上就会回来，于是便在她的居处徘徊起来。主人不在家，读书写字的画壁前灯光并未点亮，从幡竿投射的影子来看，太阳已经下山。鱼玄机似乎等待了一段时间才起身离去，走到门外仍有不舍，留意到墙外的花开得正好，看来这是一处使人留恋的温馨所在。

三十三、导怀

闲散身无事，风光独自游。
断云江上月，解缆海中舟。
琴弄萧梁寺，诗吟庾亮楼。
丛篁堪作伴，片石好为俦。

燕雀徒为贵，金银志不求。

满杯春酒绿，对月夜琴幽。

绕砌澄清沼，抽簪映细流。

卧床书册遍，半醉起梳头。

【赏析】

这首诗写作者南行途中的心境。萧梁寺指南朝梁武帝所建之寺，庾亮楼指晋朝庾亮镇守武昌时所建之楼。鱼玄机独自流连于一处处景观中，兴致却并不高昂，没有意中人作伴，她只能独吟独唱独行独卧。她自比一只燕雀，身虽微小却有清高之志，然而现实生活并不能令她如意，她只能斟满酒杯，对月寄情，乘着酒兴闲庭信步，醒来时分以诗书遣怀。

三十四、寄飞卿

阶砌乱蛩鸣，庭柯烟露清。

月中邻乐响，楼上远山明。

珍簟凉风着，瑶琴寄恨生。

嵇君懒书札，底物慰秋情。

【赏析】

这封诗笺的收信人是晚唐著名诗人温庭筠，字飞卿。女诗人仰慕他的才学，在秋夜时分，不堪蟋蟀鸣叫、烟露清冷、邻居奏乐的烦扰，独上高楼，眺望远山，幽怨暗生：这位如嵇康一样清峻疏懒的人物，没有他的片言只语，又拿什么来慰藉秋思？

三十五、过鄂州

柳拂兰桡花满枝，石城城下暮帆迟。
折牌峰上三闾墓，远火山头五马旗。
白雪楼高题旧寺，阳春歌在换新词。
莫愁魂逐清江去，空使行人万首诗。

【赏析】

此诗乃作者南行途中所作。鄂州，唐代属江南道，治所在今武昌。前三联一句一景，具有一览而过、须臾不停的节奏感：石城，在今湖北省钟祥市；三闾墓，是指三闾大夫屈原之墓；白雪楼在汉江之上，安陆府城西。最后一联引入当地传说中的善歌女子莫愁（事见《旧唐书·音乐志二》），给全诗画上一个飘逸的结尾。

三十六、夏日山居

移得仙居此地来，花丛自遍不曾栽。
庭前亚树张衣桁，坐上新泉泛酒杯。
轩槛暗传深竹径，绮罗长拥乱书堆。
闲乘画舫吟明月，信任轻风吹却回。

【赏析】

此诗写夏日山居之乐：满院的花丛无须打理自然繁茂，庭前树木的枝丫正好可以晾晒衣物，有泉水可供流觞赋诗，有轩槛直通到竹林深处，可以闲时乱翻诗书，可以夜乘画舫赏月。船行山水中，任凭凉爽的轻风吹送，真如神仙一般逍遥自在。

三十七、暮春即事

深巷穷门少侣俦，阮郎唯有梦中留。
香飘罗绮谁家席，风送歌声何处楼。
街近鼓鼙喧晓睡，庭闲鹊语乱春愁。
安能追逐人间事，万里身同不系舟。

【赏析】

暮春总是多愁思：又是独居深巷，重门掩蔽，无人过访，情郎只在梦中。而真实生活中的他，不知正在赶赴哪家的宴席，驻足何处的歌楼，那里一定罗绮飘香美人如云，欢歌阵阵，鼓声喧哗。这些声音仿佛正隐隐传来，和庭院中的鸟鹊一样使人心烦意乱。我应该平心静气，超尘脱俗，不再受这些人间事的牵绊困扰。

三十八、代人悼亡

曾睹天桃想玉姿，带风杨柳认蛾眉。
珠归龙窟知谁见，镜在鸾飞话向谁。
从此梦悲烟雨夜，不堪吟苦寂寥时。
西山日落东山月，恨想无因有了期。

【赏析】

悼亡之作，往往以情深而自矜者胜。元稹所作“曾经沧海难为水，除却巫山不是云。取次花丛懒回顾，半缘修道半缘君”即是一例。此诗乃代人而作，因此采用间接抒情之法。天桃比喻少妇姿容，杨柳则为蛾眉代称，世间再普通不过的自然景物，却能轻易联想到故去之人。龙窟，出自《庄子·列御寇》“千金之珠，必在九重之渊，而骊龙颔下”，此谓阴阳两隔，不能相见。鸾鸟雌雄相守，离则悲鸣，用以喻丧偶之人。自此后，梦里是悲，生是寂寞，日升月落，恨无绝期。

三十九、和人

茫茫九陌无知己，暮去朝来典绣衣。
宝匣镜昏蝉鬓乱，博山炉暖麝烟微。
多情公子春留句，少思文君昼掩扉。
莫惜羊车频列载，柳丝梅绽正芳菲。

【赏析】

《三辅旧事》载“长安城中，八街，九陌”。此处深意是希望所和之人能理解自己。虽然这时的作者生活陷入窘境，发式懒于精心打点，香炉内也已经不再增添香料，甚至连绣衣都拿去典当了，但是宝匣镜、博山炉还留存着华贵生活的遗韵。（博山炉乃古香炉名，以形似海中名山而得名，此处代指名贵的香炉。）还有多情公子寄诗留情，引得她如卓文君一般为名士动心。看来作者一点也不担心，以自己的才华会得不到有心人的爱惜。羊车，指晋代宫中用羊牵引的小车，《晋书·后妃传·胡贵嫔》：“（武帝）常乘羊车，恣其所之，至便宴寝。”此处以羊车表示得到宠爱之意。

四十、隔汉江寄子安

江南江北愁望，相思相忆空吟。
鸳鸯暖卧沙浦，鸂鶒闲飞橘林。
烟里歌声隐隐，渡头月色沉沉。
含情咫尺千里，况听家家远砧。

【赏析】

此诗六言，有汉魏民歌韵调。明代钟惺评此诗曰：“六言诗了无牵合，不作两半句读，则亦彼法中高手，然毕竟有才情人，无所不可。玄机盖才媛中之诗圣也。”

四十一、寓言

红桃处处春色，碧柳家家月明。
楼上新妆待夜，闺中独坐含情。
芙蓉月下鱼戏，螮蝀天边雀声。
人世悲欢一梦，如何得作双成。

【赏析】

双成，指董双成，是神话中西王母的侍女。此诗前三句写桃红柳碧，春意深浓，又写新妆女郎，独坐闺中，再写草木鱼虫，引人心驰，在在皆是言情，寄情于红尘悲欢者，故结尾处说，如此留恋人间，还如何能修道成仙?

四十二、江陵愁望寄子安

枫叶千枝复万枝，江淹桥映暮帆迟。
忆君心似西江水，日夜东流无歇时。

【赏析】

此诗乃鱼玄机名篇，流传甚广，无所修饰而情意充沛，是唐诗风调的代表。西江，指长江，鱼玄机与李亿分隔两地，一在长安，一在江陵，故有“江陵愁望”之说。

四十三、寄子安

醉别千卮不浣愁，离肠百结解无由。
蕙兰销歇归春圃，杨柳东西绊客舟。
聚散已悲云不定，恩情须学水长流。
有花时节知难遇，未肯厌厌醉玉楼。

【赏析】

作此诗时，作者还以蕙兰为名，还有一位相爱的人：李亿。当时二人感情甚笃，故诗中哀怨之情少而别离之恨多。千杯酒、百转肠，皆为诉分别之苦。虽然现实中的二人聚散已定，天各一方，但她仍然暗自希望自己这枝“蕙兰”永不消歇，即使明知道在有花盛开的春夏都不可能相见，即使预感到一定有什么牵绊阻止他前来，也不甘心就此醉生梦死打发时光，宁愿相信彼此之间一定会情意不绝，如水长流。

四十四、送别

秦楼几夜惬心期，不料仙郎有别离。
睡觉莫言云去处，残灯一盏野蛾飞。

【赏析】

四十四至四十六的编排颇为耐人寻味，两首“送别”之间，是欢欣无限的“迎接”，仿佛在向读者展示真实人生中聚散离合的常态，使乐观者更珍重那倏忽即逝的聚时欢愉，亦使悲观者涵咏那分别之后漫长而久远的哀愁。

明代钟惺评此诗曰：“味后诗则知前诗气尚和平。前诗第三句直，故转一语，词意放松一步；后诗第四句直，却无可转处矣，其意亦遂悲痛而不堪了。”意思是说，与后一首《送别》相比，这首诗中流露出的哀婉气息尚且平和有度。或许是因为此诗留有“秦楼几夜”的余绪，爱意和温情尚未在记忆中散去，这时候乍说别离，尚且有点不知所措和无可奈何，因此结句顾左右而言他，显得意境缓和。

四十五、迎李近仁员外

今日喜时闻喜鹊，昨宵灯下拜灯花。
焚香出户迎潘岳，不羡牵牛织女家。

【赏析】

《红楼梦》“琉璃世界白雪红梅”一回，对薛宝琴、邢岫烟等人的到来，贾母高兴地说：“怪道昨日晚上灯花爆了又爆，结了又结，原来应到今日。”所喜所爱之人的造访，使人欢欣踊跃，一一对应起那些微妙的征兆，仿佛眼前所见即是生活中最浓烈的期盼。女诗人不仅焚香出户，亲自迎接，甚至天真而动情地说：我们之间的感情，比久别重逢的夫妇还要热烈。对男女欢情大胆的书写，后世女诗人亦不乏此。朱淑真《元夜》有“但愿暂成人缱绻，不妨常任月朦胧。赏灯哪得工夫醉，未必明年此会同”。令人嗟叹的是，这些女子皆红颜薄命，她们所歌颂的，也正是她们生命中最难以葆有的，一份剂量对等的爱。

四十六、送别

水柔逐器知难定，云出无心肯再归。
惆怅春风楚江暮，鸳鸯一只失群飞。

【赏析】

水性至柔，随物赋形，借喻女子追随自己的丈夫。然而所欲追随之人却如无心之云，飘忽无踪，不肯归来。这样的惆怅随着春风、江水和落日慢慢发酵，最后示人的只有不可回转的失望和悲哀。

四十七、左名场自泽州至京使人传语

闲居作赋几年愁，王屋山前是旧游。
诗咏东西千嶂乱，马随南北一泉流。
曾陪雨夜同欢席，别后花时独上楼。
忽喜扣门传语至，为怜邻巷小房幽。
相如琴罢朱弦断，双燕巢分白露秋。
莫倦蓬门时一访，每春忙在曲江头。

【赏析】

泽州，在今山西省晋城市一带。王屋山在山西省垣曲县一带。李亿是山西人，鱼玄机早年随李亿在山西生活过一段时间，此诗写赠之人，应为二人之故交旧友，他或许以为二人一同生活在长安，故登门之前使人传语。而鱼玄机则在诗中告诉友人，自己已闲居数年，并未同李亿生活在一起，正如相如琴罢、双燕巢分，旧时友人所见证过的他们同游王屋、诗咏千嶂、马随南北、雨夜同席的美好时光已经一去不复返。不过，知道友人来京的消息作者仍然十分欣喜，热忱邀请他不弃幽巷蓬门，前来造访。

四十八、和人次韵

喧喧朱紫杂人寰，独自清吟月色间。
何事玉郎搜藻思，忽将琼韵扣柴关。
白花发咏惭称谢，僻巷深居谬学颜。
不用多情欲相见，松萝高处是前山。

【赏析】

此诗乃和人所作，可以看出，原作者将鱼玄机比喻为谢道韫，对她的才情仰慕不已，又有些不伦不类地将她比作深居陋巷、自得其乐的圣人颜回，并表示想要同她见面。鱼玄机的回应则有些嘲讽和调侃的意思在里面，明代钟惺《名媛诗归》对此诗之用意有很好的解读："想玄机一代才色，当时奔走慕悦之者不少，亦如今时强作诗篇，卖弄才学，欲以此自炫耳，故玄机亦直作此嘲哂之。然其语意和缓，亦不甚矜张，故此辈亦未之悟也。细味其词气，亦觉刻薄殆尽矣。要之此种语言文字中，解不得几分，亦何怪其蚩蚩也。由此思之，古今人不甚相远。"

四十九、因次光威裒韵姊妹三人少孤而始妍乃有是作精粹难俦虽谢家联雪何以加之有客自京师来者示予

朱楼影直日当午，玉树阴低月已三。（光）
腻粉暗销银镂合，错刀闲剪泥金衫。（威）
绣床怕引乌龙吠，锦字愁教青鸟衔。（裒）
百味炼来怜益母，千花开处斗宜男。（光）
鸳鸯有伴谁能羡，鹦鹉无言我自惭。（威）
浪喜游蜂飞扑扑，佯惊孤鹊语喃喃。（裒）
偏怜爱数蟏蛸掌，每忆先抽玳瑁簪。（光）
烟洞几年悲尚在，星桥一夕怅空含。（威）
窗前时节羞虚掷，世上风流笑苦谙。（裒）
独结香绡偷饷送，暗垂檀袖学通参。（光）
须知化石心难定，却是为云分易甘。（威）
看见风光零落尽，弦声犹逐望江南。（裒）

次韵

昔闻南国容华少，今日东邻姊妹三。
妆阁相看鹦鹉赋，碧空应绣凤凰衫。
红芳满院参差折，绿醑盈杯次第衔。
恐向瑶池曾作女，谪来尘世未为男。
文姬有貌终堪比，西子无言我更惭。
一曲艳歌琴杳杳，四弦轻拨语喃喃。
当台竞斗青丝发，对月争夸白玉簪。
小有洞中松露滴，大罗天上柳烟含。
但能为雨心长在，不怕吹箫事未谙。
阿母几嗔花下语，潘郎曾向梦中参。
暂持清句魂犹断，若睹红颜死亦甘。
怅望佳人何处在，行云归北又归南。

【赏析】

时有光、威、裒三姐妹，诗名传至长安，鱼玄机读而心悦，因此作诗唱和，揄扬其名。三姐妹之诗是即兴联句，共成一诗，鱼玄机则是一人总揽，七言排律。这仿佛是一场愉悦的闺中集会，一次女性才华的集中展现，让人不禁想到《红楼梦》中林黛玉和史湘云联句，最后由妙玉续笔的那联“芳情只自遣，雅趣向谁言”。在这里——《唐女郎鱼玄机诗》的最后一叶，隐藏着一个热烈的回应。三姐妹之诗，不仅拥有一位真诚的欣赏者，而且真的借由此人之别集，得以传至后世。明代黄周星评曰：“以光、威、裒三美之才，不得幼微表章，谁知之者？然仅能传其一首耳。因思古今才媛，埋没深闺者何限，安得向掌书仙姬而问之！”看来这一幅隐藏于书中的唐代美人图，让人在惊艳之余，又不禁感叹，古往今来，曾有多少才媛任凭如花美眷隐于深闺，如水芳心消于流年。

后 记

我博士后期间的导师张志清先生最早向我提及《唐女郎鱼玄机诗》，他生动的讲述以及对女性诗文留存不易的感慨，是我动笔写作的原因。研究院的汪东波院长、申晓娟副院长在“珍贵典籍史话”项目设立时鼓励青年研究者撰写自己感兴趣的书籍，因此这部书稿得以忝列丛书之中。本书的匿名审稿专家就我的大纲和初稿提出了非常翔实的意见，提供了新的材料，这给我的修改工作带来了便利。最近，在研究院、国家图书馆出版社的持续推动和努力下，书稿即将付梓，在此致以我的由衷谢意。

我在动笔最初遇到的困难是书中所有钤印和题跋的释读。在郑伟章先生、丁延峰老师、梁葆莉博士、刘鹏博士的帮助下，绝大部分问题迎刃而解。友人张庚鑫、章武以及广州小古堂书店的几位学友也在那段时间帮助我辨读文字、提供资料，几枚过去似未被注意的印章也有了线索。国家图书馆良好的学术氛围让我的写作过程充满了愉快的回忆：陈清慧老师、高柯立老师在稿件撰写之初就如何安排篇幅提出了中肯的意见；鲍国强老师以一封长邮件解答了我关于一幅藏书图真伪的疑问；林世田老师给了我实现鱼玄机诗集多媒体构想的机会，并请展览部的同事刘仲瑄帮助我一起完成了方案；王燕来老师也为鱼玄机诗集鉴赏册的设计提供了帮助。本书的结尾部分使用了宝礼堂藏书入藏国家图书馆的档案图片，在董馥荣老师、中国美老师和王雁行主任的帮助下，我得以顺利查阅这些资料。本书所有钤印插图都经过了刘仲瑄的设计处理，感谢她为此付出的时间和精力。

还要感谢天津图书馆的李国庆老师以及我的同事杨照坤、赵文友，他们帮我找到了刘梅真影抄本的图像资料。本书的部分内容曾在国家古籍保护中心微信公众号平台“芸台书话”栏目连载，感谢部门同事赵洪雅、廖甜添帮助我编辑文字及图片，同时感谢通过微信平台为我指出错误的读者。因为本书的完成，我有机会到河北保定莲池书院、湖南省图书馆、首都师范大学图书馆为读者作“鱼玄机诗集鉴藏史话”的专题讲座，感谢涂媛、宁阳、屈南三位老师和中国图书馆学会秘书处的同事卢小戎细致的组织工作，同时感谢讲座活动的负责人王红蕾老师。

本书的写作伴随着许多难忘的问学、读书经历。沈燮元先生告诉我现存黄丕烈画像的出处以及他对新见材料的看法。郑伟章先生提供了手自抄录的项元汴、朱承爵二家资料卡片供我写作时参考。沈津先生的文章《也说女子抄书》指引我关注鱼玄机诗集之外的女性文本。拓晓堂先生为我讲述了黄丕烈如何将《丁卯集》出售给朋友的故事。沈乃文先生对我提到如何从文学的立场把典籍故事讲得有趣味。胡平博士向我普及了中晚唐政治制度和社会生活中的一些细节问题。刘鹏博士建议我详写已经失传的《咸宜女郎诗册》。如果说书中所写内容不仅仅是我个人捕风捉影式的感悟，那要感谢他们的深厚学识和高明见解带给我的启发。

本书的写作承载了我和几位友人之间的特别记忆。郭航帮我实现了重新设计鱼玄机诗集版面的最初构想。李笑容向我推荐了翟永明写鱼玄机的诗。牛晓琰回答了我很多关于诗句品读的疑问。林皖绘制了袁克文肖像给本书作插图（当时她正在创作民国知识界人物群像，因此这幅画作亦请她的老师尉晓榕先生作跋）。她们以各自的才华照亮了我许许多多看似平淡无奇的静默时光。

本书的写作是我走出校园后交出的第一份学术答卷，也是我在国家图书馆学习和工作过的最好纪念。六年时光的浸染，对珍贵古籍加以研读和讲述的机缘，让我逐渐沉迷于书籍作为艺术鉴藏品的历史脉络，并由此生发出从艺术史的角度去解读古籍文献流传的研究视角，也让我对与之关联的诸多图像发生了强烈的兴趣。这一兴趣不仅体现在本书的写作过程中（寻找书籍实物背后的图像），也由此衍生了新的研究思路：我开始关注古代图像中的书籍实物，并重新审视博士论文中明人编刻宋元诗的艺术史背景。感谢师兄高志忠、同学程刚和同事向辉、孙婠、颜彦、田颖，他们在我对艺术史图像的探索研读过程中给予过热情帮助。感谢李相东、王清溪、刘明诸君，他们给予我继续发表研究成果的机会。感谢王薇教授、吴承学教授、王红霞教授、朱赛虹研究员、张廷银研究员、汪桂海研究员、张燕婴研究员，他们对我还处在尝试阶段的小文章给予过指点和肯定。感谢吴格先生、严佐之先生、巫鸿先生、范景中先生，他们的鼓励让我对这一研究的前景有了更深的信念。

业师孙立教授一直关心着我的工作、学术研究以及生活道路的选择，希望这本小书的出版能让老师感到些许欣慰。记得交稿后不久，张志清师在一次闲谈中向我描述了理想状态下的读书、写作、研究的图景，那是每个醉心于古典诗歌和古代文献的人都为之向往的，我在心中感念至今。我希望将来可以拿出更成熟的作品，以证明自己一直在朝着理想迈进。

本书的写作是为了一本正文只有十二页的小册子。这部小册子拥有难以计数的钤印、题跋和影刻分身，加诸其上的是许多过往人物的生活、记忆和情绪，他们旁逸斜出地为小册子增添了许多枝蔓。我希望将这些或隐或显的鉴藏故事一一考证钩沉，呈现晚清民国以来由“小册子”串联起来的家族往事、书林交游、酬赠图景。但由于学识精力有限，文献资料所见不全，本书中存在错误、遗漏之处一定不少，希望借由本书的出版，得到读者方家指正，以待来日修订增补。（作者邮箱：Lakessawl@gmail.com）

张　波

2018 年 10 月 17 日重阳节

定稿于布里斯班河畔

《中国珍贵典籍史话丛书》已出版书目

序号	书名	著者	定价	出版时间	条码
1	打开西夏文字之门	聂鸿音　著	48.00	2014 年 7 月	ISBN 978-7-5013-5276-0
2	《文苑英华》史话	李致忠　著	52.00	2014 年 9 月	ISBN 978-7-5013-5273-9
3	敦煌遗珍	林世田 杨学勇 刘　波　著	58.00	2014 年 9 月	ISBN 978-7-5013-5274-6
4	康熙朝《皇舆全览图》	白鸿叶 李孝聪　著	45.00	2014 年 9 月	ISBN 978-7-5013-5351-4
5	慷慨悲壮的江湖传奇	张国风　著	52.00	2014 年 10 月	ISBN 978-7-5013-5442-9
6	《太平广记》史话	张国风　著	48.00	2015 年 1 月	ISBN 978-7-5013-5484-9

7	《永乐大典》史话	张忱石　著	48.00	2015 年 1 月	ISBN 978-7-5013-5493-1 9 787501 354931 >
8	《玉台新咏》史话	刘跃进　原著 马燕鑫　订补	53.00	2015 年 1 月	ISBN 978-7-5013-5530-3 9 787501 355303 >
9	《史记》史话	张大可　著	52.00	2015 年 6 月	ISBN 978-7-5013-5587-7 9 787501 355877 >
10	西夏文珍贵典籍史话	史金波　著	55.00	2015 年 9 月	ISBN 978-7-5013-5647-8 9 787501 356478 >
11	《金刚经》史话	金根先 林世田　著	38.00	2016 年 6 月	ISBN 978-7-5013-5803-8 9 787501 358038 >
12	《太平御览》史话	周生杰　著	45.00	2016 年 10 月	ISBN 978-7-5013-5874-8 9 787501 358748 >
13	春秋左传史话	赵伯雄　著	45.00	2016 年 11 月	ISBN 978-7-5013-5880-9 9 787501 358809 >
14	《尔雅》史话	王世伟　著	38.00	2016 年 12 月	ISBN 978-7-5013-5938-7 9 787501 359387 >
15	《广舆图》史话	成一农　著	48.00	2017 年 1 月	ISBN 978-7-5013-5990-5 9 787501 359905 >

16	《齐民要术》史话	缪启愉 缪桂龙　著	45.00	2017 年 4 月	ISBN 978-7-5013-5978-3 9 787501 359783
17	《淳化阁贴》史话	何碧琪　著	55.00	2017 年 4 月	ISBN 978-7-5013-6055-0 9 787501 360550
18	《四库全书总目》：前世与今生	周积明 朱仁天　著	58.00	2017 年 12 月	ISBN 978-7-5013-5926-4 9 787501 359264
19	《福建舆图》史话	白鸿叶 成二丽　著	40.00	2017 年 12 月	ISBN 978-7-5013-5979-0 9 787501 359790
20	《孙子兵法》史话	熊剑平　著	50.00	2018 年 1 月	ISBN 978-7-5013-6312-4 9 787501 363124
21	《诗经》史话	马银琴 胡　霖　著	50.00	2019 年 4 月	ISBN 978-7-5013-6691-0 9 787501 366910
22	《夷坚志》史话	许逸民　著	24.00	2019 年 4 月	ISBN 978-7-5013-6687-3 9 787501 366873

国家图书馆出版社简介

国家图书馆出版社1979年成立，原名“书目文献出版社”，1996年更名为“北京图书馆出版社”，2008年改为现名。

本社是文化和旅游部主管、国家图书馆主办的中央级出版社。2009年8月新闻出版总署首次经营性图书出版单位等级评估定为一级出版社，并授予“全国百佳图书出版单位”称号。2014年被全国哲学社会科学规划办公室评定为“国家社科基金后期资助项目推荐申报出版机构”。

建社四十年来，形成了两大专业出版特色：一是整理影印各种稀见历史文献；二是编辑出版图书馆学和信息管理科学著译作，出版各种书目索引等中文工具书。此外还编辑出版各种文史著作和传统文化普及读物。